Tübingen und das Obere Gäu

Tübingen – Rottenburg – Nagold – Herrenberg

Bearbeitet vom
Landesdenkmalamt
Baden-Württemberg

Mit Beiträgen von:

S. Albert · P. Anstett · R.-H. Behrends · F. Fischer · E. Hannmann ·
J. Heiligmann · G. Kittelberger · H. Krins · D. Lutz · L. Merkelbach ·
C. Oeftiger · D. Planck · H. Reim · H. Schäfer · S. Schiek ·
E. Schmidt · T. Schmolz · J. B. Schultis · J. Stadelmann · I. Stork ·
J. Sydow · E. Wagner · J. Wilhelm

Konrad Theiss Verlag Stuttgart

CIP-Kurztitelaufnahme der Deutschen Bibliothek

Tübingen und das Obere Gäu: Tübingen – Rotten-
burg – Nagold – Herrenberg / bearb. vom Landes-
denkmalamt Baden-Württemberg. Mit Beitr. von
S. Albert ... – Stuttgart: Theiss, 1983.
(Führer zu archäologischen Denkmälern in
Deutschland; Bd. 3)
ISBN 3-8062-0359-8
NE: Albert, Siegfried [Mitverf.]; Baden-Württem-
berg / Landesdenkmalamt; GT

Umschlag: Michael Kasack, Frankfurt

Umschlagbild: Wurmlinger Kapelle (Foto Feist)

© Konrad Theiss Verlag GmbH, Stuttgart 1983
ISBN 3 8062 0359 8
Satz und Druck: Gulde-Druck GmbH, Tübingen
Printed in Germany

Wolfgang Kimmig
gewidmet
von den Deutschen Verbänden für
Altertumsforschung

Vorwort

»Das Obere Gäu ist ein Teil des Schwäbischen Neckarlandes. Es ist die offene, fruchtbare Landschaft zwischen den beiden Waldgebieten Schwarzwald und Schönbuch. Der Name stammt noch von der alten Landeinteilung aus der Zeit der alamannischen Landnahme. Es wurden damals im Neckargebiet unterschieden: Das Untere Gäu, jetzt meistens Strohgäu genannt, zwischen Würm und mittlerem Neckartal, das Obere Gäu und schließlich, im Quellgebiet von Neckar und Donau, die Bertoldsbaar. Diese Einteilung zeigt das gute Verständnis der Alamannen für eine klare politische Einteilung nach natürlichen Gebieten, denn jede dieser Landschaften bildet von Natur eine geschlossene Einheit ... Die Landschaft des Oberen Gäues kann im Großen und Ganzen als wellige Hochfläche mit einer Durchschnittshöhe von 400 bis 500 m ü. Meer bezeichnet werden. Diese Hochebene wird zerteilt durch die steil eingeschnittenen Täler des Neckars und seiner Nebenflüsse Eyach, Starzel und Katzenbach.«

Mit diesen Sätzen hat der 1944 in russischer Kriegsgefangenschaft gestorbene Geograph und Archäologe Hermann Stoll sein vortreffliches, 1933 erschienenes Buch »Urgeschichte des Oberen Gäues« eingeleitet. In ihm ist dargelegt, wie die hauptsächlich von Löß und Lehm bedeckte Hochfläche bereits seit der älteren und mittleren Steinzeit Spuren menschlicher Besiedlung aufweist, seit der jüngeren Steinzeit aber an ständig wechselnden Plätzen dauernd besiedelt war. In der Zeit der Alamannen sind viele unserer heuti-

7

gen Dörfer entstanden, die dann seit etwa 1400 Jahren ihren Platz nicht mehr geändert haben. Im Ablauf der vorzeitlichen bäuerlichen Kulturen erscheint nach der Eroberung des Gebietes durch das Römische Reich im Schutze des Limes die stadtartige Siedlung Sumelocenna, der Verwaltungsmittelpunkt der von Römerstraßen durchzogenen und von vielen in Stein erbauten Bauernhöfen besiedelten Region. Wenn dieses römische Zwischenspiel auch mit dem Zusammenbruch des Limes 259/60 sein Ende fand, lebten doch noch bis zum Beginn des 5. Jahrhunderts Menschen in den immer mehr verödenden Ruinen der römischen Stadt. Im Zuge ihrer Landnahme gründeten dann Alamannen im 5./6. Jahrhundert ihre Gehöfte in ihrer Umgebung und im 13. Jahrhundert entstand aus den Trümmern bei einer Burg der Grafen von Hohenberg die mittelalterliche Stadt Rottenburg.

Beispielhaft für die Entstehung einer Stadt aus alamannischer Wurzel ist das östlich des Oberen Gäues gelegene Tübingen: Das bei der heutigen Stiftskirche angeschnittene alamannische Gräberfeld läßt auf eine zugehörige Siedlung im Bereich des späteren Fronhofes schließen, in deren Nähe der Markt entstand. Über ihm erbauten die Tübinger Grafen, die unter den Staufern Pfalzgrafen wurden, ihre Burg, zu deren Füßen im hohen Mittelalter die aus dem alamannischen Gehöft hervorgegangene Marktsiedlung ummauert und zu einer Stadt erhoben wurde.

So spiegelt sich im Besiedlungsgang dieser freundlichen Landschaft die lange Jahrhunderte und Jahrtausende umfassende vor- und frühgeschichtliche Entwicklung Südwestdeutschlands. Dem, der dieses Land mit offenem Auge und historischem Sinn durchwandert, seine früheste Geschichte an den im Gelände noch erhaltenen Denkmälern unmittelbar vor Augen zu führen, ist das Ziel dieses Führers.

Die Herausgeber sind zunächst dem Landesdenkmalamt Baden-Württemberg, Abteilung Bodendenkmalpflege und deren Leiter Dr. Dieter Planck zu herzlichem Dank dafür verpflichtet, daß sie den Führer entworfen und die Bearbeitung derselben übernommen haben. Besonderer Dank gilt dem Leiter des Referates Bodendenkmalpflege im Regierungsbezirk Tübingen, Dr. Hartmann Reim, der das Entstehen des Führers hilfsbereit betreut hat. Der Dank gilt sodann allen Autoren für ihre bereitwillige Mitarbeit. Für die Herstellung der Zeichnungen sind wir A. Loring, Th. Schwarz und K. H. Ponradl zu Dank verpflichtet. Endlich gebührt unser Dank dem Konrad Theiss Verlag für die verständnisvolle Zusammenarbeit, besonders Frau Süsskind und Herrn Schleuning. Der Band erscheint anläßlich der 60. Jahrestagung des West- und Süddeutschen Verbandes für Altertumsforschung, die vom 24. bis 29. Mai 1983 in Tübingen stattfindet. Gewidmet sei er als ein Zeichen des Dankes und freundschaftlich-kollegialer Verbundenheit Herrn Professor Dr. Wolfgang Kimmig. 1910 in Konstanz geboren, ist er dem Südwestdeutschen Raum in Leben und Wissenschaft immer eng verbunden geblieben: vor dem Krieg als Student in Freiburg und Marburg – danach als Direktorialassistent am Rheinischen Landesmuseum in Trier, nach dem Kriege als Leiter der vor- und frühgeschichtlichen Denkmalpflege Südbadens und Dozent in Freiburg, schließlich seit 1955 als Ordinarius für Vor- und Frühgeschichte an der Universität Tübingen.

So eng die Beziehungen Wolfgang Kimmigs zu seiner Heimat waren, so sehr war er immer bestrebt, deren früheste Geschichte in den großen Kreis der Geschichte Alteuropas einzubeziehen. Seine grundlegenden Untersuchungen über die Wechselbeziehungen zwischen dem Mittelmeergebiet und dem Raum nördlich der Alpen während der Bronze- und Eisenzeit bezeugen das ebenso, wie die langjährige Leitung der Ausgrabungen in dem keltischen Fürstensitz auf der »Heuneburg«, wo diese Beziehungen beispielhaft zutage traten. Mit dem Dank für alle Mühe und Arbeit, aus denen sein umfangreiches wissenschaftliches Lebenswerk hervorgegangen ist, verbindet sich bei seinen Kollegen und Schülern der Dank für die gute Freundschaft langer Jahre und alle wohlwollende und förderliche Kollegialität, mit der er ihnen stets verbunden war.

Als Emeritus durfte W. Kimmig die große Freude erleben, daß sich in der Arbeitsgemeinschaft »Bronzezeit« unseres Verbandes ein Kreis von jüngeren Kollegen um ihn scharte, der das Hauptziel seines wissenschaftlichen Bestrebens, die Erforschung der weitreichenden Kulturbeziehungen im Raume der Alten Welt, der eigenen

Arbeit zugrunde gelegt hat. So möge er sich tätig und frohgemut, wie er immer war, des Getanen ebenso wie des Künftigen erfreuen:

»Zwischen dem Alten,
Zwischen dem Neuen,
Hier uns zu freuen
Schenkt uns das Glück,
Und das Vergangne
Heißt mit Vertrauen
Vorwärts zu schauen,
Schauen zurück.« (Goethe).

Im Namen der Deutschen Verbände für Altertumsforschung

Tübingen, im Mai 1983

Kurt Böhner
Vorsitzender des West- und
Süddeutschen Verbandes für
Altertumsforschung

Inhalt

Vorwort 7

Forschungsgeschichte *(F. Fischer)* 15
Die Landschaft *(E. Wagner)* 19
Das Paläolithikum und Mesolithikum *(E. Wagner)* 33
Das Neolithikum im Oberen Gäu und im angrenzenden
Gebiet östlich des Rammerts *(S. Albert)* 39
Die Metallzeiten: Bronzezeit und Eisenzeit *(J. Stadelmann)* . . 56
Die römische Zeit *(J. Heiligmann)* 74
Die jüngere Kaiserzeit und Merowingerzeit *(I. Stork)* 90
Die Burgen des Oberen Gäus und der angrenzenden Gebiete
(E. Schmidt) 105

Objektbeschreibungen

Entringen (Gde. Ammerbuch) *(H. Krins)* 116
Das Wasserschloß in Poltringen (Gde. Ammerbuch)
(L. Merkelbach) 121
Der Kirchberg bei Reusten (Gde. Ammerbuch)
(J. Stadelmann) 125
Die mittelalterliche Burg auf dem Kirchberg bei Reusten
(Gde. Ammerbuch) *(E. Schmidt)* 129
Ein römisches Bauwerk unter der Kirche von Bondorf
(D. Planck) 000
Der Grabhügel »Eichbuckel« in Dußlingen *(S. Schiek)* 135
Die Grabhügelgruppe der Hallstattkultur bei Stockach (Gde.
Gomaringen) *(S. Schiek)* 138
Herrenberg
Die Geschichte der Stadt *(T. Schmolz)* 140
Die Stiftskirche von Herrenberg *(H. Schäfer)* 144

Das Schloß in Hirrlingen *(E. Schmidt)* 148
Die keltische Viereckschanze bei Oberjettingen (Gde. Jettingen) *(S. Schiek)* 150
Nagold
Der Hohennagold in vorgeschichtlicher Zeit *(F. Fischer)* . . 152
Die Ruine Hohennagold *(D. Lutz)* 155
Der römische Gutshof bei der Remigiuskirche *(R.-H. Behrends)* 159
Die Remigiuskirche *(D. Lutz)* 161
Der heutige Bau der Remigiuskirche *(P. Anstett)*. 166
Die Geschichte der Stadt *(J. B. Schultis)* 167
Ehemaliges Schloß in Vollmaringen (Stadt Nagold) *(D. Lutz)* 174
Grabhügelgruppe bei Nehren *(H. Reim)* 175
Die hallstattzeitlichen Grabhügel in den Wäldern zwischen Remmingsheim und Wolfenhausen (Gde. Neustetten) *(J. Stadelmann)*. 178
Rottenburg
Das römische Rottenburg *(J. Heiligmann)* 181
Das römische Bad in der Mechthildstraße (Bad II) *(J. Heiligmann)*. 188
Die römische Wasserleitung vom Rommelstal bis Rottenburg *(J. Heiligmann)* 190
Rottenburg im Mittelalter *(G. Kittelberger)* 192
Sülchen *(G. Kittelberger)*. 199
Die »Altstadt« bei Rottenburg *(E. Schmidt)* 202
Die Wallfahrtskirche im Weggental bei Rottenburg *(E. Hannmann)* 204
Der »Bühl« bei Baisingen, Stadt Rottenburg a. N., ein Fürstengrabhügel der jüngeren Hallstattkultur *(S. Schiek)* 206
Das Eiszeitjägerlager am Napoleonskopf im Katzenbachtal (Rottenburg-Weiler) *(E. Wagner)* 210
Die Rotenburg (Weilerburg) bei Rottenburg-Weiler *(E. Schmidt)* 216

12

Die Pfarrkirche St. Dionys in Rottenburg-Dettingen
(E. Schmidt) 218
Die Wurmlinger Kapelle St. Remigius *(E. Schmidt)* 220
Der römische Gutshof von Bierlingen (Gde. Starzach)
(J. Heiligmann). 225
Die Ausgrabung der Pfarrkirche St. Peter und Paul in
Wachendorf (Gde. Starzach) *(E. Schmidt)* 228
Tübingen
Vor- und Frühgeschichte *(H. Reim)* 232
Die Geschichte der Stadt *(J. Sydow)*. 239
Das Burgholz an der Reutlinger Steige *(C. Oeftiger)*. 245
Kloster Bebenhausen *(J. Wilhelm)*. 248
Der Grabhügel der Hallstattkultur bei Kilchberg (Stadt
Tübingen) *(S. Schiek)* 252
Kilchberg (Stadt Tübingen) *(L. Merkelbach)* 256
Die Kirche von Kilchberg *(L. Merkelbach)*. 256
Das Schloß von Kilchberg *(L. Merkelbach)* 260
Ortsregister 263

Forschungsgeschichte

Die Erforschung heimischer Altertümer setzte auch im Gebiet zwischen Schwarzwald und Schwäbischer Alb im Gefolge des *Humanismus* mit der Sammlung römischer Inschriften und Münzen ein. So finden wir die ersten Zeugen dieses Interesses in die höchst lebhafte Korrespondenz deutscher Humanisten verwoben. Der Rottenburger Andreas Rüttel und sein Studienfreund Andreas Althamer aus Brenz, seit 1520 an der Tübinger Universität immatrikuliert, waren mit solchen Sammlungen befaßt, und besonders Rüttel, der 1524 bis 1529 bei dem Nürnberger Willibald Pirkheimer, einem der bedeutendsten Gelehrten seiner Zeit, famuliert hatte, schrieb seinem Lehrherrn 1530, daß er im Herzogtum Württemberg und besonders auch in Rottenburg viele Inschriften gefunden habe. Zwei Rottenburger und eine angeblich aus Tübingen stammende Inschrift hat nach seinen Angaben Peter Apian (eigentlich Bienewitz) 1534 in einer ersten Inschriftensammlung publiziert. Einige ergänzende Bemerkungen enthält die handschriftliche, soeben in Editionsbearbeitung begriffene Rottenburger Chronik von 1609 des Lutz von Lutzenhardt, verstreute Bemerkungen finden sich auch in den Annales Suevici des Tübinger Professors Martin Crusius (1526–1607). Trotz vielfacher Belebung des Interesses gerade an römischen Altertümern kam die Forschung jedoch in Rottenburg erst im frühen 19. Jahrhundert durch den hier seit 1814 als Stadtpfarrer, später als Domdekan wirkenden Joseph Ignaz (v.) Jaumann (1778–1862) (Abb. 1) in Gang. Ihm kommt das Verdienst zu, bei der tatkräftigen Überwachung aller Bauarbeiten im Stadtgebiet allmählich eine Topographie der römischen Reste entwickelt zu haben, aus der er bald auf eine römische »Stadt« schloß. Auf der Suche nach deren Namen, für den zuerst Julius Leichtlen das in der Tabula Peutingeriana genannte Sumelocenis in Anspruch

Abb. 1   Joseph Ignaz (v.) Jaumann (1778–1862)

genommen hat, ist Jaumann zwischen 1834 und 1838 einer Reihe
von zunächst eher scherzhaft gemeinten, in ihrer Fortführung aber
fatalen Fälschungen von Ritzinschriften und Ziegelstempeln aufge-
sessen, deren Aufdeckung durch Theodor Mommsen zu harten,
nicht immer gerechtfertigten Angriffen auf Jaumann führte. Aus
der Tätigkeit Jaumanns, der auch in der näheren Umgebung gearbeitet hat, ist 1852 der bis heute bestehende Sülchgauer Altertumsverein erwachsen. In Rottenburg selbst hat sich seit der Jahrhundertwende besonders der Arzt Dr. Franz Paradeis (1860–1939) um

die Forschung bemüht, allerdings besonders um die Aufdeckung einer Naturkatastrophe, die in der Überlieferung schwer durchschaubar war. Eine Zusammenfassung der bekannten Tatsachen hat 1936 Oscar Paret (1889–1972) in der Beschreibung »Das Kastell Rottenburg« (ORL B Nr. 61) gegeben; dem gleichen Autor wird auch der ausführliche Beitrag in Band 1 der Kreisbeschreibung Tübingen (1967) verdankt. Nach dem letzten Kriege haben Ausgrabungen an der Stadtmauer, an Gebäuden und gewerblichen Anlagen sowie an Villen der näheren Umgebung, vor allem aber die vollständige Untersuchung des Bades II an der östlichen Stadtmauer unsere Kenntnis erheblich erweitert.

Sehr viel später hat die Erforschung der nichtrömischen Denkmäler eingesetzt. Sie begann hier und dort mit der Ausgrabung von Grabhügeln; besonders zu erwähnen sind dabei diejenigen des »Bühl« bei Baisingen (1892/93) und des Dußlinger »Eichbuckels« (1896): beide gehören zu den späthallstättischen »Fürstengräbern«, deren Bedeutung freilich erst in jüngster Zeit gewürdigt worden ist. Im Mai 1906 hat der erwähnte Rottenburger Arzt Paradeis die Magdalénien-Station bei der Ziegelhütte im Katzenbachtal oberhalb von Bad Niedernau entdeckt.

Nach dem Weltkrieg hat das 1921 von Robert Rudolf Schmidt (1882–1950) gegründete »Urgeschichtliche Forschungsinstitut«, aus dem später die beiden Universitäts-Institute, das Institut für Vor- und Frühgeschichte und das Institut für Urgeschichte, hervorgegangen sind, auch in Tübingen und seiner Umgebung einige Aktivität entfaltet. Neben der Untersuchung des hallstattzeitlichen Gehöfts bei Entringen und der hallstattzeitlichen Grabhügel im »Geigerle« in Tübingen ist vor allem die intensive Geländebegehung der Gäulandschaft zwischen Tübingen, Herrenberg und Nagold durch Hermann Stoll (1904–1944) zu nennen, die in seiner »Urgeschichte des oberen Gäus« (1933) ihren Niederschlag gefunden hat. Die stark landeskundliche Forschungsrichtung Stolls kommt auch in der Publikation des 1928 bis 1933 von Institutsangehörigen untersuchten alamannischen Gräberfeldes von Hailfingen (1939) zum Ausdruck, die das 1931 von Walther Veeck (1886–1941) vorgelegte, ganz Württemberg umfassende Alamannen-Werk um neue Gesichtspunkte ergänzt hat. In die Fußstapfen von Stolls Geländearbeit ist neuerdings Siegfried Albert getreten, der im Umkreis von Tübingen zahlreiche Siedlungsstellen vor allem des Neolithikums nachweisen konnte.

Im Jahre 1938 hat Gustav Riek (1900–1976) mit der Untersuchung eines hallstattzeitlichen Grabhügels bei Stockach nahe Tübingen der Forschung ein neues Feld eröffnet: Auf dem Tumulus hatte eine einfache, aber sichtlich anthropomorph stilisierte Stein-Stele gestanden. Nur ein paar Kilometer davon entfernt haben Studenten des Tübinger Instituts bei Kilchberg im Neckartal einen anderen, ebenfalls hallstattzeitlichen Grabhügel ausgegraben, der ebenfalls von einer steinernen Stele bekrönt war, aber in der steinernen Zurichtung einer Nachbestattung die Reste einer zerbrochenen, älteren Stele enthielt; Adelheid Beck (1940–1979) hat ihn 1972 mustergültig publiziert.

Unter den nicht wenigen kleineren Grabungen, die überwiegend von der Denkmalpflege durchgeführt worden sind, ist im Oberen Gäu der von Hartwig Zürn untersuchte und 1964 von Werner Krämer publizierte Latène-Friedhof von Nebringen (Kr. Böblingen) hervorzuheben: Erstmals konnte eine der offenbar kleinen frühlatènezeitlichen Flachgrab-Nekropolen annähernd vollständig erfaßt und in seiner Zusammensetzung analysiert werden.

Schließlich dürfen die bisher nur selten stärker in den Vordergrund getretenen Höhensiedlungen des Gebietes nicht unerwähnt bleiben. Neben der von Peter Goessler (1872–1956) behandelten, wohl frühmittelalterlichen Befestigung im Tübinger »Burgholz« ist zunächst an die sog. »Altstadt« über Rottenburg zu erinnern, in der nacheinander ein römisches Kastell und ein fränkischer Königshof vermutet worden sind; bis heute ist eine zuverlässige Klärung nicht erfolgt. Für die vorgeschichtliche Forschung wichtig geworden ist der Kirchberg bei Reusten (Gemeinde Ammerbuch), der von Angehörigen des Tübinger Instituts in den zwanziger Jahren mehrfach auf Siedlungsspuren untersucht wurde; das reichhaltige Fundmaterial hat Wolfgang Kimmig 1966 so vollständig wie möglich vorgelegt. Schließlich ist an den Schloßberg bei Nagold mit der Ruine Hohennagold zu erinnern, wo in den dreißiger Jahren Schürfungen den Nachweis einer hallstatt- bis frühlatènezeitlichen Besiedlung erbrachten. Ein ähnliches Ergebnis, freilich sehr viel bescheidener in Umfang und Material, haben Untersuchungen anläßlich der Renovierung der bekannten Wurmlinger Kapelle gehabt.

Literatur:
Haug-Sixt (1914). – O. Paret, Württemberg in vor- und frühgeschichtlicher Zeit (1961)

Franz Fischer

Die Landschaft

Tübingen liegt inmitten einer überaus wechselvollen Landschaft. Sicherlich ist es deshalb auch kein Zufall, daß sich die Naturwissenschaftler in Württemberg recht bald der Landschaftsgeschichte annahmen, lag doch das Dorado der Tübinger Geologen, die Schwabenalb, gewissermaßen handgreiflich vor ihren Augen. Hier hatte Friedrich August von Quenstedt, der Begründer und erste Lehrstuhlinhaber des Tübinger Geologischen Instituts, den Grund gelegt für die subtile Kenntnis der Gesteinsabfolge und damit des Werdens und Vergehens des Lebens in unserem Lande. Von ihm stammt auch die Dreigliederung in Schwarzen, Braunen und Weißen Jura. Er unterteilte jede dieser drei Abteilungen wiederum in sechs Stufen, die er nach den ersten sechs Buchstaben des griechischen Alphabets benannte. Seine Einteilung, zudem noch nach Leitfossilien, Gestein und Landschaftsform gekennzeichnet, hat heute noch in Württemberg Heimatrecht. Und seit Quenstedts hunderttafeligem Jurawerk hat es niemand mehr gewagt, den Formenreichtum der Jurafossilien im Bilde darzustellen.
Das Stadtgebiet von Tübingen ist reich an berühmten Aussichtspunkten. So kann man vom Österberg, Steinenberg, Galgenberg,

Abb. 2   Steilabfall der mittleren Schwäbischen Alb. Im Vordergrund die Burg
Hohenzollern

Spitzberg und Denzenberg ein weites Nachbarland überblicken. Namentlich im Osten entfaltet sich das einzigartige Panorama des Steilabfalls der Schwäbischen Alb von der ehem. württembergischen Landesfestung Hohenneuffen bis zur Burg Hohenzollern (Abb. 2). Nach Westen reicht der Blick über die fast eben wirkende Gäufläche bis zu den langgestreckten Höhen des Buntsandsteinschwarzwaldes. Aber auch in der näheren Umgebung Tübingens vermitteln hervorragende Aussichtspunkte nicht nur einen Eindruck vom eigenartigen Reiz dieser Landschaft, sondern auch – wenngleich nur in einem kleinen Ausschnitt – ganz wesentliche Merkmale des geologischen Aufbaus der südwestdeutschen Schichtstufenlandschaft. Unter diesen zeichnen sich besonders aus: der Grafenberg bei Kayh, die Burgen Müneck, Hohenentringen und Roseck und noch weitere markante Vorsprünge auf der westlichen Schönbuchkante. Besonders eindrucksvoll ist der Blick von der Weilerburg nach Norden zur »Tübinger Stufenrandbucht«. Der langgezogene, durch tiefe Waldschluchten reich gegliederte Spitzberg zwischen Ammer- und Neckartal verleiht ihr seine besondere Eigenart. Auf seinem östlichen Ende sitzt die mächtige Burg Hohentübingen. Das westliche, weit in die Gäuebene vorgeschobene Ende bildet der isolierte Kapellenberg mit der Wurmlinger Kapelle, deren landschaftlichen Reiz Ludwig Uhland in seinem Gedicht beschreibt. Nachdem dieser Höhenzug schon von der landschaftlichen Eigenart her in der weiteren Umgebung nicht seinesgleichen hat, ist seine wissenschaftliche Bedeutung vollends von hohem Rang. Er ist gewissermaßen klassischer Boden der Naturwissenschaften der Tübinger Universität. Zahllose Abhandlungen haben die Erforschung seiner botanischen, zoologischen und ökologischen Eigenarten und Seltenheiten zum Gegenstand, wobei nicht nur die Gelehrten der Universität sondern eine nicht geringe Zahl von tüchtigen Ärzten, Apothekern und Forstleuten sich bleibenden Verdienst erwarben. Endlich erstreckt sich nördlich von Tübingen über viele Stunden weit das Keuperbergland des Schönbuchs mit seinen Laubwäldern und einsamen Bachtälchen. Der Schönbuch ist das größte zusammenhängende Waldgebiet Württembergs. Der Wechsel von Keupergestein an den Hängen und Liasschichten auf den Höhen, tektonische Störungen der Gesteinsschichten (Bebenhäuser Graben), große örtliche Unterschiede des Klimas und die Waldausläufer gegen das Neckar- und Ammertal bedingen eine ungeahnte Fülle des Pflanzen- und Tierlebens und einen Reichtum verschiedenartiger Wald- und Landschaftsbilder. Mitten im Schönbuch liegt in einem malerischen Talkessel am Zusammenfluß des Goldersbaches und des Seebaches das Zisterzienserkloster Bebenhausen mit seiner überragenden Bedeutung für die württembergische Landesgeschichte. Landschaftlich ungemein interessant ist auch der Steilabfall (Keuperstufe) des Schönbuchs zum Ammertal und zur Gäulandschaft mit seinen alten Weinbergen, vielen Hecken, Gebüschen und Steppenheiden.

Diese Vielgestaltigkeit der Landschaft ist im wesentlichen in folgende Naturräume zu gliedern: Gäuebene, Keuperberge, Liasplatten, Albvorberge, Albrand und Randhöhen des Buntsandsteinschwarzwaldes. Diese geomorphologischen Einheiten sind letzten Endes alle immer wieder auf das Grundprinzip des geologischen Aufbaues der südwestdeutschen Schichtstufenlandschaft zurückzuführen (Abb. 3).

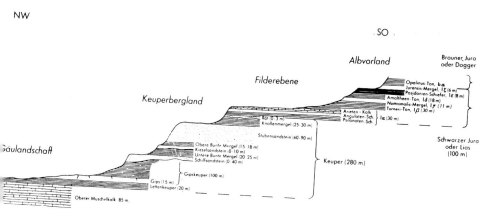

Abb. 3   Geologischer Aufbau des Stufenlandes am Mittleren Neckar (nach Erläuterungen zur Geologischen Karte von Stuttgart und Umgebung 1:50 000, S. 22)

23

Der geologische Bau der Schichtstufenlandschaft

Die ältesten Gesteine, die in Südwestdeutschland zutage treten, sind Granite und Gneise des Grundgebirges, wie wir sie von weiten Bereichen des Schwarzwaldes her gut kennen. Dieses »Grundgebirge« ist der Abtragungsrumpf des Variskischen Gebirges, oder der karbonzeitlichen Alpen, wie sie auch genannt werden. Ihre Bildungszeit fällt noch in das Paläozoikum, das Altertum der Erde.

Die Gneise des Grundgebirges sind bereits präkambrischen Alters und auf mehrfache Umwandlung (Metamorphose) uralter Ablagerungs- und Glutflußgesteine zurückzuführen. Die Granite gehören dagegen zu den magmatischen Gesteinen. Sie sind erst viel später – auf dem Höhepunkt der Gebirgsbildung der Karbonzeit – als zähflüssige Gesteinsschmelze in den Gneissockel aus der Tiefe eingedrungen und bilden dort gangartige Züge oder mächtige Stöcke.

Wichtiger für unsere Betrachtung sind jedoch die Gesteine des Mesozoikum, des Erdmittelalters. Sie beginnen mit der Trias-Gesteinsfolge Buntsandstein, Muschelkalk, Keuper. Der rotfarbige *Buntsandstein,* der wiederum in drei Abteilungen gegliedert ist, bildet im Schwarzwald die breiten Bergrücken und hochragenden Gipfel. Den *Unteren Buntsandstein* finden wir gewöhnlich in tiefeingeschnittenen Bachrissen. In der Gegend von Freudenstadt entdekken wir ihn in seiner charakteristischen Ausbildung als rote, sandige Schiefertone und weißliche, feldspatführende, manganfleckige Sandsteine, sog. »Tigersandsteine«.

Der *Mittlere* oder *Hauptbuntsandstein* bildet die Gipfel vieler Schwarzwaldberge, so z. B. der Hornisgrinde, des Schliffkopfes beim Ruhestein, ferner der Höhen um Schramberg, Alpirsbach und Wildbad. Die harten Konglomeratbänke seiner obersten Schichten tragen am Rande der tief in die Plateaulandschaft der Schwarzwaldvorebene eingekerbten Täler die Ruinen von Hohenschramberg im Schiltachtal, die über dem wilden Heimbach gelegenen Trümmer der Burg Sterneck, die Ruine Mantelberg im Waldachtal, das Schlößchen Berneck, das kleine Städtchen Zavelstein über dem Teinachtal und die oberen Ortsteile der malerisch gelegenen Städtchen Altensteig und Berneck.

Über dem Hauptbuntsandstein folgt der *Obere Buntsandstein*. Er unterscheidet sich vom ersteren durch viel feineres Korn. In seinen oberen Schichten kommt es zur Bildung mächtiger Werksteinbänke, aus denen gewaltige Quader eines schöngefärbten Sandsteines gebrochen werden. Die großen Brüche, in denen dieser Stein abgebaut wird, findet man den ganzen Schwarzwaldrand entlang, so z. B. in der Gegend von Dunningen, bei Alpirsbach und bei Loßburg. Eine Besonderheit des Oberen Buntsandsteines ist der Karneol. Er kommt nicht selten in den Wäldern bei Freudenstadt, wo man die kleinen, roten, muscheligen Bruchstücke in den Wegen liegen sieht, vor. Eine hervorragend schöne Karneolbank ist in einem kleinen Steinbruch auf dem Bergrücken der Elme bei Baiersbronn zu sehen. Im Nordschwarzwald ist besonders die Gegend von Simmersfeld und Agenbach, vor allem aber die Bergkuppe von Hornberg reich an schönem, tiefrotem Karneol.

Endlich seien noch die auf Spalten und Klüften des Buntsandsteines sitzenden Gänge von Schwerspat und Erzen erwähnt. In dem großen Steinbruch der Christophsaue bei Freudenstadt fallen der leuchtend weiße Schwerspat, die feinen, glashellen Quarzkristalle, das dunkle Eisenerz und die blauen und grünen Kupfererze (Azurit und Malachit) dem Sammler auf. An solchen Stellen findet man gelegentlich auch edlere Erze führende Barytgänge, und oft deuten zerfallene Gruben und ins Berginnere führende Stollen auf früheren Bergbau.

Mit dem raschen Schichtenfallen nach Südosten folgen in der Schwarzwaldvorebene über dem Oberen Buntsandstein zunächst inselartig, bald aber eine geschlossene Decke bildend, die Schichten des *Muschelkalkes,* der in den Unteren Muschelkalk oder Wellengebirge, Mittleren und Oberen oder Hauptmuschelkalk gegliedert wird.

Das Grenzgebiet zwischen Buntsandstein und Muschelkalk ist wie bei kaum einer anderen Formationsgrenze als Farbumschlag auch im Ackerfeld deutlich abgehoben. Der Unterschied vom roten Sandboden zum hellen beigefarbenen, kalkigen Lehmboden ist derart scharf, daß man vom Flugzeug aus kartieren kann. Mit dem *Wellengebirge* stellt sich eine Fülle von Versteinerungen ein. Mu-

25

scheln und Meeresschnecken in allen Formen wittern aus den Mergeln, Kalken, Schiefern und Dolomiten heraus. Dabei kommt dem Fossiliensammler zugute, daß das Wellengebirge dazu neigt, offene Halden zu bilden, weil der schlechte Boden, besonders an sonnigen Abhängen, nur eine dürftige Grasnarbe trägt und das Regenwasser zunächst kleine Rinnen auswäscht, die sich zu mehrere Meter tiefen Klingen einschneiden. An solchen natürlichen Aufschlüssen kann man die herrliche Bänderung der wohlgeschichteten Kalke, Mergel und Dolomite bestens studieren.

Ungleich wichtiger ist der *Mittlere Muschelkalk* in Württemberg, weil er die Steinsalzlager birgt, deren Entstehung durch Konzentrationsvorgänge in einem mehr oder weniger abgeriegelten Bekken des Muschelkalkmeeres zu denken ist. Zunächst erfolgte die Ausscheidung der im Wasser gelösten Salze, das Tierleben erstarb, und schließlich setzten sich Gips, Anhydrit und zuletzt Steinsalz ab. Wo der Muschelkalk unter wasserundurchlässigen Schichten tief in der Erde ruht, blieb das Salz erhalten und wird in großen Bergwerken gewonnen. Technisch wichtig ist im Mittleren Muschelkalk auch das Vorkommen von Gips. Wo im Talzug des oberen Nekkars der Mittlere Muschelkalk am Talhang hervortritt, sind mehrfach große Gipsbrüche zu sehen, von denen diejenigen am linksufrigen Neckarhang beim Bahnhof Empfingen die bedeutendsten sind. Den Bauern machte der Mittlere Muschelkalk insbesondere in früheren Zeiten schwer zu schaffen. Die massenhaft in den Äckern herumliegenden harten Muschelkalkhornsteine verdarben wegen ihrer Unverwüstlichkeit Haue und Spaten und beschädigten Egge und Pflug. Um so eifriger sammelte der Paläolithiker diese Feuersteine wegen ihres muscheligen Bruches als Rohmaterial für seine Werkzeuge.

Der *Obere Muschelkalk* bildet die hellen, kahlen, weit in den Schwarzwald herüberblickenden Hügelketten am oberen Neckar, im Gebiet der Glattquellen und im Gäu. Eingeleitet wird der Obere Muschelkalk durch den Trochitenkalk, dessen Bänke oft dicht erfüllt sind von den Stielgliedern der zierlichen Seelilien. Man sieht sie überall da erschlossen, wo in großen Brüchen Schotter für Eisenbahn und Straßenbau gewonnen wird. Am Schwarzwaldrand und im Gäu bildet der Hauptmuschelkalk oftmals recht kahle und ziemlich wasserarme Hügellandschaften. Die zahllosen Steine, die beim Pflügen aus dem lehmigen Boden gerissen werden, liest der Bauer heraus und wirft sie auf großen Steinriegeln zusammen, die sich an den Ackergrenzen hinziehen. Sie werden meist von dornigem Gestrüpp überwuchert, in dem vor allem Schlehen, Weißdorn und Wildrosen vorkommen, dazwischen wachsen Pfaffenhütchen, und Wildkirschen, von Waldreben überrankt. Diese langgezogenen Steinriegel mit ihrem wilden Dorngestrüpp kennzeichnen überall das Gebiet des Oberen Muschelkalks und haben dieser Landschaft auch den Namen »Heckenbeerlesgäu« verliehen, wo sogar die Ortsnamen Dornstetten und Dornhan daran erinnern.

Blickt man von der fast ebenen Muschelkalkfläche des Gäues nach Osten, so erscheint erstmals der *Keuperrand* als klar im Gelände hervortretende Stufe. Mit einem Steilhang fallen seine Hügellandschaften gegen die vorgelagerte, von Muschelkalk und Lettenkeuper gebildete Ebene ab.

Der *Lettenkeuper* ist die unterste, dem Keuper zuzurechnende Schicht. Sie überdeckt weite, fast ebene Flächen im Gäu. Die frühere Bezeichnung »Lettenkohle« kommt von den darin enthaltenen kohligen Pflanzenteilen, die früher zu mancher vergeblichen Grabung auf Kohle Anlaß gaben.

Von Haslach bei Herrenberg aus hat man den ganzen Westabfall des Schönbuchs von Herrenberg bis gegen Tübingen und weiter vom Schloßberg bis zur Wurmlinger Kapelle vor Augen (Abb. 4). Dieser *Mittlere Keuper* ist für Württemberg ungleich bedeutender. Man gliedert ihn in Gipskeuper, Schilfsandstein, Bunte Mergel, Stubensandstein und in die berüchtigten, als Baugrund unzuverlässigen Knollenmergel. Wirtschaftliche Bedeutung haben die Gipsbrüche vor dem Schönbuchrand z. B. bei Breitenholz. Über dem *Gipskeuper* folgt der *Schilfsandstein,* der teilweise in mächtigen Werksteinbänken entwickelt ist. Seine vorwiegend grünliche Grundfarbe kann man an vielen alten Stuttgarter Bauten z. B. am Alten Schloß oder an der Stiftskirche sehen. Andernorts ist er als düster roter, dunkel geflammter Sandstein entwickelt. Diese Sorte wird heute noch bei Maulbronn abgebaut und lieferte schon vor

Abb. 4 Keuperstufenrand bei Herrenberg. Im Hintergrund rechts der Spitzberg mit der Wurmlinger Kapelle bei Tübingen (Beschreibung des Oberamts Herrenberg 1855)

Zeiten den Zisterziensermönchen Bausteine für ihr Kloster. Vornehmlich ist es aber der *Stubensandstein,* der Württembergs berühmteste Bausteine geliefert hat. Die Leichtigkeit der Bearbeitung und seine hervorragenden Eigenschaften machten ihn zeitweilig zum beliebtesten Baustein Europas. Ein Vergleich auf den Weltausstellungen von London und Paris 1867 hat dies zur Genüge gezeigt. In Kürze seien einige bedeutende Bauten und die dazugehörigen Steinbrüche genannt: Aus Stubensandstein bestehen die Mauern, Gewölbe und das zierliche Maßwerk der Frauenkirche in Esslingen und der Marienkirche in Reutlingen, aus Stubensandstein die romanischen Kirchen und trutzigen Mauertürme von Schwäbisch Gmünd, ebenso aber auch die neuen Rathäuser der Großstädte Stuttgart und München. Am Dom zu Köln und am Schloß Neuschwanstein sind Echterdinger, Neckartenzlinger, Schlaitdorfer und Esslinger Steine, am Ulmer Münster auf das jeder Schwabe besonders stolz ist, solche von Oberensingen und Pliezhausen verwendet. Aber auch die weitaus vorzüglichsten und beliebtesten Mühlsteine hat man im Keuper gebrochen. Im vorigen

Jahrhundert sind Dettenhäuser Mühlsteine in die Schweiz und nach Bayern, ja selbst bis ans Schwarze Meer, Sizilien und Holland und sogar nach Amerika geliefert worden. So findet der Schwabe auch in der Fremde nicht selten gute alte Bekannte. Auch die Römer scheinen den im bergfrischen Zustand leicht zu bearbeitenden Stubensandstein besonders gern verwendet zu haben. So sind z. B. viele Steindenkmale bei Cannstatt und im Kreis Ludwigsburg aus Stubensandstein gefertigt, obwohl derselbe dort nirgends in der Nähe zu finden war, sondern stundenweit, vielleicht per Schiff auf dem Neckar, herbeigeschafft werden mußte. Der Obere Keuper, der *Rätsandstein,* hat noch eine geologische Besonderheit zu bieten, nämlich das sog. »Bonebed«, eine Bank, in der eine Menge Zähne, Knochenbruchstücke und Fischschuppen beisammenliegen. Ein besonders schönes Bonebed ist im Olgahain bei Bebenhausen aufgeschlossen.

Der *Jura* unserer Alb, der sich wie eine Mauer vor uns aufbaut, wenn wir, unser eigentliches Beschreibungsgebiet verlassend, nach Osten weiterwandern, ist Württembergs berühmteste Formation. Vor allem zeichnet sich der Jura durch eine ganz erstaunliche Fülle meist vortrefflich erhaltener Versteinerungen aus, die schon seit langem die Aufmerksamkeit der Forscher und Laien erregt hat. Augenfällig wird insbesondere beim Anblick des reichgegliederten Albtraufes die Mechanik der *Schichtstufenlandschaft.* Ursprünglich waren Schwarzwald und Vogesen in der Tertiärzeit ein zusammenhängendes Hochland, überdeckt von den waagrecht liegenden Schichten der Trias und des Jura. Durch Hochwölbung und nachfolgenden Einbruch des gesamten Schichtenstoßes entstand zwischen beiden die trennende Senke des Oberrheingrabens. Auf diese Weise kam eine tiefliegende Erosionsbasis zustande, der die Flüsse mit starkem Gefälle und hoher Transportkraft zuströmten. Von der steilen Bruchkante aus griffen die Bäche, rückwärts sich einnagend, die hochragenden, stehengebliebenen Massive an, dieselben zergliedernd und in formenreiche Bergzüge umgestaltend. Insbesondere arbeiteten der Neckar und seine Zuflüsse an der Abtragung der Trias und des Jura. In ständigem Vorrücken drängten sie den Keuperstufenrand und die Alb, deren Steilabfall nachweislich in der mittleren Tertiärzeit noch bei Esslingen verlief, nach Südosten zurück, wobei immer die harten Schichten eine Steilstufe über den weicheren bildeten. Und noch heute arbeiten die Wasser stetig an der weiteren Zerstörung und bewirken eine allmähliche, aber langsam fortschreitende Veränderung der Landschaft.

Die Böden

Der Beschreibung des Oberamts Herrenberg von 1855 ist folgende Beobachtung zu entnehmen: »Bemerkenswerth sind einzelne Veränderungen, welche sich im Laufe der Zeit an der Oberfläche des Bezirks wahrnehmen ließen. G. F. Rösler führt in seiner Naturgeschichte des Oberamts Herrenberg (Manusc. v. J. 1774, S. 11) folgendes an: Seit Menschengedenken wurde in Herrenberg beobachtet, daß man von hier aus die Kirchthurmspitze von Deckenpfronn kaum wahrnehmen konnte; nun aber sieht man diesen Thurm bis unter das Dach. Gleiches nimmt man in Herrenberg an dem Nufringer Kirchthurm wahr. Von Gültstein aus konnten vor etwa 50 Jahren die Orte Nebringen und Haslach nicht gesehen werden, nun sind sie ganz sichtbar. Von Kayh aus war vor 40–50 Jahren der Kirchthurm zu Hailfingen nur wenig sichtbar, gegenwärtig sieht man denselben ganz und wenn man auf dem Steinbau steht, sieht man auch den vorhin nicht sichtbaren Ort.«
Es ist keine seltene Erscheinung im Gäu, daß bei schweren Gewitterregen tiefe Rinnen ins Ackerfeld gerissen werden und heller Lößschlamm in dicker Schicht Feldwege und Straßen überschwemmt. Wir können also davon ausgehen, daß dieser Beschreibung objektive Beobachtungen zugrunde liegen. Wir erhalten somit eine Vorstellung, welchen landschaftsverändernden Einflüssen die in diesem Bereich sehr zahlreichen vorgeschichtlichen Siedlungen ausgesetzt sind. Wir werden damit rechnen müssen, daß Spuren archäologischer Bausubstanz in keinem Fall mehr übrigbleiben und daß selbst von einstmals vorhandenen vorgeschichtlichen Gruben – wenn überhaupt – nur noch der tiefste Rest als schwarzer Fleck im hellen Löß sichtbar bleibt. Schwere Gegenstände aus

30

ehem. Siedlungen, wie etwa Steinbeile oder Keramikreste, werden bei solchen Erosionsvorgängen oft nicht sehr weit verfrachtet, sondern sinken mit der jeweiligen Bodenoberfläche im Laufe der Zeit lediglich immer tiefer und können sich sogar in gewissen Horizonten anreichern. Sie bilden also am Ort der ehem. Siedlung durch selektive Auswaschung aufgrund ihrer natürlichen Schwere eine »geologische Seife«.

Den geologischen Untergrund der flachwelligen, meist offenen Gäulandschaft westlich der Ammer bildet der harte Muschelkalk mit den darüberliegenden überwiegend tonigen Schichten des Lettenkeupers. Weite Flächen dieser Gäulandschaft sind von einem *Löß- und Lößlehmmantel* überdeckt. Ausgespart ist diese Lößüberdeckung dort, wo sich der Neckar und seine Nebenflüsse tief in die Schichtentafel eingeschnitten haben, und in den flachen Wiesengründen des Ammertales mit seinen Nebenbächlein. Z. Z. der Lößablagerung können wir für Südwestdeutschland vornehmlich West- bis Südwestwinde annehmen. Demnach ist der Gäulöß Ausblasungsmaterial aus dem Frostschuttboden des Schwarzwaldes und aus dem Vorland der Westalpenvergletscherung (Abb. 5). Zur Ablagerung konnte der Löß nur während eines trockenen Kontinentalklimas in dichtbewachsener Tundra oder Steppe gelangen. Diese ursprünglich staubartig-feinsandige, kalkige, tonarme und an Quarzmehl reiche Ablagerung ist heute bis zu einer gewissen Tiefe entkalkt, also nicht vollständig in Lößlehm umgewandelt. Solche Böden mit einem Lehmhorizont über dem nur wenig verwitterten Löß, sog. Löß-Braunerden, sind die besten Ackerböden. Relative Trockenheit und Nährstoffreichtum machten sie zum bevorzugten Siedlungsland zu allen Zeiten, wobei insbesondere der noch vorhandene Kalkgehalt für natürliche Regeneration ohne Düngung sorgte. Die frühen Gründungen der alamannischen Landnahmezeit um die Mitte des 5. und Mitte des 6. Jahrhunderts haben sich auf diesen Böden schon bald zu ansehnlichen Dörfern wie Nebringen, Tailfingen, Altingen und Hailfingen, mit großen Markungen zusammengeschlossen. Aber auch die vorgeschichtlichen Siedlungen liegen bezeichnenderweise vornehmlich im Bereich dieser Markungen.

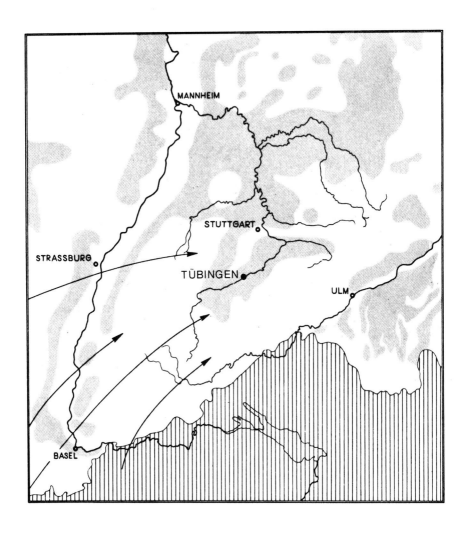

Abb. 5 Weitester Vorstoß der alpinen Gletscher während der Rißeiszeit, Hauptwindrichtung und Verbreitung des Lößes (nach Erläuterungen zur Geologischen Karte von Stuttgart und Umgebung 1:50000, S. 74)

Literatur:
M. Bräuhäuser, Die Bodenschätze Württembergs (1912). – R. Gradmann, Süddeutschland Band I und II 1931. – Erläuterungen zur Geologischen Karte von Stuttgart und Umgebung 1:50000 (1959). – G. Wagner, Einführung in die Erd- und Landschaftsgeschichte (1960). – Geologische Karte von Baden-Württemberg 1:25000, Erläuterungen zu Blatt 7420 Tübingen (1966). – O. F. Geyer und M. P. Gwinner, Die Schwäbische Alb und ihr Vorland (1979). – KRB Tübingen Bd. 1 (1967)

Eberhard Wagner

Das Paläolithikum

Die Topographie altsteinzeitlicher Besiedlung in unserem Raum, wie sie sich uns heute darstellt, ist weitgehend das Ergebnis erd- und landschaftsgeschichtlicher Vorgänge (Abb. 5). Bestimmender Faktor ist besonders die Flußgeschichte des Rheines und der Donau. So scheinen paläolithische Fundstellen in Südwestdeutschland fast ausnahmslos an den Höhlenreichtum der Schwäbischen Alb gebunden zu sein, während das Albvorland merkwürdig fundleer ist. Diese Fundleere ist aber nicht etwa eine Forschungslücke, sondern sie hat geologische Ursachen: Während Spalten und Höhlen Reste alter Landoberflächen mit ihren Kultureinschlüssen bewahrten, hat sich die übrige Landoberfläche, insbesondere während der Würm-Eiszeit derart verändert, daß einst vorhandene steinzeitliche Lagerplätze entweder abgetragen oder meterdick unter Lößanwehungen begraben liegen. Der urgeschichtliche Mensch war in unserem Lande sicher keineswegs allein an Höhlen gebunden, sondern er hat das übrige Land genauso durchstreift und bewohnt und an ihm zusagenden Plätzen über längere Zeiträume hinweg feste Aufenthaltsplätze mit einfachen Behausungen unterhalten. Dies ist schon deshalb wahrscheinlich, weil etwa das Nekkarland den eiszeitlichen Jägern während des Hochglazials wesentlich günstigere Bedingungen geboten hat als die sicher unwirtliche-

33

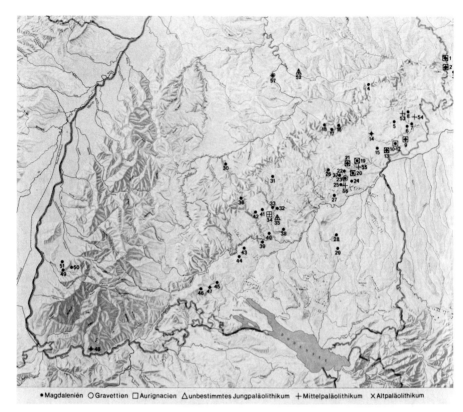

● Magdalenién ○ Gravettien □ Aurignacien △ unbestimmtes Jungpaläolithikum + Mittelpaläolithikum X Altpaläolithikum

Abb. 6 Fundstellen der jüngeren, mittleren und älteren Altsteinzeit in Südwestdeutschland: 1 Große Ofnet, 2 Kleine Ofnet, 3 Hohlenstein, 4 Kleine Scheuer b. Heubach, 5 Rössle, 6 Malerfels, 7 Spitzbubenhöhle, 8 Bruckersberghöhlen (Bärenfelsgrotte, Klingenfelsschutzdach, Spitalhöhle), 9 Vogelherdhöhle, 10 Hohlestein-Bärenhöhle, 11 Hohlestein-Stadel, 12 Hohlestein–Kleine Scheuer, 13 Bockstein. 14 Haldensteinhöhle, 15 Fohlenhaus, 16 Papierfels, 17 Burkhardtshöhle, 18 Randecker Maar, 19 Brillenhöhle, 20 Geißenklösterle, 21 Sirgensteinhöhle, 22 Sirgenstein-Südwand, 23 Hohler Fels b. Schelklingen, 24 Helga Abri, 25 Schmiechenfels, 26 Hohler Fels b. Hütten, 27 Felsställe, 28 Federsee, 29 Schussenquelle, 30 Napoleonskopf b. Niedernau, 31 Guppenlochfels, 32 Nikolaushöhle, 33 Annakapellenhöhle, 34 Göpfelsteinhöhle, 35 Schafstall, 36 Heidensteinhöhle, 37 Gansersfelsen, 38 Kohltalhöhle, 39 Burghöhle in Dietfurt, 40 Zigeunerfels, 41 Winterlingen, 42 Straßberg, 43 Probstfels, 44 Buttentalhöhle, 45 Bildstockfels, 46 Gnirshöhle, 47 Petersfels, 48 Röthekopf, 49 Ehrenstetten-Teufelsküche, 50 Bolschweil, 51 Munzingen, 52 Korb-Kleinheppach, 53 Heidenschmiede, 54 Irpfelhöhle, 55 Große Grotte, 56 Kogelstein, 57 Stuttgart-Bad Cannstatt

34

re Alb. Außerdem scheinen sich Höhlen mit pleistozänem Inhalt in den Tälern der Alb-Südseite zu konzentrieren. Der Schluß auf eine bevorzugte Besiedlung dieser Region ist aber ebenso irreführend. Denn die sicher vorhandenen Spuren paläolithischer Besiedlung sind in den jüngeren Tälern der Neckarseite längst der Erosion anheimgefallen, während in den ruhigeren Tälern der Donauseite Reste alter Landoberflächen mit ihren Kultureinschlüssen noch relativ häufig sind. Dies wird leicht verständlich, wenn man bedenkt, daß sich der nördliche Steilabfall der Alb seit dem Beginn der Würm-Eiszeit um durchschnittlich 2 km zurückverlegte. Die Ursache für diese Entwicklung ist in der starken Transport- und Ausräumkraft der rasch fließenden Neckarzubringer zu suchen, die sich stürmisch in die Täler einschneiden und unaufhörlich am Albtrauf nagen.

Es können also nur unter ganz außerordentlich günstigen Bedingungen Spuren des Menschen erhalten geblieben sein. Es bedarf weiter eines besonderen Zufalles, daß solche Reste entdeckt und in ihrer Bedeutung erkannt werden. Dennoch scheint gerade das Neckarland in dieser Hinsicht besonders begünstigt zu sein. Wo die Talauen breit sind und das Gefälle gering, also in Senkungsgebieten wie etwa im Neckartal zwischen Tübingen und Rottenburg, werden wir uns während der Eiszeit weite Schotterfluren mit vielfach gewundenen Altwässern vorstellen müssen. Hier wurden verendete Tiere, darunter sicherlich auch Reste der Jagdbeute des Menschen, rasch in Kies und Sand eingebettet. Die dortigen Kiesgruben, etwa bei Hirschau, sind bekannte Hauptfundstätten für eiszeitliche Tiere. Besonders häufig sind Mammut, Fellnashorn und Wildpferd, mit denen der Mensch als herumstreifender Jäger verbunden war. Neben solchen, mehr indizhaft den Lebensraum des altsteinzeitlichen Menschen charakterisierenden Funden gibt es gerade auch im Neckarland einige wenige um so bedeutsamere Reste als Beweis für die Anwesenheit des Menschen zu verschiedenen Zeiten während des Pleistozäns. Zu nennen sind insbesondere der Fund des Unterkiefers von Mauer bei Heidelberg in den Neckarschottern der altpleistozänen Mosbach-Warmzeit. Ins Mittelpleistozän, und dort in die Holstein-Warmzeit einzuordnen, ist der

Abb. 7 Katzenbacher Ziegelhütte im Jahr 1906. Links neben dem Gebäude ist die Fundstelle. Aufnahme Archiv Landesdenkmalamt

Schädel des Steinheimer Urmenschen aus den Schottern der unteren Murr. Etwa zeitgleich mit ihm sind die reichen altpaläolithischen Funde aus dem Travertin von Stuttgart-Bad Cannstatt. Eine Reihe von Funden sind auch aus dem Jungpleistozän des Stuttgarter Raumes bekanntgeworden. Noch in die Eem-Warmzeit zu datieren sind die mittelpaläolithischen Funde im Travertin von Stuttgart-Untertürkheim. Endlich sind die zu Cannstatt bei der Uffkirche, auf dem Seelberg und in der Winterhalde ergrabenen Freilandfundplätze als Lager früh-jungpaläolithischer Mammutjäger anzusehen. Gegenüber diesen recht bedeutsamen Belegen aus dem älteren und jüngeren Eiszeitalter sind die Funde aus dem ausklingenden Eiszeitalter eher spärlich zu nennen. Im wesentlichen ist nur eine einzige Fundstelle am Napoleonskopf im Katzenbachtal bei Rottenburg-Weiler (s. S. 210 ff.) bekanntgeworden. Dieses Lager ist nun allerdings als Beleg, daß späteiszeitliche Steppenjäger auch diesen Raum durchstreiften, von großer Bedeutung. Die dort nachgewiesene Tierwelt mit den ausgestorbenen Glazialformen Mammut und Fellnashorn, aber auch bereits Bewohner des Waldes wie Edelhirsch und Eichhörnchen verweisen auf das Ende der ältesten Tundrenzeit und an den Anfang des Bölling-Interstadials mit beginnender Wiederbewaldung.

So ist im Neckarland die erdgeschichtliche Gliederung des Pleistozäns mit der Abfolge der Hominiden – zwar in Einzelfunden – hinreichend belegt:

Zu Beginn des Pleistozäns nach heutiger Einteilung, also am Ende der Günz-Eiszeit oder zu Beginn der Günz-Mindel-Warmzeit erscheinen die echten Archanthropinen *(Pithecanthropines)*. Das günstige Klima der Warmzeit wird ihre Entfaltung gefördert haben. In unserem Raum sind diese Frühmenschen belegt durch den Unterkiefer von Mauer. Die Archanthropinen haben die Mindeleiszeit noch überdauert.

In der Mindel-Riß-Warmzeit wurden sie von den Paläanthropinen abgelöst, aus denen sich unter verschiedenen paläographischen Bedingungen unterschiedliche Hominidenformen herausentwikkelt und differenziert haben *(Homo steinheimensis, Homo neanderthalensis)*. Ihre Existenz im Neckarland ist nachgewiesen durch den Schädel von Steinheim a. d. Murr und die altpaläolithischen Funde im Travertin von Cannstatt.

Die am weitesten spezialisierte Sonderentwicklung, die klassischen Neandertaler, haben ihre Hauptentwicklung in der Riß–Würm-Warmzeit. Ihre mittelpaläolithischen Werkzeuge sind uns im Travertin von Untertürkheim erhalten geblieben.

Die Neandertaler beendeten ihr Dasein in der Mitte der Würm-Eiszeit mit dem Auftreten der Neanthropinen *(Homo sapiens)*. Eindrucksvoll ist in den Lößfundstellen von Cannstatt das Mammutjägertum dieser Träger des älteren Jungpaläolithikums dokumentiert.

Endlich zeugt die Fundstelle vom Napoleonskopf von der Zeit der späteiszeitlichen Steppenjäger (Abb. 7). Mit der hohen Spezialisierung ihrer Jagdwaffen erreichen sie einen vollkommen Höchststand jägerischer Lebensweise, wie er später vielleicht nur noch von den Eskimos erreicht wird.

So gibt uns das Neckarland einen Einblick in die entscheidende Schlußphase der Entstehung der Hominiden und ihrer Evolution. Kritische Abschnitte in der Fossilgeschichte des Menschen werden immer dann aufgetreten sein, wenn alte Formen von neuen abgelöst wurden, und – sicherlich nur für kurze Zeit – ein Nebeneinander verschiedener Formen bestanden hat.

Das Mesolithikum

Der geochronologische Ansatz des Mesolithikums um 10000 bis 8000 v. Chr. fällt mit einer kontinuierlichen Lufterwärmung und dem stetigen Abschmelzen der alpinen und nordischen Eiskappe zusammen. Mit der Klimaänderung und teilweise schon früher sind die arktischen Vertreter der Tierwelt, zu denen Mammut, Fellnashorn, Moschusochse, Rentier, Eisfuchs, Schneehase und Lemming zählen, verschwunden. Statt dessen sind der Edelhirsch, das Reh und das Wildschwein häufiger. Während der ersten Jahrtausende herrschte die eigentliche Urlandschaft, bevor der Mensch mit seinem Ackerbau tiefer in die Natur eingriff. Die Wirtschaftsweise der mittelsteinzeitlichen Jäger und Fischer hat sich gegenüber ihren altsteinzeitlichen Vorfahren kaum geändert. Es liegt nahe, in ihnen den Rest der mitteleuropäischen Urbevölkerung zu sehen, die in der Folgezeit vom neolithischen Bauerntum verdrängt oder in ihm aufgegangen ist. Wie bisher folgten diese Jäger dem Wild, ohne seßhaft werden zu können. Vom wärmeren Klima begünstigt, liegen ihre Lagerplätze auf den höchsten und rauhesten Höhen des Oberen Gäus. Im wesentlichen konzentrieren sie sich auf die Höhen entlang der Nagold. Hier sitzen sie mit Vorliebe auf den hervorragenden Punkten des Muschelkalk-Stufenrandes wie Sulzer Eck, Mindersbacher Höhe und Mohnhardter Berg. Ähnlich liegen einige kleinere Lagerplätze bei Herrenberg auf der Kante des Schönbuchs über dem Ammertal. Auch hier scheint die Nähe des fischreichen Gewässers für die Lage des Platzes ausschlaggebend. Merkwürdig fundleer bleibt dagegen die weite Hochfläche des Gäus.

Das Mesolithikum ist gekennzeichnet durch geometrische Artefaktformen. Ausgangsmaterial sind exakt hergestellte Klingen, die mit spezieller Technik in kleine Dreiecke oder Spitzen gebrochen wurden. Ihre Länge liegt meist unter zwei Zentimetern. Die mikrolithische Steintechnik bedeutet einen erstaunlichen Fortschritt gegenüber der Altsteinzeittechnik und ermöglicht die Herstellung komplizierter Waffensysteme. Sicherlich haben die technischen Überlegungen der Mikrolithtechnik mit zur Entwicklung und Schulung der geistigen Fähigkeiten des Menschen beigetragen.

Literatur:
R. R. Schmidt, E. Koken u. A. Schliz, Die diluviale Vorzeit Deutschlands (1912). – Stoll, Gäu 7 (1933). – G. Riek, Kulturbilder aus der Altsteinzeit Württembergs. Vorgeschichte von Württemberg, Band I (1935). – K. D. Adam, Der Mensch im Eiszeitalter. Stuttgarter Beiträge zur Naturkunde – Serie C – Nr. 15, 1982

Eberhard Wagner

Das Neolithikum im Oberen Gäu und im angrenzenden Gebiet östlich des Rammerts

In seiner »Urgeschichte des Oberen Gäues« veröffentlichte H. Stoll 1933 eine zusammenfassende Darstellung der Vor- und Frühgeschichte unseres Raumes. Für das Neolithikum stützte er sich dabei auf die Angaben von Sammlern, die schon seit dem Ende des 19. Jahrhunderts die Fluren nach jungsteinzeitlichen Hinterlassenschaften, vorwiegend nach Steingerät, abgesucht hatten. Stoll legte die bekannten Siedlungsflächen genauer fest und entdeckte zahlreiche neue Fundstellen. Bei der damals üblichen flachgründigen Feldbestellung mußte er sich in den meisten Fällen mit wenigen Lesefunden begnügen, und die für die Datierung wichtige Keramik war selten. Intensive Begehungen der durch das heutige Pflügen tiefgründig aufgeschlossenen Ackerflächen und die Überwachung

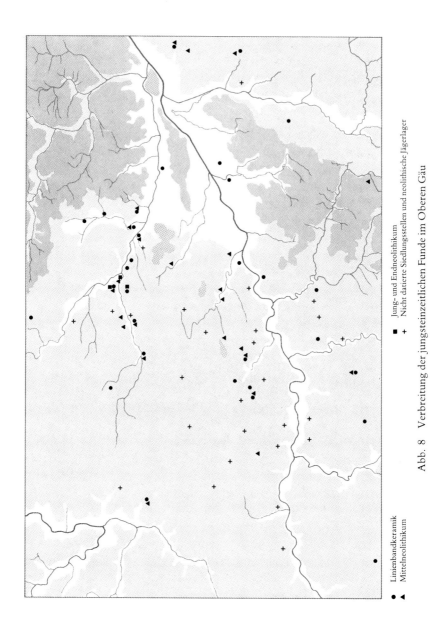

Abb. 8   Verbreitung der jungsteinzeitlichen Funde im Oberen Gäu

● Linienbandkeramik
◀ Mittelneolithikum

● Jung- und Endneolithikum
■ Nicht datierte Siedlungsstellen und neolithische Jägerlager
+

von Baumaßnahmen brachten seit 1965 eine Fülle neuer Erkenntnisse, die ein relativ klares Bild der neolithischen Besiedlung dieses Gebiets ergeben, obwohl es sich weiterhin fast nur auf Lesefunde und Notbergungen stützt. Die archäologische Untersuchung einer etwa 100 qm großen Fläche im Bereich einer Siedlung der ältesten Bandkeramik in Ammerbuch-Pfäffingen erbrachte hauptsächlich Keramik und Tierknochen aus Materialgruben, aber keine baulichen Befunde. Bei den von H. Stoll 1931 in Rottenburg-Eckenweiler und P. Goessler 1907 in Neustetten-Nellingsheim untersuchten neolithischen »Hausgrundrissen« handelt es sich um Fehlinterpretationen von Materialgruben, entsprechend der damals bestehenden Theorie der »Grubenwohnungen«. Auch die von H. Reinerth 1928 in Tübingen-Unterjesingen festgestellten angeblich mittelneolithischen Rechteckhütten gehören mit ihren Maßen von 4 × 5 m sicherlich nicht dieser Zeit an, zumal von dieser Fundstelle auch bronzezeitliche und mittelalterliche Keramikfunde vorliegen.

Die meisten im Gebiet des Mittleren Neckars vertretenen jungsteinzeitlichen Gruppen haben auch im Oberen Gäu ihre Spuren hinterlassen. Wie die Verbreitungskarte der Siedlungsstellen (Abb. 8) zeigt, blieben die höher gelegenen Gebiete von Schönbuch, Rammert, Spitzberg und Pfaffenberg bei der neolithischen Landnahme ausgespart, und auch die teilweise mit Muschelkalkböden bedeckten Gäuplatten westlich der Linie Herrenberg–Horb sind fast fundleer. Es scheint so, als ob die Höhenlinie von 480 m NN nach Westen hin eine Art Siedlungsgrenze bildet, die nur von einem einzigen, isoliert gelegenen bandkeramischen Siedlungsplatz nördlich von Vollmaringen überschritten wird. Die Fundstellen häufen sich im tiefer gelegenen, zum Neckar und zur Ammer abfallenden östlichen Teil des Oberen Gäus. Das Zentrum der Besiedlung liegt im heute mit weniger als 700 mm im Jahr niederschlagsärmsten Gebiet. Die Siedlungen reihen sich entlang der Erosionsrinnen, die die lößbedeckten Gäuplatten aufschließen, und liegen meist in der Nähe von Quellen und Bachläufen auf den Hochterrassen am Rand der Täler. Es gibt aber auch Siedlungen in ausgesprochener Tallage auf den Niederterrassen von Neckar und Ammer sowie in heute wasserfernen Lagen, z. T. in der Nähe von

Dolinen, die, nach Vermutungen Stolls, in neolithischer Zeit mit wasserundurchlässigen Lehmschichten bedeckt, als Wasserreservoir gedient haben könnten. Die östlich des Rammert am Rand des Steinlachtals gelegenen Siedlungen schließen sich an eine Reihe von relativ weit gestreuten Fundpunkten an, die flußabwärts die Hochterrassen des Neckars und seiner Seitentäler einnehmen, ohne eine eigene Fundprovinz, wie es das Obere Gäu ist, zu bilden. In die Fundkarte (Abb. 8) aufgenommen sind alle durch Keramikfunde datierbaren Siedlungsareale, ferner die Flächen mit größeren Konzentrationen von Silex und Felssteingerät sowie die von Stoll oft aufgrund von nur wenigen Silexstücken festgestellten neolithischen Jägerlager an den Kanten des Neckartals. Die zahlreichen Einzelfunde von Steingerät und die wenigen gesicherten Grabfunde sind nicht kartiert. Im Untersuchungsgebiet sind 45 durch Scherbenfunde bestimmbare jungsteinzeitliche Siedlungsstellen bekannt. Zwölf Stellen waren sowohl im älteren als auch im mittleren oder jüngeren Neolithikum besiedelt. Die Linienbandkeramik hat mit 31 Siedlungen die größte Verbreitung; von acht Plätzen liegt Stichband- oder Hinkelsteinkeramik vor, von 19 Plätzen Großgartacher oder Rössener Keramik. Das Jung- und Endneolithikum (Schwieberdingen, Schussenried, Michelsberg, Schnurkeramik und Glockenbecher) ist an drei Stellen mit teilweise sehr geringem Keramiknachweis vertreten.

Altneolithikum

Vor etwa 10 000 Jahren vollzog sich im Vorderen Orient der Wandel von der aneignenden Wirtschaftsweise hin zur produzierenden bäuerlichen Lebensart. Die Zähmung und Haustierhaltung von Schaf, Ziege, Rind und Schwein sowie der Anbau bestimmter Pflanzenarten ermöglichten eine größere Vorratshaltung, bedingten Seßhaftigkeit, und diese wiederum förderten technische Errungenschaften wie Töpferei, Weberei, Steinschliff und Hausbau. Gegen Ende des 7. Jahrtausends gelangte die neue Wirtschaftsweise nach Europa, und von einem sekundären Zentrum im mittleren

Donauraum aus erreichten um 5000 v. Chr. die ersten nachweisbaren Ackerbauern und Viehzüchter Süddeutschland. Sie besiedelten zunächst vorzugsweise die leicht zu bearbeitenden fruchtbaren Lößflächen und errichteten langgestreckte Pfostenhäuser mit lehmverstrichenen Flechtwänden.

Die Siedlungsweise dieser nach der Art ihrer Gefäßverzierungen Bandkeramik genannten Gruppe entspricht im Oberen Gäu den von W. Meier-Arendt für das Untermaingebiet und K. Eckerle im Mittleren Neckarland festgestellten Merkmalen. Die Keramik läßt sich in Form und Ornament weitgehend den dort typologisch festgestellten Phasen zuordnen. Zahlreiche Gefäßreste der ältesten Bandkeramik (Phase I nach Meier-Arendt) sind in Siedlungen der Ammerbucher Teilgemeinden Pfäffingen, Flur »Lüsse«, und Reusten, »Stützbrunnen« sowie in Rottenburg-Hailfingen, »Unter dem Tübinger Weg«, geborgen worden. Sie liegen in einem Abstand von knapp drei und vier Kilometern im offensichtlich für die Bandkeramik günstigsten Gelände des Oberen Gäus in relativ geringer Meereshöhe (Pfäffingen 360 m NN, Reusten 415 m NN, Hailfingen 430 m NN), am Rand ausgedehnter Lößflächen oberhalb von Quellen (Reusten, Hailfingen) und auf einer kleinen Lößinsel im Winkel zwischen dem Zusammenfluß von Ammer und Käsbach (Pfäffingen). Alle drei Plätze waren auch in späteren Phasen der Bandkeramik besiedelt, und in weniger als vier Kilometer Entfernung von ihnen liegen zehn weitere Siedlungen mit Scherbenfunden der Phasen II bis V, so daß hier die größte Siedlungsdichte unseres Gebiets festzustellen ist. Es kann mit einiger Wahrscheinlichkeit angenommen werden, daß mit den genannten drei Siedlungen der Phase I der Ausgangspunkt der bandkeramischen Besiedlung und damit der Neolithisierung des Oberen Gäus faßbar ist. Die hier gefundene Keramik zeigt die charakteristischen Merkmale. Als solche gelten u. a. organisch gemagerter Ton, doppelkonische Kümpfe mit leicht ausbiegendem Rand, Standböden, Hohlfußbildung, geschlitzte, gedellte und aufgebogene Handhaben sowie kurvo- und rektolineare Verzierungen aus ein- bis mehrlinigen breitrilligen Bändern (Abb. 9: 1–4). Ein Teil dieser Elemente, z. B. Hohlfußbildung (Abb. 9: 3) steht in auffallender Ähnlichkeit zu

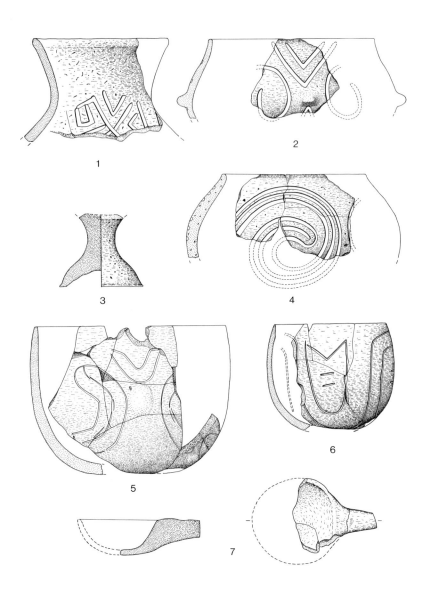

Abb. 9 Keramik der ältesten (1–4) und älteren (5–7) Linienbandkeramik. – 1–4 Rottenburg-Hailfingen, Unter dem Tübinger Weg. – 5–7 Ammerbuch-Reusten, Stützbrunnen. – WLM Stuttgart. – M = 1:3

Erscheinungen des balkanischen Neolithikums, weshalb die Ausbreitung der ältesten Bandkeramik als Wanderung von Bauerngruppen gedeutet wird, die, von Südosten kommend, in relativ kurzer Zeit ihr mitteleuropäisches Verbreitungsgebiet besetzten.

Die aus Gruben der ältesten und älteren Bandkeramik im Oberen Gäu geborgenen Funde bestehen vorwiegend aus Keramik, aus verhältnismäßig wenig Silex- und Felssteingerät, Bruchstücken von Mahl- und Reibesteinen, Wandbewurf und zahlreichen Tierknochen. In Pfäffingen und Reusten hat die Bestimmung der Tierknochen einen hohen Anteil von Wildtieren, hauptsächlich vom Rothirsch, ergeben, und Rind, Ziege und Schwein liegen als Haustiere vor.

Die Masse des bandkeramischen Fundstoffs ist der mittleren Entwicklungsstufe (Phase III) zuzuordnen, so etwa das Inventar einer Grube aus Ammerbuch–Reusten mit den Resten von etwa 70 Gefäßen, Knochengeräten und Eberzahnschmuck (Abb. 10, 11). Härterer Ton, Rundbodigkeit, schmalere Ritzlinien der Ornamente, die durch Stichreihen akzentuiert sind, kennzeichnen nun die Keramik. Auch das von K. Eckerle für den Mittleren Neckarraum als typisch erkannte »Rechenmotiv« (Abb. 10) ist vertreten. In dieser Phase erreichte die Bandkeramik ihre größte Siedlungsexpansion, und bezeichnenderweise wurden nun auch geologisch und klimatisch ungünstigere Stellen besiedelt. Ihre Lage auf für den Ackerbau weniger ergiebigen schweren Keuperböden (z. B. Ammerbuch–Entringen, »Unteres Feld«, Tübingen–Unterjesingen, »Ammerbühlen« und Starzach–Wachendorf, »Hinter dem Ried«) und in Flußnähe auf den Auelehmen der Niederterrassen von Neckar und Ammer (Tübingen–Bühl, »David vom Steinweg«, Tübingen–Kilchberg, »Kreuzäcker«, Ammerbuch–Poltringen, »Untere Wasenbreite« und Tübingen, »Wasserfalläcker«) könnte die von H.-P. Uerpmann aufgrund der Tierknochenfunde geäußerte Vermutung einer Gewichtverlagerung vom Ackerbau zu mehr Viehzucht im Lauf der bandkeramischen Entwicklung des Oberen Gäus stützen.

Die späte Bandkeramik ist nur schwach bezeugt. Allerdings liegen von den meisten Siedlungen der mittleren Phase auch einige Scher-

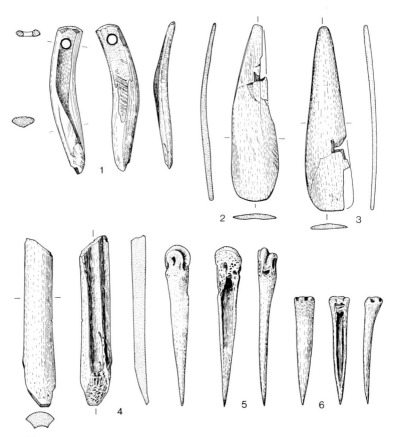

Abb. 10 Ammerbuch-Reusten, Stützbrunnen. –Eberzahnschmuck und Knochengeräte aus einer mittelbandkeramischen Grube; 1 Anhänger aus Eberzahn, 2–3 Glättgeräte, 4 Knochenmeißel, 5–6 Knochenpfrieme. – WLM Stuttgart. – M = 1:2

ben der nachfolgenden, u. a. durch weitere Zunahme der Stichornamente geprägten Zeit vor.

Das in Mengen vorhandene Lesegut bandkeramischer Steingeräte ist nur in Ansätzen bearbeitet. W. Taute hat Sammelfunde von Silexmaterial aus Vollmaringen vorgelegt und dabei den Anteil mikrolithischer Formen betont.

Ein beigabenloses Kinderskelett (rechter Hocker, OSW-WNW

46

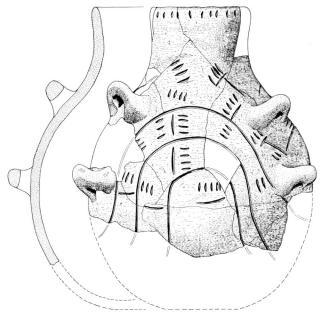

Abb. 11   Ammerbuch-Reusten, Stützbrunnen. – Mittelbandkeramische Butte. –
WLM Stuttgart. – M = 1:3

orientiert, Alter etwa 12 Jahre) aus einer Siedlungsgrube der älteren
Bandkeramik von Ammerbuch–Pfäffingen und ein bei Bauarbeiten zerstörtes Grab mit Keramik der Phase III, darunter ein verzierter steilwandiger Becher, aus Rottenburg sind die einzigen Grabfunde. Über ein auf der rechten Seite liegendes Hockerskelett aus
Rottenburg–Hailfingen in der Sammlung des Instituts für Vor-
und Frühgeschichte Tübingen sind keine Fundumstände bekannt.

Mittelneolithikum

Das ältere Mittelneolithikum (Stichbandkeramik und Hinkelstein)
ist bis jetzt auf acht Fundstellen, meist allerdings nur durch wenige
Lesefunde im Bereich bandkeramischer oder Rössener Siedlungen

nachgewiesen. Umfangreicheres Material, z. T. aus Gruben, gibt es aus Rottenburg–Hailfingen, »Unter dem Tübinger Weg« und Ammerbuch–Reusten, »Stützbrunnen«, »Kapf«, »Grüninger«, wobei diese drei Fluren zusammen einen großen Siedlungskomplex im Anschluß an den Bergsporn des Kirchbergs bei Reusten bilden und die reichsten neolithischen Materialien des Oberen Gäus geliefert haben. Unser Gebiet liegt, wie Meier-Arendts Verbreitungskarte der ältermittelneolithischen Gruppen Südwestdeutschlands erkennen läßt, peripher sowohl hinsichtlich der Stichbandkeramik mit ihrem Zentrum im mittelbayerischen Donauraum als auch der Hinkelsteingruppe, die ihren Schwerpunkt im nördlichen Oberrheingebiet hat. Donau und Neckar haben offensichtlich als Leitlinien der Verbreitung beider Gruppen gedient. Gruben aus Reusten mit nur stichbandkeramischen Scherben (Abb. 12) machen es wahrscheinlich, daß diese Gruppe hier nicht nur Importcharakter hat. Die Keramik zeigt mit einem mehrzinkigen Gerät hergestellte Winkelbänder, manchmal in Kombination mit feingeritzten Bandfüllungen, Doppelstichreihen auf flachen Leisten und als auffällige Eigenart eine Betonung der Randlippe durch Stichrei-

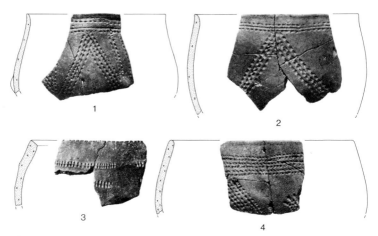

Abb. 12 Ammerbuch–Reusten, Kapf. – Stichbandkeramische Gefäßreste. – WLM Stuttgart. – M = 1:3

48

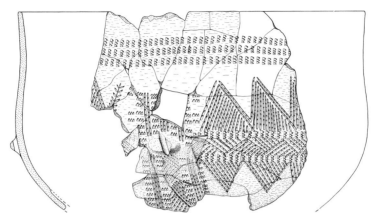

Abb. 13 Ammerbuch-Reusten, Grüninger. – Keramik der Hinkelsteingruppe. –
Privatbesitz. – M = 1 : 3

hen. Wenn in Rottenburg–Hailfingen und Ammerbuch–Reusten
stichbandkeramische Scherben im oberen Bereich von Gruben mit
ältester Bandkeramik oder vermischt mit Rössen beobachtet wurden, ohne daß eine stratigraphische Trennung möglich gewesen
wäre, so dürfte das auf die ständige Wiederbelegung der Siedlungsareale zurückzuführen sein. Diesem Umstand ist auch der
bisher einzige jungsteinzeitliche stratigraphische Befund zu verdanken. In einer mittelbandkeramischen Siedlungsgrube (Ammerbuch–Reusten,»Grüninger«) von unregelmäßigem Umriß (etwa
2,0 × 2,5 m, 0,65 m tief) befand sich eine annähernd ovale Mulde
mit Hinkelsteinkeramik (1,6 × 1,8 m, 0,12 m tief), die sich von
der bandkeramischen Verfüllung durch eine dunklere Färbung ab-
hob. Von den Hinkelsteinscherben, die der Phase II Meier-Arendts
zugewiesen werden können, sind die Reste eines birnenförmigen
Kumpfes und die Scherben eines reichverzierten schüsselartigen
Gefäßes mit ornamental betonter Bauch- und Randzone (Abb. 13)
erwähnenswert.

Das jüngere Mittelneolithikum ist durch wenige Großgartacher
und vergleichsweise viele Rössener Keramikfunde auf 19 Fundstellen nachgewiesen. Der Siedlungsraum entspricht weitgehend dem

49

der Bandkeramik, jedoch erfassen die Siedlungen jetzt weiteres, bis dahin unbesiedeltes Gelände, auch solches in höheren Lagen und mit weniger günstigen Böden. Als Beispiele hierfür können die Siedlungen von Bodelshausen, »Burgstall«, am südöstlichen Rand des Rammert, von Rottenburg–Wendelsheim, »Weilenäcker«, hart am Westrand des Pfaffenbergs und Neustetten–Remmingsheim, »Vor der Lug«, am Ostrand der Schilfsandsteinhöhe des Heidenwalds gelten. Auch auf dem Reustener Kirchberg sind Scherbenfunde der Rössener Kultur der älteste Besiedlungsnachweis und stützen die Beobachtung, daß in dieser Zeit leicht zu befestigende Höhen aufgesucht wurden. Zu den herausragenden Funden vom Hinterland des Kirchbergs zählt ein verzierter steilwandiger Becher vom Typus Planig-Friedberg, der in den älteren Abschnitt der Rössener Keramikentwicklung gehört (Abb. 14). Ein größerer Fundkomplex aus einer rein Rössener Siedlung liegt aus Kusterdingen–Wankheim, »Wirtsbühl« und »Flätterschäcker« vor. Hier wurden zwei vermutlich aus dem Maasgebiet stammende Spitzen aus bräunlichem Kreidefeuerstein (Abb. 15: 1) gefun-

Abb. 14   Ammerbuch-Reusten, Stützbrunnen. – Rössener Becher vom Typ Planig-Friedberg. – WLM Stuttgart. – M = 1 : 2

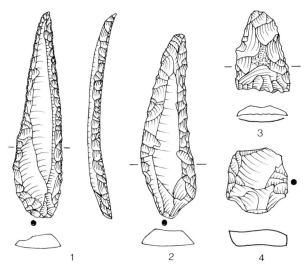

Abb. 15 Mittelneolithische Silexgeräte. – 1 Kusterdingen-Wankheim, Flätterschäcker. – 2–4 Ammerbuch-Reusten, Kapf. – WLM Stuttgart. – M = 1:1

Abb. 16 Ammerbuch-Reusten, Kapf. –Hirschgeweih-Tüllenaxt aus einer mittelneolithischen Grube. – WLM Stuttgart. – M = 1:2

den. Sie sind augenblicklich der früheste Beleg für Sileximport in unserem Raum. Eine vergleichbare weißpatinierte Spitze (Abb. 15: 2) und ein Klingenbruchstück aus demselben Material wurden in Ammerbuch–Reusten,»Kapf«, aus einer Grube geborgen, deren Füllung stratigraphisch nicht trennbar stichbandkeramische und Rössener Scherben enthielt. Zwei Hirschgeweih-Tüllenäxte (Abb. 16) aus dieser Grube dürften zu dem jüngeren Rössener Fundstoff gehören.

Unter den von W. Kimmig der Rössener Kultur zugewiesenen Scherben vom Reustener Kirchberg hat J. Lüning Material mit Schwieberdinger Furchenstich erkannt. Der Neufund einer Scherbe vom Plateau des Kirchbergs stützt diese Zuweisung. Einige Scherben aus Ammerbuch–Reusten und Ammerbuch–Pfäffingen lassen sich nach R. und P. Schröter nicht an die im Oberen Gäu nachgewiesenen mittel- oder jungneolithischen Gruppen anschließen und erinnern an den Zierstil der Wauwiler Gruppe in der Schweiz.

Jungneolithikum

Das Jungneolithikum ist gegenüber den vorausgehenden Abschnitten mit auffallend wenigen Fundpunkten vertreten, die sich auf den Kirchberg von Ammerbuch–Reusten und sein Umland konzentrieren. Seit 1972 Keramik der Schussenrieder Gruppe aus einer Grube der Flur »Kapf« und jüngeres Michelsberg aus zwei Vorratsgruben in der Flur »Ahlenbronnen « (Abb. 17, 18) (1974) geborgen wurden, hat die unterschiedliche Bewertung der Funde vom Kirchberg neue Aspekte bekommen. Während W. Kimmig aus dem Mengenverhältnis der jungneolithischen Komponenten auf eine Michelsberger Siedlung mit Schussenrieder Elementen schloß, nahm J. Lüning eine Schussenrieder Siedlung mit vereinzeltem Import oder Einfluß von Michelsberg an. Die beiden neuen Fundstellen liegen nur wenige hundert Meter vom Kirchberg entfernt und bezeugen eigenständige Siedlungsplätze von Schussenried und jüngerem Michelsberg. Es ist auch denkbar, daß auf dem

Kirchberg eine Schussenrieder Besiedlung von einer Michelsberger abgelöst wurde oder beide gleichzeitig bestanden. Die von H.-P. Uerpmann untersuchten Tierknochen aus den drei angeführten Gruben deuten eventuell auf Unterschiede in der Wirtschaftsweise beider Gruppen, die bei angenommener Gleichzeitigkeit interessante Aspekte ihrer Beziehungen eröffnen würden. Auf der Basis von je rd. 130 bestimmbaren Knochen erbrachte die Schussenrieder Grube einen Wildtieranteil von 41 bis 49 Prozent, während die beiden Michelsberger Gruben nur einen Anteil von 4 bis 9 Prozent und 10 bis 20 Prozent aufwiesen. Die Keramik der Schussenrieder Grube ist stark zerscherbt. Zwei Meißel aus Hirschknochen, ebenfalls aus dieser Grube, wurden von H.-P. Uerpmann hinsichtlich ihrer Herstellungstechnik und Gebrauchsspuren untersucht. Aus den Scherben der beiden Michelsberger Gruben ließen sich eine Kanne (Abb. 17) und eine Tonscheibe mit Fingertupfenrand und Mattenabdruck auf der Unterseite fast ganz zusammensetzen (Abb. 18). Die übrige Keramik gehört überwiegend zu Knickwand-

Abb. 17 Ammerbuch-Reusten, Ahlenbronnen. – Kanne der Michelsberger Kultur. – Privatbesitz.

53

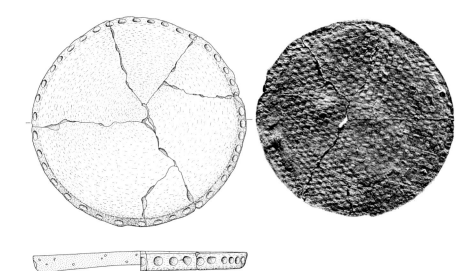

Abb. 18 Ammerbuch-Reusten, Ahlenbronnen. –Tonscheibe mit Mattenabdruck, Michelsberger Kultur. – Privatbesitz. – M = ca. 1:5

schüsseln und geschlickten Vorratsgefäßen. Im Hüttenlehm der beiden Gruben konnte H. Schlichtherle Getreideabdrücke von Gerste, Einkorn und Emmer feststellen, und aufgrund von Holzabdrücken konnte er eine Wandkonstruktion aus lehmbeworfenen Spalthölzern rekonstruieren. Weitere Siedlungsbelege der Gruppen Schussenried und Michelsberg fehlen im Oberen Gäu. Besondere Erwähnung verdient aber ein neolithischer Grabhügel, den H. Zürn 1955 bei Unterjettingen untersucht hat. Innerhalb eines Steinkreises von 15,5 m lichter Weite lag ein trapezförmiges Steinpflaster, in das eingetieft Reste eines Kinderskeletts mit separat beigesetztem Schädel und verstreuter Leichenbrand gefunden wurden. Eine Michelsberger Knickwandschüssel, ein Nephritbeil, eine Silexspitze und eine unter Hitzeeinwirkung zersprungene Säge aus Plattensilex datieren den Hügel, dessen vermutlich zentrale Hauptbestattung nicht mehr erhalten war. Verschollen sind die »pulverisierten Knochenreste, kleine unkenntliche Scherben und ein Klingenkratzer« (Stoll), die 1906 aus einem wohl ebenfalls

54

jungneolithischen Hügel bei Neustetten–Remmingsheim zutage kamen. Auch eine 17 cm lange facettierte Axt und ein Silexmesser, die 1926 in Ammerbuch–Reusten,»Galgenegert«, gefunden wurden, stammen vermutlich aus einem verschleiften Hügel. Mittel- oder jungneolithisch dürften der linksseitig bestattete Hocker und weitere Skelettreste sein, die Stoll 1929 im Bereich einer frühbronzezeitlichen Hüttenstelle auf dem Kirchberg bei Reusten freilegte.

Unter den wenigen endneolithischen Einzelfunden ist ein 18,5 cm langer Dolch aus Pressigny-Feuerstein, gefunden 1890 bei Rottenburg–Ergenzingen, hervorzuheben. Die von W. Kimmig publizierten Scherben der Glockenbechergruppe und Schnurkeramik sind vor allem für das Verbreitungsbild von Interesse. Sie sind für das Obere Gäu bis jetzt ebenso singulär wie die dem Endneolithikum zugewiesene Leistenkeramik vom Reustener Kirchberg.

Literatur:
S. Albert, Ein Rössener Gefäß aus Reusten (Kr. Tübingen). Fundber. Schwaben NF 17, 1971, 24–27. – S. Albert u. P. Schröter, Die ersten Belege der ältesten Bandkeramik im Oberen Gäu (Pfäffingen und Hailfingen, Landkreis Tübingen). Der Sülchgau 1971, S. 63–76. – Dies., Mittel- und Jungneolithische Gruben von Ammerbuch–Reusten, Kreis Tübingen. Fundber. Baden-Württemberg 3, 1977, S. 80–106. – K. Eckerle, Bandkeramik aus dem Mittleren Neckarland. Ungedr. Diss. Freiburg 1966. – Kimmig, Der Kirchberg (1966). – J. Lüning, Die Michelsberger Kultur. Ihre Funde in räumlicher und zeitlicher Gliederung. 48. Ber. RGK, 1967. – W. Meier-Arendt, Die bandkeramische Kultur im Untermaingebiet. 1966. – Ders., Die Hinkelsteingruppe. Röm.-Germ. Forsch. 35, 1975. – R. u. P. Schröter, Zu einigen Fremdelementen im späten Mittel- und beginnenden Jungneolithikum Südwestdeutschlands. Fundber. Baden-Württemberg 1, 1974, S. 157–179. – H. Schlichtherle, Abdrücke aus Michelsberger Gruben bei Ammerbuch–Reusten, Kreis Tübingen. Fundber. Baden-Württemberg 3, 1977, S. 107–114. – Stoll, Gäu (1933). – A. Stroh, Die Rössener Kultur in Südwestdeutschland. 28. Ber. RGK, 1938. – W. Taute, Neolithische Mikrolithen und andere Silexartefakte aus Süddeutschland und Österreich. Arch. Informationen. Mitteilungen zur Ur- und Frühgeschichte, 2–3, 1973/74, S. 71–125. – H.-P. Uerpmann, Zur Technologie neolithischer Knochenmeißel. Arch. Informationen. Mitteilungen zur Ur- und Frühgeschichte, 2–3, 1973/74, S. 137–141. – Ders., Betrachtungen zur Wirtschaftsform neolithischer Gruppen in Südwestdeutschland. Fundber. Baden-Württemberg 3, 1977, S. 144–161. – H. Zürn, Ein jungsteinzeitlicher Grabhügel bei Unterjettingen (Kr. Böblingen). Fundber. Schwaben. N.F. 14, 1957, S. 133–138.

Siegfried Albert

Die Metallzeiten

Bronzezeit

Mit dem Beginn der Bronzezeit (etwa 1800 v. Chr.) verschiebt sich das Siedlungsbild im Oberen Gäu im Vergleich zu der vorausgehenden neolithischen Periode ganz wesentlich (Abb. 19). Frühbronzezeitliche Funde (Stufe BZ A1) sind bisher nur aus Gäufelden–Tailfingen bekannt. Hierbei handelt es sich um einen kleinen Bestattungsplatz mit drei Grabanlagen, die durch Steinschüttungen bzw. mit Trockenmauern aus Muschelkalksteinen umfriedet waren. Die Toten, in Hockerstellung beigesetzt, waren mit kupfernen Spiralröllchen, Scheibenringen aus Bein und einer Scheibenkopfnadel geschmückt (Abb. 20). Zugehöriges Siedlungsmaterial ist bisher unbekannt. Deutlicher können wir erst das Ende der Frühbronzezeit (Stufe A2) anhand einer Reihe von Hortfunden und Deponierungen archäologisch fassen. Zu diesen gehört ein löffelförmiges Randleistenbeil mit halbkreisförmiger Schneidenverzierung, das aus dem Neckar bei Tübingen geborgen wurde (s. S. 232ff.), eine gegossene Armstulpe aus Weil im Schönbuch, deren Formgebung vermutlich auf Aunjetitzer Einflüsse zurückzuführen ist, eine Stabdolchklinge aus einer alten Neckarschlinge bei Rottenburg–Kiebingen sowie ein Komplex (Grab oder Hortfund) von der »Neckarhalde« bei Rottenburg, der aus einem triangulären Dolch, zwei Ösenhalsringen und einem Randleistenbeil besteht (Abb. 21). Lassen sich diese Metalldepots als indirekte Siedlungszeugnisse der Langquaid-Stufe im Oberen Gäu werten, so finden wir den direkten Nachweis in den Siedlungsplätzen auf dem Hochufer der Ammer bei Ammerbuch–Altingen und auf dem Kirchberg bei Ammerbuch–Reusten. Vergleichbar mit anderen Höhensiedlungen in Südwestdeutschland und in den Nachbarräumen (Schweiz, Bayern) beginnt auch auf dem Kirchberg – nach der neolithischen Besiedlungsperiode – die erneute Ansiedlung am Ende der späten Frühbronzezeit und dauert bis in die Mittlere

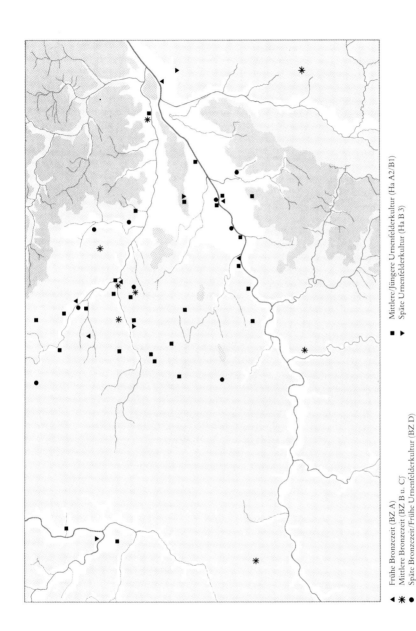

Abb. 19   Verbreitung der bronzezeitlichen Funde im Oberen Gäu

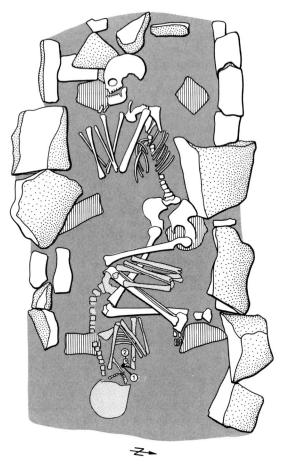

Abb. 20   Frühbronzezeitliches Grab von Gäufelden-Tailfingen. Grabplan

Bronzezeit an, wie wir anhand der von H.-J. Hundt herausgestell-
ten Keramik der Stilgruppe Bronzezeit A2/B1 schließen können.
Einige Bronzegegenstände weisen auf eine Besiedlung bis in die
jüngere Hügelgräberbronzezeit hin. Bei den Sondagen in den Gra-
bungskampagnen von 1921, 1923 und 1927 konnte eine randliche

Bebauung im N und S des Hochplateaus nachgewiesen werden (s. S. 125 ff.). Denkbar ist auch, daß die von den Ausgräbern festgestellten Wälle bereits der bronzezeitlichen Siedlungsperiode zuzurechnen sind, vergleichbar mit den Befestigungen der bronzezeitlichen Anlagen auf der Heuneburg oder im bayerischen Donautal (Bogenberg in der Nähe von Straubing).

Die Entstehung befestigter Höhensiedlungen am Übergang der Frühbronzezeit zur frühen Mittelbronzezeit im süddeutschen Raum, die sicher im Zusammenhang mit entsprechenden Siedlungen im mittleren Donaugebiet zu sehen sind, können als Hinweise auf einen sozialen Strukturwandel interpretiert werden. Fassen wir

Abb. 21   Bronzefund (Grab oder Hortfund) aus Rottenburg. Sülchgaumuseum Rottenburg

59

doch im gleichen Übergangshorizont eine Änderung in der Bewaffnung. Zu der seit der Stufe A2 bekannten Kombination Dolch/Beil, tritt nun das Rapier bzw. das Stichschwert. Auch die Anlage von zahlreichen Grabhügelnekropolen zu Beginn der Stufe B1 in ehemals kaum oder nicht besiedelten Gebieten – wie der Schwäbischen Alb – scheint auf einer Bevölkerungszunahme, verbunden mit einer stärkeren sozialen Schichtung, zu beruhen.

Gegenüber der dichten Massierung hügelgräberzeitlicher Fundstellen auf der Mittleren Alb erscheint uns das Verbreitungsbild entsprechender Funde im Oberen Gäu recht spärlich (Abb. 19). Dies mag z. T. forschungsbedingt sein, denn wir kennen durchaus Hügel in unserem Gebiet, die aufgrund ihrer Lage auf leichten Anhöhen und ihres Aufbaus aus Stein und Erde mit bronzezeitlichen Hügeln auf der Alb vergleichbar sind (z. B. Rottenburg–Obernau »Kapf«). Doch anders als auf der Alb, wo Heimatforscher wie J. v. Föhr, F. Sautter und J. Dorn im letzten Jahrhundert rege Grabungstätigkeiten entfalteten, sind vergleichbare systematische Grabhügelgrabungen im Oberen Gäu nicht zu nennen. Nur in dem großen, überwiegend hallstattzeitlichen Grabhügelfeld bei Nehren öffnete Dorn einige Hügel, von denen drei bronzezeitliche Bestattungen aufwiesen (s. S. 175 ff.). Diese Grabfunde geben uns Hinweise auf die Existenz einer sozialen Oberschicht während der Mittleren Bronzezeit in unserem Raum. Neben der für die Hügelgräberbronzezeit geläufigen, im Oberen Gäu bisher einmaligen Waffenkombination Stichschwert, Streitbeil und Dolch, wird die besondere soziale Stellung des Toten durch eine goldblechbelegte Nadel, einen goldblechgefaßten Bleisilberring an der rechten Hand und einen punzverzierten Goldfingerring an der linken Hand betont (Abb. 22). Eine ehemals ähnlich hervorragende Stellung dürfte vermutlich die Tote aus Hügel VIII, nach Zählung Dorn, innegehabt haben. Ihr waren drei goldene Lockenspiralen und ein gedrehter Bronzering mit ins Grab gegeben.

Weitere Grabhügelfunde der Mittleren Bronzezeit sind aus Rottenburg–Schwalldorf zu nennen, dazu treten Einzelfunde, Trachtgegenstände wie Stachelscheiben und Armbänder mit rückläufigen Endspiralen aus Horb–Bildechingen und aus dem Stadtgebiet von

60

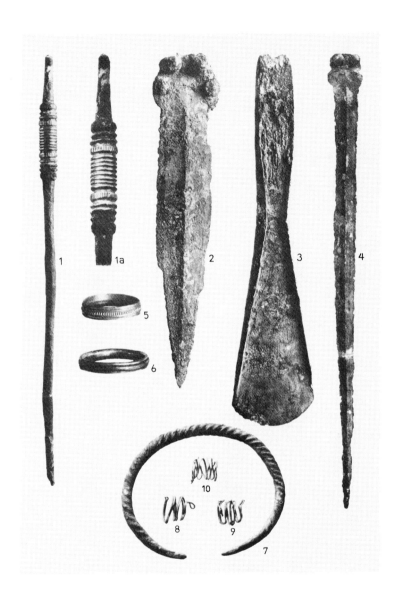

Abb. 22 Hügelgräberbronzezeitliche Grabfunde aus Nehren. 1–6 Beigaben des Mannes, 7–10 Beigaben der Frau. Gold und Bronze. WLM Stuttgart (nach A. Rieth)

61

Tübingen, die wohl aus zerstörten Bestattungen stammen. Die wenigen, nur aus Scherbenaufsammlungen bekannten Siedlungsstellen liegen bei Ammerbuch-Pfäffingen, Ammerbuch-Reusten und auf den fruchtbaren Lößböden um Rottenburg–Hailfingen. Auch in der Späten Bronzezeit/Frühen Urnenfelderkultur konzentriert sich der Großteil der Fundstellen, Siedlungen und Einzelfunde auf die Niederterrassen der Ammer und ihrer Seitentäler. Dazu tritt das Brandgrab von Ammerbuch–Altingen. Gemäß des spätbronzezeitlichen Grabritus war der Tote verbrannt worden. Neben dem Leichenbrand fanden sich in der Grabgrube fünf Gefäße, darunter ein Schälchen mit feiner Ritz- und Kerbverzierung, eine Bronzenadel und ein Bronzedolch mit schmalem, triangulären Blatt (Abb. 23). Kulturell gehört der Dolch, ebenso wie das Rixheim-Schwert aus Tübingen–Bühl, zu jenem spätbronzezeitlichen Formenkreis, der seine Hauptverbreitung im süddeutsch-schweizerisch-ostfranzösischen Raum besitzt. Dagegen kann ein schwergerippter Armring aus Mössingen–Belsen auf Handelskontakte mit dem bayerischen Raum hinweisen. Manche dieser einzeln aufgefundenen Objekte mögen aus zerstörten bzw. nicht erkannten Gräbern stammen, als bewußte Deponierungen im Neckar sind jedoch eine Anzahl von Sicheln, Nadeln, Lappenbeilen und ein Griffzungenschwert anzusprechen, die aus Kiesgruben nordöstlich von Rottenburg geborgen wurden. Das Fundensemble, das in die frühe/ältere Urnenfelderkultur zu datieren ist, stimmt in seiner Zusammensetzung völlig mit den Hauptfundgruppen überein, die W. Kubach für die südhessischen und W. H. Zimmermann für südwestdeutsche Flüsse und Moore im gleichen Zeitraum aufzeigen konnten. Gerade die gleichbleibende Zusammensetzung des Fundstoffes läßt auf ganz bestimmte, hinter diesen Deponierungen stehende Vorstellungen schließen, welche nach Kubach mit ein Zeugnis sind»der für diese Zeit anzunehmenden allgemeinen Unruhe und Umwälzungen, die – auch ohne daß dazu an umfangreiche Wanderungen gedacht werden muß – mit tiefgreifenden Veränderungen geistiger Vorstellungen wie des politischen und wirtschaftlichen Lebens einhergegangen sein dürften«.
Die wohl bezeichnendste Änderung, die die Urnenfelderkultur mit

Abb. 23 Brandgrab aus Ammerbuch-Altingen, (nach H. Reim). Bronzedolch und
Keramik

sich bringt, wird für uns im Bestattungsbrauch faßbar und stellt die
Anlage von Flachbrandgräbern mit Urnenbestattungen dar. Im
Oberen Gäu lassen sich derartige Urnengräber erst ab der Stufe
Hallstatt A2 aufzeigen (Tübingen und Nagold). Beide Gräber ent-
halten Urnen und Beigefäße für Trank- und Speisebeigaben. Die
Zylinderhalsurne von Tübingen – ebenso wie die Beigefäße typi-
sche Vertreter der Untermainisch-Schwäbischen Keramikgruppe –

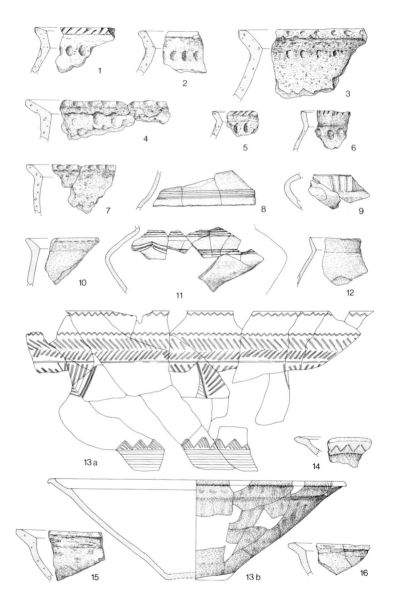

Abb. 24 Urnenfelderzeitliche Siedlungskeramik aus Ammerbuch-Reusten
»Stützbrunnen«. Privatbesitz. M=1:4

barg zusätzlich eine Bronzenadel, mehrere Bronzeringe und war mit einer Steinplatte abgedeckt.

Weitaus zahlreicher als für den älteren Abschnitt der Bronzezeit stehen uns für die Urnenfelderkultur Siedlungen zur Verfügung, die, nach den bisherigen Lesefunden zu urteilen, erst während der älteren Urnenfelderzeit (Ha A2 bzw. Ha A2/B1) einsetzen. Die Fundplätze reihen sich wiederum entlang der Niederterrassen der Ammer und des Neckars, dazu treten Siedlungsstellen auf den fruchtbaren Gäuflächen um Rottenburg–Hailfingen und Rottenburg–Seebronn sowie bei Nagold auf. Die Keramik, die meist aus Gruben vermischt mit Hüttenlehm und Tierknochen stammt, zeigt in Form und Verzierung Einflüsse der Untermainisch––Schwäbischen wie auch der Rheinisch–Schweizerischen Gruppe (Abb. 24). Neben diesen Gehöften in der Ebene setzen in der Mittleren Urnenfelderkultur (Ha B1) Siedlungen auf Schutz- und Höhenlagen ein. Nachweise besitzen wir vom Kirchberg bei Ammerbuch–Reusten, vom Burgholz bei Tübingen und von einem Bergvorsprung im Rammert. Funde der späten Urnenfelderkultur (Ha B3 sowie der Hallstattkultur) liegen vom Hohennagold bei Nagold, Wurmlinger Kapellenberg, Burgholz bei Tübingen und vom Farrenberg bei Mössingen–Belsen vor. Doch gestatten die wenigen Lesefunde keine Aussagen über die Dauer dieser Höhensiedlungen, noch sind etwa die mächtigen Wälle auf dem Burgholz einer bestimmten Siedlungsphase sicher zuzuweisen. Wahrscheinlich ist jedoch keiner dieser Fundplätze mit den großen Höhensiedlungen in der rheinisch-schweizerischen Kulturprovinz (Kestenberg bei Möriken/Schweiz, Hohlandsberg bei Colmar/Elsaß) zu vergleichen, deren Anlage und Struktur für eine »Herrenschicht« bereits während der Urnenfelderkultur sprechen, die dann in der Hallstattzeit klarer faßbar wird.

Eisenzeit

Vor allem aufgrund der bruchlosen Weiterentwicklung der Keramikformen und Zierweisen ist die Herleitung der Hallstattkultur (Abb. 25) aus der Urnenfelderkultur von der Forschung nie in

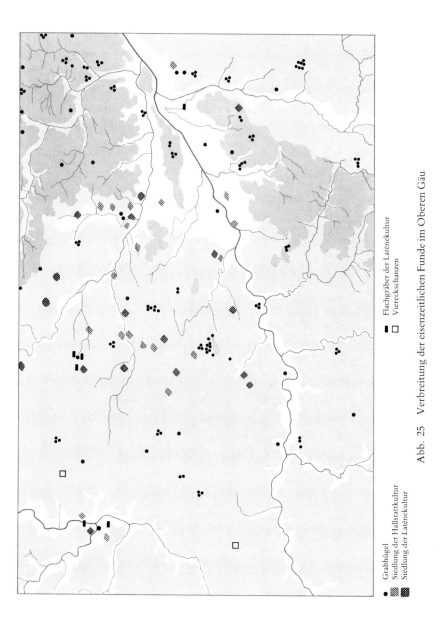

Abb. 25 Verbreitung der eisenzeitlichen Funde im Oberen Gäu

● Grabhügel
▨ Siedlung der Hallstattkultur
▧ Siedlung der Latènekultur

■ Flachgräber der Latènekultur
□ Viereckschanzen

Frage gestellt worden. Und doch lassen sich auch Neuerungen aufzeigen (u. a. Abbrechen der Deponierungssitte, Verwendung des Eisens), die uns archäologisch wiederum am deutlichsten im Grabbrauch vor Augen treten. Seit der älteren Hallstattzeit (Ha C) werden über den Brandgräbern mächtige Grabhügel aufgeschüttet. Der komplizierte, arbeitsaufwendige Bau von Steinkreisen, weiteren Steineinbauten und Holzkammern, die über dem Urnengrab oder der Brandplatte errichtet werden, zeugen von einer deutlich abgehobenen »Herrenschicht«, deren Hügelgräber noch zusätzlich durch anthropomorph verzierte Stelen gekrönt sein können (z. B. die Hügel von Tübingen–Kilchberg und Gomaringen–Stockach s. S. 252 ff. u. 138 f.).

In diesen älteren Brandgräbern findet sich die reich mit geometrischen Mustern ritz- und stempelverzierte, polychrome Keramik im Alb-Hegau-Stil, zu deren schönsten Beispielen die Gefäße aus einer Grabhügelgruppe auf dem Kirnberg bei Tübingen–Bebenhausen zählen (Abb. 26). Weiterhin sind aus diesen Hügeln ein

Abb. 26   Hallstattzeitliche Keramik aus Tübingen-Bebenhausen. Grabhügel auf dem »Kirnberg«. Institut f. Vor- und Frühgeschichte Tübingen

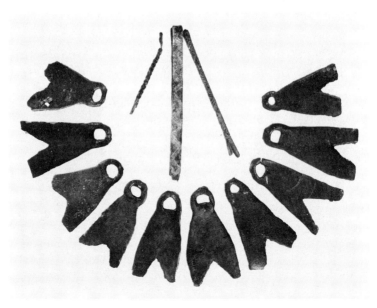

Abb. 27   Bronzefunde aus Tübingen-Bebenhausen. Grabhügel auf dem »Kirnberg«. Institut f. Vor- und Frühgeschichte Tübingen

Toilettenbesteck und zehn anthropomorphe Klapperbleche aus
Bronze bekannt, die ausgestreut zwischen den Keramikbeigaben
auf der Brandplatte lagen und wohl ihrem Besitzer über den Tod
hinaus als Abwehrzauber dienen sollten (Abb. 27). Auch für diese
Bestatteten wurden hölzerne Grabkammern gebaut, die mit
schweren Kalksteinplatten abgedeckt waren.

Charakteristisch für die ältere Hallstattzeit (Ha C) ist ferner das
Auftreten langer Hiebschwerter aus Bronze oder Eisen in den
Gräbern. Besonders die kostbaren neuen eisernen Waffen stellten
zunächst ein Vorrecht gewisser begüterter Gruppen oder Einzel-
personen dar. So können wir wohl auch das eiserne Schwert aus
einem heute eingeebneten Grabhügel bei Rottenburg–Baisingen,
Flur »Krieger« (!) als Rangabzeichen eines Angehörigen dieses
kriegerischen »Führungsadels« deuten. Noch klarer tritt uns dieser
»Adel« in dem »Herrn von Sternberg« (Gomaringen, Ldkr. Reut-

lingen) vor Augen, der sich durch den Besitz eines 108 cm langen, goldplattierten eisernen Hallstattschwertes auszeichnet.

Während die ältere Hallstattzeit durch aufwendig ausgestattete Kriegergräber gekennzeichnet ist, folgt etwa an der Wende vom 7. zum 6. Jahrhundert v. Chr. die jüngere Hallstattkultur (Ha D), die vor allem durch die Errichtung sog. Herrensitze und »Fürstengrabhügel« zu Ruhm gelangte.

In der jüngeren Hallstattzeit vollzieht sich ein Wandel im Grabritus. Werden auch einzelne Elemente des älter-hallstattzeitlichen Grabbrauchs übernommen – Grabhügel, Steinkreise und -einbauten, hölzerne Grabkammern – so werden nun die Toten in der Regel unverbrannt beigesetzt, die Brandbestattung tritt in den Hintergrund. Ebenfalls ändert sich die Art der Grabbeigaben. Man übernimmt die Fibelmode, behängt sich mit Arm-, Hals- und Fußringen und trägt breite Gürtel mit großen verzierten Platten. Als Waffenbeigaben tauchen in den Gräbern Dolch, Lanze, Pfeil und Bogen auf.

Der Adel, der sich dem italischen und griechischen Einfluß öffnet und mit dem Süden Handel treibt, umgibt sich mit exotischen Luxusgütern und dokumentiert seinen neuerworbenen Reichtum in prunkvollen Ausstattungen der Gräber.

Auch aus dem Oberen Gäu kennen wir große Einzelhügel mit reichausgestatteten Gräbern, deren Inhalt jedoch unsachgemäß von Laien geborgen wurde. Im Baisinger »Bühl« (s. S. 206 f.) und im »Eichbuckel« bei Dußlingen (s. S. 135 f.) waren beide Bestatteten durch breite Halsringe aus Goldblech ausgezeichnet, die allgemein als fürstliche Würdesymbole angesprochen werden. Goldene Armbänder und kostbare Bronzegefäße vervollständigen die Grabbeigaben dieser Herren.

Ein weiterer wichtiger Bestandteil im Totenzeremonial, das den »Hallstattfürsten« vorbehalten war, stellt die Verwendung vierrädriger Wagen dar, auf dem der Tote vermutlich in einer Prozession zum Begräbnisplatz gefahren wurde. Reste eines solchen Wagens wurden in zwei Gräbern der ehemals etwa 45 Grabhügel zählenden Nekropole auf der Waldhäuser Höhe bei Tübingen gefunden (s. S. 235 f.). Den besonderen Reichtum dieses Grabhügelfeldes dokumentieren weiterhin ein Dolch und 14 kleine Goldringe, die einst die Haartracht oder Haube einer »adeligen« Dame zierten. Insgesamt sind aus dem Kreis Tübingen 350 hallstattzeitliche Grabhügel heute noch bekannt. Auffällig ist, daß der in den vorausgehenden Perioden fast völlig fundleere Bereich des heutigen Schönbuch jetzt mit Grabhügeln dicht durchsetzt ist. Auch der Höhenzug des Rammert wird in seinen Randgebieten in Besitz genommen (Abb. 25). An hallstattzeitlichen Siedlungstypen sind bisher im Gäu nur Einzelhöfe bzw. kleine Weiler vertreten, die bevorzugt in der Nähe der fruchtbaren Lößböden liegen (z. B. in der Umgebung von Rottenburg–Hailfingen). Die feuchten Talauen der Ammer und des Nekkars bleiben unbesiedelt, die dörflichen Anlagen wie auch die Grabhügel reihen sich entlang der Niederterrassen. Spuren von Eisenverhüttung, vermischt mit Siedlungsmaterial, sind nordöstlich von Rottenburg festgestellt worden.

Regionale Machtzentren, vergleichbar mit der Heuneburg oder dem Hohenasperg lassen sich im Bereich des Gäus noch nicht mit Sicherheit nachweisen. Nur auf Hohennagold scheint ein hallstattzeitlicher Höhensitz angelegt worden zu sein, dessen Bewohner vermutlich am Fuß des Berges, im »Krautbühl« beigesetzt worden sind.

Die Blüte der hallstattzeitlichen, befestigten Höhensiedlungen dauert bis weit in das 5. Jahrhundert v. Chr. an. Der Zeitpunkt der Auflassung, über deren Ursachen wir bislang nur Vermutungen anstellen können, ist im Verlauf der Stufe Latène A anzusetzen. In diesem Abschnitt endet in Südwestdeutschland die prachtvolle Epoche der »Hallstattfürsten«, während andere Gebiete, die bisher nur eine untergeordnete Rolle gespielt haben, wie etwa das Mittelrheingebiet, plötzlich einen unerwarteten Aufschwung nehmen. Gleichzeitig taucht ein völlig neues Kunstempfinden auf: die Latènekunst, die zum einen graeco-etruskische Formbestände aufgreift, zum anderen Tiere, Dämonen, Ranken und Spiralen zu immer phantasievolleren Ornamenten zu vereinen versteht.

Im Oberen Gäu ist die Kontinuität der Besiedlung von der Hallstattzeit zur Latènezeit auf Hochennagold direkt nachzuweisen,

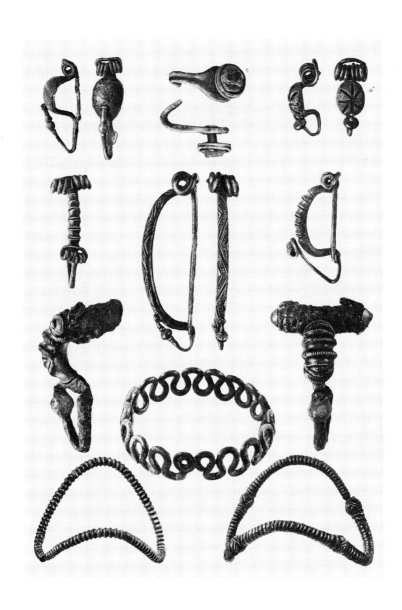

Abb. 28   Nebringen. Fibeln und Armringe aus Bronze (nach Krämer).
ULM Stuttgart

indirekt können wir sie durch Nachbestattungen der Stufe LT A in hallstattzeitlichen Grabhügeln fassen (Gäufelden–Tailfingen, »Tailfinger Mark«). Auch werden in nächster Nähe zu hallstattzeitlichen Grabhügeln neue Hügel aufgeschüttet (Dußlingen, LT A-zeitliches Schwertgrab). Doch spätestens am Ende der Stufe LT A bricht die Besiedlung auf Hohennagold ab. Neue Friedhöfe werden angelegt, die Bestattungen unter Grabhügeln werden während der Stufe Latène B durch Beisetzungen in Flachgräbern abgelöst.

Aussagen zu Tracht und Bewaffnung gestattet der Latène B-zeitliche Flachgräberfriedhof von Gäufelden–Nebringen, der mindestens 21 Körperbestattungen und vier Brandgräber umfaßt. Zur Frauenausstattung gehören bis zu sechs, meist paarig getragene Bronzefibeln, Gürtel mit Haken aus Eisen oder Bronze, paarige Arm- und Fußringe. Prächtige Scheibenhalsringe mit blutroter Glasflußeinlage und goldene Fingerringe vervollständigen die Tracht einiger herausragender Bestattungen (Abb. 28). Nicht minder eindrucksvoll ist das reichste Kriegergrab dieses Friedhofes ausgestattet. Neben der üblichen Waffenkombination Eisenschwert und Lanze hebt sich der Tote durch die Mitgabe eines Eisenhelms und eines goldenen Fingerrings von den übrigen mit Waffen beigesetzten Männern ab. Kinder erfahren im Totenbrauchtum eine Sonderbehandlung. Nach den zahlreichen Amulettbeigaben zu urteilen, scheinen sie eines besonderen Schutzes bedürftig gewesen zu sein.

Bereits auf dem Nebringer Friedhof treten Brandgräber auf, eine Bestattungssitte, die sich erst in der folgenden Stufe Latène C weitgehend durchgesetzt hat. Gleichzeitig müssen in der Umgebung von Nebringen besonders traditionsbewußte Gruppen gelebt haben, die noch immer dem alten Brauch der Hügelgräber verhaftet waren und ihre Toten auf diese Weise bestatteten (Ammerbuch–Pfäffingen, Tübingen–Bebenhausen).

Am Ende der Stufe Latène B bricht die Belegung auf dem Friedhof von Nebringen ab. Gleichzeitig dürften auch die zugehörigen Höfe aufgegeben worden sein. Weiterhin finden wir Latène B-zeitliche Siedlungsstellen etwa 6 km entfernt bei Bondorf, die im Bereich römerzeitlicher Gutshöfe zutage kamen. Obwohl keine zusam-

72

menhängenden Siedlungsgrundrisse ermittelt werden konnten, fanden sich in den zahlreichen Gruben größere Keramiksammlungen, die zu Flaschen, Töpfen und Schalen ergänzt werden konnten. An Kleinfunden sind besonders eine Fibel und ein Bruchstück eines Glasarmrings zu nennen, ein Anhaltspunkt, der ein Weiterlaufen der Siedlung bis Latène C nahelegt. Tönerne Spinnwirtel und Webgewichte lassen die Herstellung von Textilien – wohl für den Eigenbedarf – vermuten. In der folgenden Stufe Latène C scheint das Obere Gäu bis auf wenige Funde (u. a. ein Schwert aus Tübingen–Bebenhausen) fast fundleer zu sein. Vielleicht entziehen sich die einfachen Brandbestattungen unseren Nachforschungen, oder der Großteil der Bevölkerung wurde auf eine Art und Weise beigesetzt, die wir bisher nicht archäologisch fassen können. Dies scheint um so glaubhafter, wenn man bedenkt, daß wir im späten 2. und 1. Jahrhundert v. Chr. aus weiten Teilen des keltischen Siedlungsbereichs keine Gräber und Friedhöfe mehr kennen.

Erst für die Stufe Latène D läßt sich besonders im westlichen Teil des Oberen Gäus ein Siedlungsniederschlag verzeichnen. Die Reste kleiner Hofgruppen sind aus Gäufelden–Nebringen, Neustetten–Nellingsheim, Rottenburg–Hailfingen, Rottenburg–Eckenweiler und Tübingen–Unterjesingen bekannt. Dazu kommen bei Horb–Bildechingen und Jettingen–Oberjettingen zwei spätkeltische Kultanlagen, sog. »Viereckschanzen«, die wir als indirekte Nachweise einer Besiedlung werten dürfen. Eine dritte Anlage ist aus Mössingen–Belsen bekannt. Nur bei Rottenburg ist eine größere, latènezeitliche Siedlung zu vermuten, da der keltische Ortsname Sumelocenna noch in römischer Zeit beibehalten wird.

Literatur:
Bittel, Kelten (1981). – F. Fischer, Alte und neue Funde der Latène-Periode aus Württemberg. Fundber. Schwaben NF 18/I, 1967, S. 61 ff. – Kimmig, Der Kirchberg (1966). – W. Krämer, Das keltische Gräberfeld von Nebringen (Kreis Böblingen). Veröffentl. d. Staatl. Amtes f. Denkmalpflege Stuttgart, Reihe A 8 (1964). – W. Kubach, Zum Beginn der bronzezeitlichen Hügelgräberkultur in Süddeutschland. Jahresber. d. Instituts f. Vorgeschichte d. Universität Frankfurt a. M. 1977, S. 119 ff. – Ders., Deponierungen in Mooren der südhessischen Oberrheinebene. Jahresber. d. Instituts f. Vorgeschichte d. Universität Frankfurt a. M. 1978/79,

S. 189 ff. – O. Paret, Die urgeschichtliche Besiedlung der Nagolder Landschaft, in: Nagolder Heimatbuch (Hrsg. G. Wagner; 1925) S. 176 ff. – H. Reim, Ein spätbronzezeitliches Brandgrab von Ammerbuch–Altingen, Kreis Tübingen. Archäologische Ausgrabungen 1975. Bodendenkmalpflege i. d. Reg.-Bez. Stuttgart u. Tübingen 1976, S. 16 ff. – A. Rieth, Württembergische Goldfunde der Hügelgräberbronzezeit. Germania 23, 1939, S. 147 ff. – E. Schallmayer, Archäologische Ausgrabungen in Nagold, Kreis Calw. Archäologische Ausgrabungen 1981 (1982), S. 56 ff. – Stoll, Gäu, 7 (1933). – W. H. Zimmermann, Urgeschichtliche Opferfunde aus Flüssen, Mooren, Quellen und Brunnen Südwestdeutschlands. Neue Ausgrabungen und Forschungen in Niedersachsen 6, 1970, S. 53 ff. – H. Zürn, Hallstattforschungen in Nordwürttemberg. Die Grabhügel von Asperg (Kr. Ludwigsburg), Hirschlanden (Kr. Leonberg) und Mühlacker (Kr. Vaihingen). Veröffentl. d. Staatl. Amtes f. Denkmalpflege Stuttgart Reihe A 16 (1970). – Ders., Die vor- und frühgeschichtlichen Geländedenkmale und die mittelalterlichen Burgstellen des Stadtkreises Stuttgart und der Kreise Böblingen, Esslingen und Nürtingen. Veröffentl. d. Staatl. Amtes f. Denkmalpflege Stuttgart Reihe A 1 (1956). – Der Landkreis Tübingen. Amtl. Kreisbeschreibung I, 1967, S. 164 ff. – D. Planck, Die Villa rustica bei Bondorf, Kreis Böblingen. Archäologische Ausgrabungen 1975, S. 43 ff.

Jutta Stadelmann

Die römische Zeit

Die militärische Besetzung

Die römische Besetzung des Oberen Gäus erfolgte im Rahmen der von den flavischen Kaisern im letzten Drittel des 1. Jahrhunderts n. Chr. durchgeführten Expansionspolitik. Zu Beginn dieser Ära waren das Voralpenland bis zur Donau, dessen größter Teil die unter Claudius eingerichtete Provinz Raetien umfaßte, sowie das linksrheinische Gebiet, das unter der Verwaltung des obergermanischen Heeresbezirks stand, fest in römischer Hand. Der Schutz der Grenzen oblag neben einer größeren Anzahl von Hilfstruppen zwei Legionen, von denen die eine, die Legio XI Claudia Pia Fidelis in Vindonissa (Windisch bei Brugg, Schweiz), die andere, die Legio

74

VIII Augusta in Argentorate (Straßburg) stationiert war. Um eine kurze Verbindung zwischen Straßburg und der Provinz Raetien zu schaffen, drangen im Jahre 72/73 n. Chr. die Mannschaften beider Legionen, unterstützt von weiteren Einheiten, in einer Zangenbewegung von Süden über die Donau bei Donaueschingen sowie von Westen durch das Kinzigtal durch den Schwarzwald in den oberen Neckarraum bei Rottweil vor. Die Aktion, deren Leitung in Händen des Befehlshabers der obergermanischen Truppen Cnaeus Pinarius Cornelius Clemens lag, war bereits um 74 n. Chr. mit dem Bau der Straße vom Rhein bei Straßburg über Rottweil an die Donau bei Tuttlingen sowie mit der Anlage der zu ihrem Schutz errichteten Kastelle in Rottweil und Waldmössingen erfolgreich abgeschlossen. Durch die Stationierung von Truppen auf dem Kleinen Heuberg oberhalb von Sulz und am Häsenbühl (Gemarkung Geislingen a. R.) sowie durch die Besetzung der Paßhöhen der Schwäbischen Alb bei Ebingen und Burladingen hat man die Sicherung des neugewonnenen Gebiets noch unter Vespasian bzw. dessen Sohn Titus um 78/80 n. Chr. weiter ausgebaut.

Möglicherweise bereits nach dem erfolgreich geführten Feldzug des Kaisers Domitian (83/85 n. Chr.) gegen die in der Wetterau lebenden Chatten, spätestens jedoch in unmittelbarem Anschluß an die Niederwerfung des von Saturninus, dem Legaten des obergermanischen Heeres in Mainz geführten Aufstandes gegen Domitian im Jahre 89/90 n. Chr., wurde mit der Anlage einer Reihe von Kastellen zwischen Wimpfen und Köngen die römische Reichsgrenze an den mittleren Neckar vorverlegt sowie die mittlere und östliche Alb einschließlich des Nördlinger Rieses durch raetische Truppen besetzt. Somit fiel auch das Obere Gäu und der Raum um Tübingen unter die römische Herrschaft. Die durch diesen Schritt ins Hinterland geratenen Garnisonen der älteren Okkupationsphase blieben jedoch größtenteils bestehen, wobei die Kastelle möglicherweise in befestigte Nachschubbasen umgebaut wurden. Wenn auch keine Nachrichten über einen bewaffneten Widerstand der einheimischen Bevölkerung vorliegen, so läßt diese Maßnahme doch andererseits darauf schließen, daß die Verhältnisse in den Anfangsjahren der Okkupation noch keineswegs so gefestigt waren, wie dies durch das Fehlen schriftlicher Überlieferung den Anschein hat.

Durch den Bau einer Straße von Rottweil nach Köngen wurde eine direkte Verbindung zwischen der Neckargrenze und den Legionskastellen in Straßburg bzw. Windisch hergestellt. Sie geht möglicherweise auf eine vorgeschichtliche Trasse zurück und verläuft vom Kleinen Heuberg herabziehend vorbei an Rangendingen – Rottenburg – Dettingen durch Rottenburg-Weiler und von da hinab ins Neckartal bei Rottenburg. Nach Überquerung des Flusses zieht sie in nordöstlicher Richtung auf der Niederterrasse nach Unterjesingen, dürfte dann dem Ammertal abwärts nach Tübingen folgen, von wo sie, sich auf der nördlichen Talseite des Neckars haltend, Köngen erreichte.

Nicht auszuschließen ist, daß der ohne Zweifel wichtige Neckarübergang dieser Straße bei Rottenburg, wo sich das tief und eng in den Muschelkalk eingeschnittene Neckartal breit nach Osten zu öffnet, in der Frühzeit der Okkupation durch ein Kastell geschützt war. Die Anfänge der hier nachgewiesenen römischen Siedlung reichen nach Ausweis des Fundmaterials in die Zeit der Kastellgründungen am mittleren Neckar zurück. An Funden, die in diesem Zusammenhang herangezogen werden können, liegt zum einen das Fragment einer nicht näher bestimmbaren Sigillataschüssel Drag. 37 mit Ritzinschrift vor, das von der nordöstlich des heutigen Stadtkerns sich erstreckenden Niederterrasse aus unmittelbarer Umgebung der römischen Straße nach Köngen stammt. Aus dem Graffito geht hervor, daß das Gefäß im Besitz eines Soldaten war, welcher in der von einem Offizier namens Cottus geführten Centurie, der Hundertschaft einer Infantrieeinheit, gedient hatte. Zum andern wurde im Bereich der heutigen Vollzugsanstalt ein Altar gefunden, der laut Aussage seiner Inschrift von einer ala Vallensium geweiht worden war. Diese Einheit ist, wie der Name zeigt, in der Schweiz im heutigen Wallis rekrutiert worden, ohne daß zur Geschichte dieser sonst unbekannten Truppe weitere Angaben gemacht werden können. Wenn somit auch die Anwesenheit römischer Truppen für den Stadtbereich von Rottenburg bezeugt ist, so läßt sich deren Stationierung jedoch z. Z. keineswegs zweifelsfrei mit der Besetzung des mittleren Neckarlandes unter Domitian in Verbindung bringen.

Zivile Besiedlung

In den knapp 90 römischen Fundstellen, die vom Oberen Gäu und der Region um Tübingen bekannt sind, spiegelt sich eine für diese Zeit typische Siedlungsstruktur wider (Abb. 29). Städtisches Zentrum bildete das römische Rottenburg, das Siedlungsbild der Landschaft prägten hingegen im wesentlichen einzeln stehende Gutshöfe *(villae rusticae)*. Über befestigte Fernstraßen, so die obenerwähnte Straße Rottweil–Köngen, von der ein weiterer Zug bei Unterjesingen abzweigt und Ammertal aufwärts über Herrenberg nach Pforzheim führte, war die Region mit anderen Teilen des Römischen Reiches verbunden. Durch ein Netz von heute nicht mehr nachweisbaren unbefestigten Wegen dürfte das Gebiet verkehrsmäßig weiter erschlossen gewesen sein.

Die am linken Neckarufer unter dem heutigen Stadtgebiet von Rottenburg gelegene römische Siedlung, deren antiker Name »Sumelocenna« mehrfach belegt ist, entwickelte sich im 2. Jahrhundert zu einem blühenden Gemeinwesen (s. S. 181 ff.). Die anfänglich in Holzbauweise aufgeführte Bebauung wich festen und z. T. luxuriös ausgestatteten Steinbauten. Zwei im östlichen Stadtgebiet errichtete Bäder gehören ebenso zum Stadtbild, wie ein im Bereich der heutigen Vollzugsanstalt gelegener Tempelbezirk. Eine 7 km lange Wasserleitung, die als größtes Bauwerk dieser Art in Südwestdeutschland die Bewohner täglich mit Quellwasser versorgte sowie eine im 3. Jahrhundert errichtete Stadtmauer mit vorgelagertem Wehrgraben unterstreichen die Bedeutung von Sumelocenna. Diese lag zum einen auf dem wirtschaftlichen Sektor. Als Wohnsitz von Händlern und spezialisierten Handwerkern – Kleider- und Geschirrhändler sind inschriftlich bezeugt, ein großes Töpfereigebiet lag direkt im Nordosten vor den Toren der Stadt – stellte sie die Versorgung der ländlichen Bevölkerung mit Handels- und Importgütern sicher, und garantierte auf der anderen Seite den

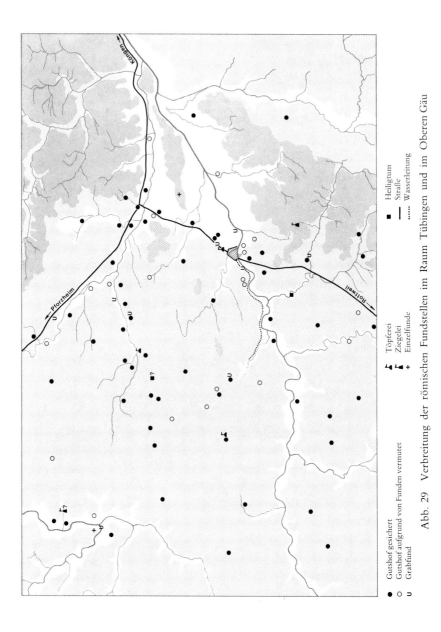

Abb. 29 Verbreitung der römischen Fundstellen im Raum Tübingen und im Oberen Gäu

● Gutshof gesichert
○ Gutshof aufgrund von Funden vermutet
⊔ Grabfund

⌐ Töpferei
◤ Ziegelei
+ Einzelfunde

■ Heiligtum
—— Straße
······ Wasserleitung

Absatz und Export landwirtschaftlicher Erzeugnisse des Umlandes. Zum anderen war sie Sitz einer regionalen Regierung, die in der zweiten Hälfte des 2. und ersten Hälfte des 3. Jahrhunderts die gesamte Region bis nach Köngen und auf die Höhen der Schwäbischen Alb sowie des Kleinen Heubergs verwaltete. Die Gutshöfe, in unserem Raum wohl ausschließlich Familienbetriebe, bildeten kleine, wirtschaftlich weitgehend autonome Produktionseinheiten. Mit ihnen lassen sich rund 70 der eingangs erwähnten Fundstellen in Verbindung bringen. Diese konzentrieren sich in erster Linie auf das Gebiet des Oberen Gäus, während die Höhenzüge des Rammert, Schönbuch und Spitzberg von der Villenbesiedlung vollkommen ausgespart blieben. Fast ausnahmslos wurde im Bereich oder am Rand von fruchtbaren Lößflächen gesiedelt, mitentscheidend war für die Platzwahl weiterhin die Nähe zu obertägig fließenden Gewässern wie Bachläufen und Quellen, wodurch das vorliegende Siedlungsbild wesentlich beeinflußt wurde. So zeichnet sich eine dichtere Besiedlung um Rottenburg, Unterjesingen, entlang des Kochhartgrabens zwischen Reusten und Hailfingen sowie auf der Gäuplatte um Bondorf ab, wo die Entfernung zwischen den einzelnen Höfen oft nur 500 bis 1000 m betragen hat. Auch die in den tief in den Muschelkalk eingeschnittenen Tälern von Nagold und Neckar errichteten Villen liegen am Rand kleiner die Niederterrassen bedeckenden Lößinseln. Ausnahmen in diesem Siedlungsverhalten bilden lediglich die Villa von Obernau sowie weiterhin zwei Siedlungsstellen südlich Hemmendorfs und eine nordwestlich von Unterjesingen, die im Bereich weniger ertragreicher Muschelkalk- und Gipskeuperböden angesiedelt war. Inwieweit sich in der Lage der Höfe zu den Bodenarten unterschiedliche Wirtschaftsformen widerspiegeln, (Löß = Schwerpunkt auf Akkerbau, Gipskeuper und Muschelkalk = Schwerpunkt auf Viehzucht) läßt sich derzeit nicht mit letzter Sicherheit sagen.

Über den Baubestand der durchweg in leichter Hanglage errichteten Villen wissen wir noch sehr wenig, da sie meist nur in kleinen Ausschnitten angegraben oder gar nur durch Oberflächenfunde erschlossen sind. Vollständig archäologisch untersucht ist nur eine Hofanlage auf Gemarkung Bondorf, Flur »Mauren«, mehr oder

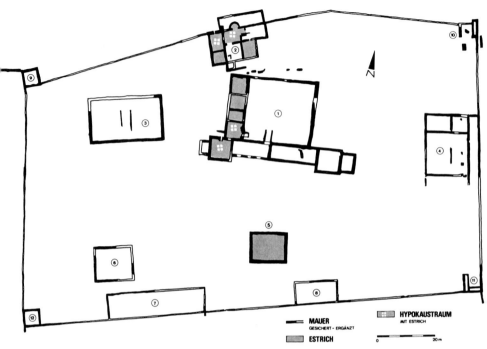

Abb. 30 Römischer Gutshof von Bondorf, Flur »Mauren«. Übersichtsplan ohne westlichen Anbau. 1 Hauptgebäude, 2 Badegebäude, 3,6–8 Wirtschaftsgebäude, 4 Werkstatt, 5 Tempel(?), 9–12 Ecktürme (nach D. Planck, Archäologische Ausgrabungen 1975)

weniger große Aufschlüsse liegen von zwölf weiteren Villen vor. Trotz Unterschieden in Größe und in der Bausubstanz lassen sie alle dasselbe, für die römische Zeit typische Grundschema erkennen. Jede Hofanlage bestand aus einem Komplex mehrerer Gebäude unterschiedlicher Funktion (Abb. 30). Diese waren auch durch eine Hofmauer von den umliegenden Feldern abgeschlossen. Die Größe des umschlossenen Hofraumes, der einen annähernd rechteckigen, zuweilen leicht trapezförmig verzerrten Grundriß aufweist, lag bei unterschiedlichen Seitenlängen von 90 bis 250 m in einem Bereich zwischen einem und vier Hektar (z. B. Remmingsheim etwa 150 × 250 m = 3,7 ha, Bieringen–Neuhaus

80

155 × 138 m = 2,1 ha, Bondorf Flur »Mauren« 155 × 93 m = 1,4 ha). Präsentieren sich auch die Villen in den vorliegenden Befunden fast durchweg nur als fest in Stein errichtete Komplexe, so ist doch nicht auszuschließen, daß der einen oder anderen, wie dies bei der Villa rustica von Bondorf Flur »Mauren« nachgewiesen werden konnte, eine ältere Holzbauperiode vorangegangen war. Mittelpunkt einer jeden Hofanlage bildete das große Wohn- oder Hauptgebäude (Abb. 31, 32). Seine Front ist durch risalitartig vor-

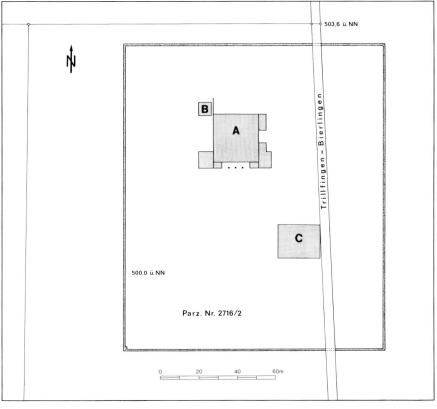

Abb. 31 Römischer Gutshof von Starzach-Bierlingen, Flur »Neuhauser Großholz«. Übersichtsplan. A Hauptgebäude, B–C Wirtschaftsgebäude (nach D. Planck, Fundber. Baden-Württemberg 1, 1974)

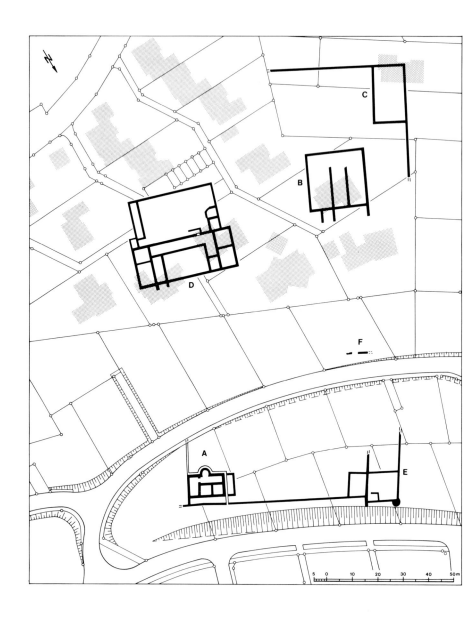

Abb. 32 Römischer Gutshof von Rottenburg, Flur »Kreuzerfeld«. Übersichtsplan. D Hauptgebäude, A Badegebäude, B–C,F Wirtschaftsgebäude, E Werkstatt

82

springende Eckräume sowie eine diese untereinander verbindende Säulenhalle gegliedert. Den rückwärtigen Teil des Gebäudes nahm ein von weiteren Räumen gesäumter Hof ein. Bei keiner Villa fehlt das Bad. Entweder, wie im Falle des im Bereich der Remigiuskirche von Nagold liegenden Hofes, im Hauptgebäude integriert, oder aber, was häufiger zu beobachten ist, als separates Gebäude errichtet, war es nach dem Grundprinzip der großen öffentlichen Badeanlagen in mehrere Räume untergliedert. So umfaßte die Badeanlage des Gutshofes von Rottenburg »Kreuzerfeld« (Abb. 33) neben einem Auskleideraum *(apodyterium)* ein Kaltbad *(frigidarium)* mit Wasserbecken *(piscina)* sowie

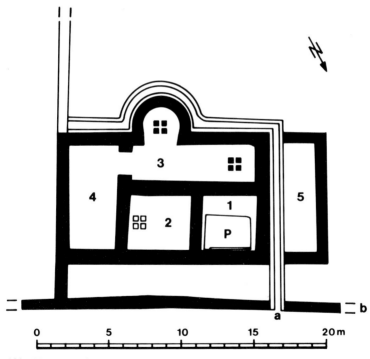

Abb. 33   Römischer Gutshof von Rottenburg, Flur »Kreuzerfeld«. Plan des Badegebäudes. 1 Kaltbald, 2 Laubad, 3 Warmbad, 4 Heizraum, 5 Auskleideraum, P Kaltwasserbecken, a Abwasserkanal, b Hofmauer

zwei unterschiedlich stark beheizte Räume, das Laubad *(tepidarium)* und Warmbad *(caldarium)*, deren Fußboden- und Wandheizung von einem Heizraum *(praefurnium)* aus bedient wurden. Unter den Nebengebäuden, wie die für einen landwirtschaftlichen Betrieb erforderlichen Speicher, Remisen und Stallungen befand sich auch meist eine metallverarbeitende Werkstatt. In zwei bislang bekannten Fällen (Vollmaringen, Hailfingen) hatte man daneben auch eine kleine Töpferei betrieben, durch die man sowohl den eigenen, wie auch den Bedarf der näheren Umgebung an einfachem Tongeschirr gedeckt hatte. Innerhalb oder außerhalb der Hofanlage angelegte Kultstätten oder kleine Tempel, als ein solcher wird ein kleines rechteckiges Gebäude im Gutshof von Bondorf interpretiert, unterstreichen die Bedeutung der Villen als kleine eigenständige Siedlungseinheiten. Zu jeder Villa gehörte weiterhin ein kleiner Friedhof, in dem außerhalb der Gutsanlage die Toten in der für die römische Zeit üblichen Art der Brandbestattung beigesetzt worden sind. Im Oberen Gäu sind sechs solche Bestattungsplätze bislang bekannt (Rottenburg–Bieringen, Rottenburg–Hailfingen, Herrenberg–Gültstein, Nagold–Krautbühl, Wolfenhausen, Ammerbuch–Reusten), eine Zahl, die sich in Anbetracht zu der der Gutshöfe recht bescheiden ausnimmt. Dieses Mißverhältnis ist in erster Linie auf die Erhaltungsbedingungen zurückzuführen, da die Grabgruben kaum bis unter den heutigen Pflughorizont hinabreichen. Die Friedhöfe lagen meist in flachem, leicht geneigtem Gelände, in Sichtweite der Gutshöfe, wobei ihre Entfernungen zu diesen, ähnlich wie sie auch im Nördlinger Ries beobachtet wurden, zwischen 100 und 300 m betrugen. Sind von den erwähnten Gräberfeldern in der Regel jeweils ein bis maximal drei Gräber ausgegraben, so konnte die Nekropole auf der Gemarkung Hailfingen Flur »Unterer Tübinger Weg«, die zu einem 100 bis 200 m entfernten, durch Oberflächenfunde erschlossenen Gutshof gehörte, vollständig untersucht werden. Sie besteht aus 36 Brandgräbern, die in drei Gruppen um einen gemeinsamen Verbrennungsplatz *(ustrina)* angelegt sind. Jede Gruppe setzt sich aus einem oder zwei reich mit Beigaben ausgestatteten Brandschüttungsgräbern und ärmeren Brandgruben- und Urnengräbern zusammen

Abb. 34   Rottenburg-Hailfingen, Flur »Unter dem Tübinger Weg«. Brandgrä-
berfeld. Urnengrab, Grab 27

(Abb. 34). Es entsteht somit der Eindruck, daß die Bewohner
generationsweise bestattet wurden. Unter den Beigaben, Ampho-
ren, Krüge, Töpfe sowie ganze Geschirrsätze von Tellern, Näpfen
in den für das 2. und erste Hälfte des 3. Jahrhunderts gebräuchli-
chen Formen, sind vor allem zwei grünglasierte doppelhenklige
Becher hervorzuheben, die in unserer Region äußerst selten sind,
und von zentral-französischen Manufakturen importiert worden
waren (Abb. 35).
Eine Besonderheit im Bestattungsbrauch stellt ein in den wohl
hallstattzeitlichen Grabhügel »Krautbühl« bei Nagold eingetieftes
Brandgrab dar, eine Bestattungssitte, die im Bereich der Schwäbischen Alb des öfteren beobachtet wird. Offensichtlich kannte man
in der römischen Zeit die Bedeutung dieser Grabhügel, und man
knüpfte so bewußt an längst vergangene Traditionen wieder an.
Als dritte Siedlungsgattung kennen wir reine Handwerkersiedlun-

Abb. 35   Rottenburg-Hailfingen, Flur »Unter dem Tübinger Weg«. Brandgrä-
berfeld. Keramikbeigaben aus den Gräbern 18 (a) und 16 (b). (Verbleib z. Zt. Landesdenkmalamt Baden-Württemberg, Außenstelle Tübingen.)

gen wie Töpfereien und Ziegeleien. In unmittelbarer Nähe von Tonvorkommen und Wasser auf den Höhen des Rammert und Schönbuch, südlich von Rottenburg bzw. südlich von Weil im Schönbuch angelegt, wo sowohl genügend Holz für die Feuerung, wie auch Wind zum Trocknen der noch ungebrannten Gefäße und Ziegel vorhanden war, entsprach ihre Lage den Erfordernissen rationell arbeitender Großbetriebe dieses Gewerbes. Vervollständigt wird das Siedlungsbild in römischer Zeit durch die Heiligtümer. Götterverehrung in der reinen Form römischen Kultes, so der Anbetung des Kaiserhauses und der Staatsgötter, war wohl, wie auch der von römischen Truppen aus Asien in unseren Raum eingeführte Mithraskult, hauptsächlich auf Rottenburg beschränkt. Daneben lebte hier, ebenso wie auf dem Lande, die einheimische Tradition in der neueingeführten Religion weiter fort, was sich u. a. in der Gestaltung von Jupitergigantensäulen, von denen wir mehrere Bruchstücke aus Rottenburg kennen, deutlich widerspiegelt. Solche religiöse Symbiose verkörpert auch der Heilgott Apollo-Grannus, dem an der Mineralquelle von Bad Niedernau ein Heiligtum geweiht war. Sein Standbild, das heute im Abguß noch vor Ort zu besichtigen ist, wurde zusammen mit rd. 300 Münzen und anderen Votivgaben aus dem Grund der Quelle geborgen. In diesem Zusammenhang sind abschließend auch die vom Hohennagold und von der auf dem westlichsten Ausläufer des Spitzberges errichteten Wurmlinger Kapelle vorliegenden Funde zu erwähnen. Ist ihre Bedeutung auch unklar – eine dauernde Besiedlung dieser Plätze scheidet aufgrund der topographischen Gegebenheiten aus – so werden Fundpunkte dieser Art gern mit Kultplätzen lokaler Götterverehrung in Verbindung gebracht.

Geschichte der zivilen Besiedlung

Die zivile Besiedlung des Oberen Gäus dürfte rasch nach der militärischen Besetzung des mittleren Neckarlandes eingesetzt haben. Sieht man von der römischen Siedlung Rottenburg ab, deren

Gründung in domitianischer Zeit möglicherweise auf militärische Zusammenhänge zurückzuführen ist, so datiert die Anlage von Gutshöfen, von denen größere Fundbestände vorliegen, wie Bondorf »Mauren«, Bierlingen–Neuhaus und Rottenburg »Kreuzerfeld« durchweg um 100 n. Chr. Inwieweit auch die anderen Villen in diese Zeit zurückreichen, und in welchem Umfang diese erste Siedlungswelle einsetzt, entzieht sich aufgrund des Forschungsstandes noch unserer Kenntnis. Doch erfahren wir von zwei Inschriften, aus Rottenburg und aus Düdzdsche in der Türkei (Abb. 36), daß das zur obergermanischen Provinz gehörende Gebiet spätestens unter Trajan den Rechtsstatus einer Staatsdomäne *(saltus)* besaß, was voraussetzt, daß das Land zu diesem Zeitpunkt bereits vermessen und eingeteilt war. Grund und Boden war demnach Eigentum des Kaisers. Die Villenbesitzer, die sich teils aus einheimischen Kelten – Helvetier sind zumindest für Rottenburg

Abb. 36 Rottenburg. Bauinschrift auf Sandsteinplatte. »IN.HONOREM / DOMVS.DIVIN(ae) / EX DECRETO ORDINIS / SALTVS SVMELOCEN-NEN / SIS CVRAM AGENTIB(us) / IVL(io). DEXTRO ET G(aio) TVRRA-N(o) / MARCIANO VIC(i) MAG(istris)«. »Zur Ehre des göttlichen Kaiserhauses auf Beschluß des Bezirksrates des kaiserlichen Dominiallandes von Sumelocenna, unter Leitung des Julius Dexter und des Gaius Turranius Marcianus, der Vorsteher des Ortes«. (n. Ph. Filtzinger, Hic saxa loquuntur. Limesmuseum Aalen; Kleine Schriften zur Kenntnis der römischen Besetzungsgeschichte Südwestdeutschlands Nr. 25 (1980) 61,24). Verbleib Original: Württembergisches Landesmuseum Stuttgart, Lap. Nr. 133

88

belegt, auch der antike Name der Stadt stammt aus dem keltischen Sprachgebrauch – teils aus dem Militärdienst ehrenvoll entlassener Soldaten zusammensetzten, hatten ihre Pacht an den in Rottenburg lebenden Prokurator abzuführen. Diesem Verwalter aus ritterlichem Stand, der direkt dem Provinzstatthalter unterstellt war, oblag weiterhin auch die polizeiliche und richterliche Gewalt im Bezirk. Um die Mitte des 2. Jahrhunderts n. Chr. wurde die Domäne in eine Civitas umgewandelt und damit die Verwaltung in die Hände der Bewohner gelegt. An ihrer Spitze stand ein Rat aus zehn Männern *(ordo decurionum)*, aus deren Mitte man jeweils für ein Jahr zwei Bürgermeister wählte. Der Reichtum der Region läßt sich vor allem auch an seiner Hauptstadt abmessen. So hatte sich Sumelocenna in diesem Zeitraum zu einer der reichsten Städte der Provinz entwickelt und von wirtschaftlicher Seite aus gesehen, die rechtlich höher stehende Stadt von Rottweil bei weitem überflügelt.

Um 233 überrannten die Alamannen dann erstmals auf breiter Front die seit der Mitte des 2. Jahrhunderts auf die Linie Miltenberg–Lorch–Aalen vorgeschobene Reichsgrenze. Welches Ausmaß ihre Zerstörung im Gäu erreichte, läßt sich nur schwer abschätzen. Dreißig Jahre später wurde die Herrschaft der Römer von den Alamannen endgültig an die Grenzen von Rhein, Donau und Iller zurückgedrängt, was zum völligen Niedergang dieser wirtschaftlich und kulturell reichen Epoche führte, deren hohes Niveau an Zivilisation erst im späten Mittelalter wieder annähernd erreicht wurde.

Literatur:
Filtzinger, Die Römer in Bad.-Württ. – Paret, Die Römer (1932³) – D. Planck, Die Villa rustica bei Bondorf, Kreis Böblingen. Archäologische Ausgrabungen 1975, 43 ff. – Stoll, Gäu (1933), S. 55 ff., 107 ff.

Jörg Heiligmann

Die jüngere Kaiserzeit und Merowingerzeit

Die frühalamannische Zeit

Im Jahr 213 n. Chr. wird die römische Staatsmacht zum erstenmal mit einem germanischen Stammesgebilde konfrontiert, das sie bis zur Räumung des spätantiken Limes an Rhein, Iller und Donau beschäftigen sollte: den Alamannen. In diesem Jahr schlägt Kaiser Caracalla eine »gens Alamannorum« am Main. Daß Rom damals von diesen zusammengelaufenen Leuten Gefahr für den obergermanisch-raetischen Limes befürchtete, belegen die Bauinschriften einiger Kastelle. Seit den Markomannenkriegen (170 n. Chr.) hatte an den westlichen Grenzen Ruhe geherrscht. Dies, wie auch der neuauftretende Name selbst und die historische Überlieferung sprechen dafür, daß es sich bei den Alamannen um neuformierte germanische Bevölkerungsgruppen gehandelt hat. Archäologisch läßt sich eine Herkunft aus dem mitteldeutschen, elbgermanischen Raum belegen. Wie berechtigt die Befürchtungen von 213 für Rom waren, zeigte sich bereits 20 Jahre später, als weite Gebiete Raetiens und Obergermaniens von den Alamannen verheert wurden. Die Stoßrichtung dieses wie der folgenden Einfälle läßt sich an den Schatzfunden ablesen, die, soweit sie Münzen enthalten, mit den einzelnen Angriffswellen in Zusammenhang stehen. Besonders der Einfall des Jahres 233 muß für die Bevölkerung des Limesgebiets katastrophale Auswirkungen gehabt haben. Knapp außerhalb unseres Kartenausschnitts zeugt davon der große, 1858 geborgene Schatzfund von Einsiedel bei Tübingen, dessen 863 Münzen in jener Zeit verborgen wurden. Demgegenüber ist der Eisengeräthort von Ehingen keinem bestimmten Einfall zuweisbar. Zwar versuchten die Soldatenkaiser in der Folgezeit immer wieder, die Grenze zu stabilisieren, doch war diesen Unternehmungen angesichts der ständigen Usurpationen und der Bedrohung des Reiches im Osten kein dauerhafter Erfolg beschieden. Unter Gallienus, der die Germanen etwa fünfmal zurückschlug, ging 259/60 das Limesgebiet endgültig für Rom verloren. Die angreifenden Alamannen zerstörten die Städte, wie auch das im 2. oder 3. Jahrhundert mit einer Stadtmauer umgebene Rottenburg, und konnten erst vor Mailand zurückgeschlagen werden. Wenn auch Rom zunächst die Option für die verlorengegangenen Gebiete aufrecht erhielt, so zeigte sich an den weiteren Einfällen nach Gallien und Italien, daß dies Wunschdenken entsprach. Die zunächst als Provisorium gedachte Grenze an Rhein, Bodensee, Argen, Iller und Donau stabilisierte sich und wurde in der Folgezeit ausgebaut.

Allerdings riefen alamannische Angriffe wiederholte Vergeltungsaktionen hervor, wodurch noch des öfteren römische Truppen in das ehem. Limesgebiet gelangten. Ein solcher Feldzug führte 368 Valentinian I. in die Nähe eines Ortes »Solicinium«, der u. a. versuchsweise mit dem heute abgegangenen Sülchen nördlich von Rottenburg, das dem Sülchgau seinen Namen gab, gleichgesetzt wurde. Bei dem Orte Solicinium erstürmten die Römer eine von den Alamannen befestigte Anhöhe. Ob der Ort mit Sülchen identifiziert werden darf, ist ebenso ungewiß, wie die Vermutung, daß es sich bei dieser Anhöhe um den Spitzberg zwischen Rottenburg und Tübingen gehandelt habe.

Allerdings sind im 19. Jahrhundert, besonders vom Gelände des Sülchener Friedhofs, spätrömische Münzen überliefert, deren Fundort aber nicht ohne Vorbehalte akzeptiert werden kann. Kaum zu bezweifeln ist dagegen das Vorkommen spätrömischer Münzen im Raum Rottenburg. Insgesamt handelt es sich um über 80 Stücke, darunter einen Solidus des Arcadius, deren genaue Fundorte kaum mehr feststellbar sein dürften. Sicher nachweisen lassen sich spätrömische Gepräge im großen Weihefund aus der Heilquelle von Bad Niedernau, 3 km flußaufwärts von Rottenburg. Leider wurde die Quelle bereits 1836 ausgeräumt, fast alle Münzen sind heute verschwunden. Von insgesamt über 300 Kupfermünzen sind nachweislich 40 bis 50, nach anderen älteren Angaben etwa die Hälfte des Bestandes, nach dem Limesfall geprägt worden. Die Münzreihe endet mit Valerianus. Offen bleibt dabei, wer dieses Geld in der Quelle versenkt hat. Bei Grabungen auf dem 38 km entfernten Runden Berg bei Urach ist römisches Kupfergepräge in einer befestigten alamannischen Siedlung nachgewiesen. Über 100 Münzen des Quellfundes gehören der mittleren Kaiserzeit an. Diese doch beachtliche Zahl könnte dafür sprechen, daß sie im Laufe des 2. und 3. Jahrhunderts geopfert wurden. In diesem Falle wäre eine Kontinuität des Kultes zu vermuten. In Analogie zu Heilbronn-Böckingen und Stuttgart-Bad Cannstatt, für die R. Christlein eine teilweise Beibehaltung ihrer vorlimeszeitlichen Funktionen als Märkte erwägt, sind frühalamannische Funde in Rottenburg jedenfalls durchaus denkbar.

Eine nachrömische Nutzung römischer Ruinen ist bei dem in der Nähe von Rottenburg liegenden, 1975 von D. Planck untersuchten Gutshof von Bondorf, Flur »Auf Mauren« erwiesen. Hier war ein Keller des Hauptgebäudes der Ruine wieder bewohnbar gemacht worden. Das zeitliche Verhältnis dieses Befundes zu Scherben des 4. Jahrhunderts und zu einem etwa 20 m entfernten, im Hypokaustraum des westlichen Eckrisalits gelegenen Einzelgrabs aus dem gleichen Zeitraum, konnte allerdings bei der Ausgrabung nicht geklärt werden.

Anders liegen die Verhältnisse bei der 1933 von H. Stoll angegrabenen Siedlung von Bondorf, Flur »Steppach«. Hier wurden römische Abfallgruben, die zu Wirtschaftsgebäuden eines etwa 200 m entfernten Gutshofs gehören, von frühalamannischen Befunden überlagert. Auch ein 15 × 9,5 m messender Pfostenbau wird im 4. Jahrhundert errichtet worden sein. Die alamannischen Holzgebäude sind also räumlich von der Ruine des römischen Steingebäudes abgesetzt. Die Wahl des Siedlungsplatzes bezweckte offenbar die Erhaltung brauchbarer Ackerflächen. Ein Grund für die bislang noch geringe Anzahl der Siedlungen dürfte in der lange Zeit unzureichenden Kenntnis frühalamannischer Siedlungskeramik zu suchen sein. Mangels datierenden Vergleichsmaterials hatte Stoll 1935 einige Befunde irrtümlich für neolithisch gehalten.

Die bisher bekanntgewordenen Gräber sind sämtlich als Zufallsfunde zu bewerten. Das West–Ost gerichtete Frauengrab von Bondorf kam zufällig bei der Grabung des römischen Gutshofs zum Vorschein. Es enthielt außer einer Perlenkette mit Bernstein-, Korallen- und Glasperlen einen grünen Glasbecher römischer Provenienz. Da der Befund im unteren Teil gestört war, muß damit gerechnet werden, daß weitere Beigaben, insbesondere die Keramik, fehlen. Das Grab von Hirrlingen wurde ohne Befundbeobachtungen aus einer Baugrube gebaggert. Die Fundstelle liegt im Bereich eines merowingischen Friedhofs, über dessen Belegungszeitraum derzeit keine Aussagen möglich sind. Bedingt durch die Anlage von Einzelgräbern und kleinen Grabgruppen entziehen sich nach wie vor frühalamannische Grabfunde weitgehend der Forschung. Die spärlichen Funde, die der Zeit nach dem Limesfall bis zum Einsetzen der Reihengräber zugewiesen werden können, entsprechen keineswegs den tatsächlichen Verhältnissen. Wieviel hier noch fehlt, belegen eindrücklich die Siedlungen von Bondorf. Eine Kontinuität zu den frühesten merowingischen Gräberfeldern ist bislang in unserem Raum nicht belegbar.

Die Merowingerzeit

Die dichte merowingische Besiedlung des Oberen Gäus, des alten Sülchgaus um Rottenburg und der Täler von Neckar und Nagold läßt sich anhand der zahlreichen Reihengräberfelder wesentlich besser fassen als die frühalamannische Periode (Abb. 37). Der 1925 bis 1933 im wesentlichen von H. Stoll ausgegrabene Friedhof von Hailfingen, Gewann »Vordere Breite« ist dabei mit seinen ursprünglich etwa 700 Bestattungen nach wie vor das einzige vollständig untersuchte Gräberfeld des Raumes geblieben. Eine Differenzierung unserer Verbreitungskarte nach Zeitstufen im Sinne einer Besiedlungsgeschichte scheitert zum einen daran, daß nur Friedhofsausschnitte bekannt sind, zum andern, daß die umfangreichen Bestände nicht modern aufgearbeitet sind. Die Karte zeigt also alle bisher bekanntgewordenen Grabfunde von der zweiten Hälfte des 5. bis zum Ende des 7./Anfang des 8. Jahrhunderts. Das durch Stoll besonders gut erforschte Hailfingen muß für die Gäuorte als typisch gelten. Die Aufsiedlung der Täler von Neckar, Ammer und Nagold mit ihren kleinen Nebenflüssen und Bächen wird

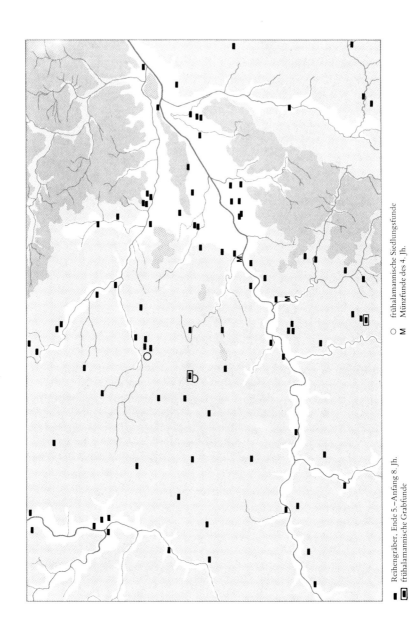

Abb. 37 Verbreitung merowingischer Grabfunde und spätkaiserzeitlicher Funde im Oberen Gäu

■ Reihengräber, Ende 5.–Anfang 8. Jh.
☐ frühalamannische Grabfunde

○ frühalamannische Siedlungsfunde
M Münzfunde des 4. Jh.

ansatzweise erkennbar. Insgesamt konnten im Arbeitsgebiet 89 Bestattungsplätze namhaft gemacht werden. Sie können teils als Ortsfriedhöfe heute noch bestehender Siedlungen, teils als Gräberfelder heute abgegangener Dörfer, Weiler und Höfe angesprochen werden. In einigen Fällen wie z. B. bei Unterjesingen, möchten wir anhand der alten Flurkarten ein Ober- und Unterdorf mit jeweils getrennten Nekropolen vermuten. Schließlich sind noch die gesonderten Grabstätten sozial gehobener Bevölkerungsgruppen, die nicht auf den Ortsgräberfeldern bestatteten, zu nennen. Hinter diesen 89 Fundstellen stehen rd. 1500 nachgewiesene oder erschließbare Gräber, die keine zehn Prozent des Gesamtbestandes repräsentieren dürften.

Einschließlich heute abgegangener, aber rekonstruierbarer Ortsnamen verteilen sich die Fundplätze auf 28 -ingen-Orte (mit den abgegangenen Dänslingen, Oberfischingen und Raisingen), 8 -dorf-, 5 -au- (mit dem abgegangenen Hornau), 3 -hausen-, 2 -heim- und 2 -berg/burg-Orte. Alle übrigen Namensbildungen kommen nur je einmal vor. Das starke Überwiegen der seit dem 5. Jahrhundert (Entringen) bis ins 7. Jahrhundert belegbaren Namensbildungen auf -ingen sowie das Zurücktreten der etwa gleichalten -heim-Orte ist im alamannischen Gebiet nicht anders zu erwarten. Bei -ingen-Orten, die bisher keine Funde aufweisen wie z. B. bei Eutingen, Bildechingen oder auch Oberjettingen, dessen Friedhof nicht zum Ort gehört, können entsprechende Gräberfelder postuliert werden. Die bisher nur spärlich belegte Besiedlung der Täler des Schwarzwaldvorlandes dürfte sich, nach den vorhandenen Hinweisen zu schließen, im Lauf der Zeit verdichten. Siedlungsleer bleiben dagegen die Waldgebiete von Schönbuch und Rammert. Sie werden bereits im Frühmittelalter, nicht aber in römischer Zeit bestanden haben. Einige Orte wie Unterjesingen, Derendingen, Hailfingen, Kiebingen und Schwalldorf weisen mehrere Friedhöfe auf, die zu verschiedenen Ortsteilen sowie einzelnen Höfen gehört haben. Umgekehrt zeigen Fälle wie Bondorf, dessen Gräberfelder nicht zum heutigen Ort gehören, ein Wüstwerden der zugehörigen Siedlungen nach dem 7. Jahrhundert an. In Einzelfällen belegen die Flurnamen eine Kenntnis zugehöriger

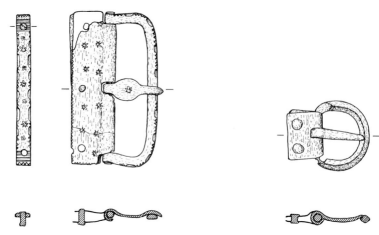

Abb. 38   Beigaben eines frühalamannischen Grabes aus Hirrlingen

Ansiedlungen: »Wennfeld« (Tübingen/Galgenberg), »Harbach« bzw. »Marbach« (Rottenburg-Hemmendorf), »Hofstatt« und »Zimmerplatz« (Rottenburg–Kiebingen), »Hornau« (Horb), »Haslach« (Emmingen) sowie die schon oben genannten drei -ingen-Orte. Auch an den Bestattungsplätzen haften mitunter einschlägige Namen: »Am Totenweg« (Tübingen–Hirschau), »Zankwald« und »Schelmenäcker« (Rottenburg–Frommenhausen), »Kirchhof« (Tübingen–Weilheim), »Umgang« (Herrenberg). Insgesamt sind diese Fälle aber durchaus selten (Abb. 38).

Die ältesten Gräberfelder beginnen in der zweiten Hälfte des 5. Jahrhunderts, bzw. um 500. Es sind dies die Funde von Nagold/ Galgenberg und Entringen/»Mädelesbrück«. Der kleine Friedhof von Nagold wurde in den siebziger Jahren des 19. Jahrhunderts mehrfach bei Bauarbeiten angeschnitten. Die Fundumstände der reichen Gräber sind im einzelnen nicht genau bekannt. Die Funde: u. a. silbervergoldete Bügel- und Vogelfibeln, eine Spatha mit Silberortband und eine Silberschnalle mit nierenförmigem Beschläg belegen den Reichtum der dort Bestatteten. Die zweite Hälfte des 6. und das 7. Jahrhundert ist am Fundplatz nicht nachgewiesen. Besser beobachtet wurden die Funde von Entringen, insbesondere

Abb. 39   Ammerbuch-Entringen, Beigaben des reichen Männergrabes von 1927

97

das Männergrab von 1927. In den zwanziger Jahren hat man hier mehrfach merowingische Bestattungen bei Bauarbeiten angeschnitten und zerstört. Mindestens 18 Gräber lassen sich nachweisen. Besondere Beachtung verdient das obenerwähnte Männergrab. Bei ihm ist wenigstens die Lage der Gegenstände etwa bekannt. Allerdings dürfte das Inventar nicht vollständig überliefert sein. Die alamannische Goldgriffspatha lag an der rechten Körperseite, ebenso ein nicht erhaltener Sax und vermutlich auch der zur Spatha gehörige gläserne Schwertanhänger. Links des Körpers fanden sich Lanzenspitze und Schild, am Kopf der Glasspitzbecher, zu Füßen eine Bronzeschüssel und wohl auch der Kamm. Die Lage der übrigen Funde wie der zur Spatha gehörigen Schnallen, eines Bronzerings und eines Beinknebels ist nicht bekannt. Einen Teil des Bestandes zeigt unsere Abb. 39. Goldgriffspatha, Spitzbecher und Bronzeschüssel, aber auch die Qualität des Kamms erlauben es, den Bestatteten als führende Persönlichkeit des Dorfes anzusprechen. Der Reichtum erreicht allerdings nicht den Rang von »Adelsgrablegen« wie Gültlingen. Ein reiches Grab aus Entringen »Gaisbühl« mit Goldblechresten ist nur ungenau überliefert. Für die Ortsgräberfelder des 6./7. Jahrhunderts ist Hailfingen »Vordere Breite« nach wie vor das beste Beispiel in der Region. Vom Friedhof wurden etwa 630 Gräber untersucht. Nach der Belegungsdichte lassen sich etwa 700 Gräber erschließen. Die Bestattungen setzen in der ersten Hälfte des 6. Jahrhunderts ein und enden in der zweiten Hälfte des 7. Jahrhunderts. Im jüngeren Belegungsabschnitt lassen sich kleine abgesetzte Grabgruppen (nicht identisch mit den von Stoll angenommenen) erkennen. Auch heute noch verdienen die genauen Beobachtungen Stolls zu Grabbau (Särge, Totenbretter, Totenbäume) und Bestattungssitte (einige Mehrfachbestattungen) Beachtung. Fränkischer Einfluß macht sich u. a. in der Gefäßbeigabe bemerkbar. Zweimal sind Runeninschriften belegt. Einmal auf dem Sax aus Grab 381 (Abb. 40) deren Lesung: ». . . Ich weihe rih . . .« umstritten ist. Zum andern auf der Rückseite der S-Fibel aus Grab 406 (Abb. 41). Bei dieser Inschrift dürfte ein Name, vielleicht der der Trägerin eingeritzt worden sein. Reiche Gräber der Qualitätsgruppe C nach R. Christlein

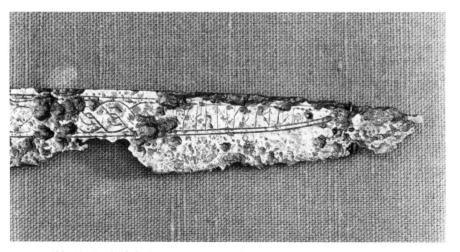

Abb. 40   Inschrift des Runensaxes aus Hailfingen, »Vordere Breite«, Grab 381

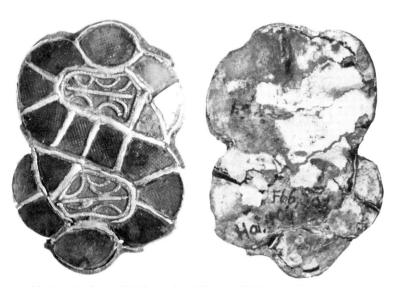

Abb. 41   Vorder- und Rückseite der S-Fibel aus Hailfingen, »Vordere Breite«,
Grab 406. M = 1 : 1

(Gräber 39, 269, 411, 546, 579) setzen sich im Gräberfeld nicht von den mit ihnen zeitgleichen Bestattungen ab, woraus Christlein schloß, daß sich in ihnen zwar der individuelle Reichtum der Bestatteten, nicht aber eine Anführerschaft im Sinne von Adel manifestiere. Bezogen auf die Belegungsdauer des Friedhofs wird man bei der zugehörigen Siedlung etwa zehn Höfe annehmen dürfen. Die jüngeren, kleineren Gräberfelder Hailfingens: »Rosengarten«, »An der Steige« und »Hohwiesen« dürften zu kleineren Hofgruppen oder Einzelhöfen des späteren 7. Jahrhunderts gehört haben. Nicht nur in Hailfingen sondern auch an anderen Orten wie in Obernau macht sich der Einfluß fränkischen Kunstgewerbes bei den Kleinaltertümern bemerkbar. Eine Widerspiegelung der historischen Züge der Alamannen im 7. Jahrhundert nach Italien sah R. Christlein in bronzenen langobardischen Gürtelgarnituren vom Typus Bieringen. »Reiche« Gräber im Sinne seiner Qualitätsgruppe C lassen sich an 14 Fundstellen nach erhaltenen Resten vermuten oder nachweisen. Sie sind in Liste 2 zusammengestellt. Da es sich überwiegend um alte, meist unsystematisch geborgene Funde handelt, können daraus selten weitreichende Schlüsse abgeleitet werden. Fünf dieser Funde lieferten Pferdegeschirr: Unterjesingen »Klemsen« und »Hölderle« Grab 1958/4, Hailfingen Grab 546, Wurmlingen »Auf der Höhe«, Hemmendorf »Harbach« und Bondorf »Hoher Markstein«. »Koptisches« oder neutraler gesprochen mediterranes Bronzegeschirr der Form Werner B 3 ist ebenfalls aus Bondorf (Abb. 42) sowie aus Mössingen überliefert.

Merowingische Bestattungen in Grabhügeln fanden sich bisher nur im hallstattzeitlichen Fürstengrabhügel »Krautbühl« von Nagold. Es handelt sich um dürftig ausgestattete Beisetzungen des späten 7./frühen 8. Jahrhunderts. In Rottenburg–Frommenhausen, wo der alamannische Friedhof unmittelbar an ein Grabhügelfeld grenzt, wären merowingische Hügelbestattungen zu vermuten. Bei heutiger Grabungsmethode dürfte es nur eine Frage der Zeit sein, bis sich in einem Friedhof unserer Region Grabhügel in Form von Kreisgräben nachweisen lassen. In den Bereich des Totenkults gehört eine runde Steinsetzung mit Asche und Holzkohle, die bei den Gräbern von Tübingen–Lustnau beobachtet wurde.

Abb. 42 Mediterrane Bronzekanne der Form Werner B3 aus Bondorf, »Hoher Markstein«; altes Foto ohne Maßstab

Bedauerlicherweise existieren zu den Gräbern mit Pferdebeigabe: Pfäffingen und insbesondere dem reichen Fund von Wurmlingen 1852 keine genauen Beobachtungen. Die Pfäffinger Bestattung war bereits vor dem Eingreifen der Bodendenkmalpflege weitgehend zerstört worden. Bei Wurmlingen weist der goldene Münzring und der Solidus des Tiberius II. Constantinus (578–582) auf eine Datierung in die erste Hälfte des 7. Jahrhunderts hin.
Christlichen Bekenntnisses waren die vor der Mitte des 7. Jahrhunderts in Derendingen mit Goldblattkreuzen beigesetzten Toten. Grab 4/1936 war leider beraubt. Für diese Grabgruppe wurde die Vermutung geäußert, daß es sich um eine separate Adelsgrablege gehandelt haben könnte. In Dettingen bestattete seit den letzten Jahrzehnten vor 700 eine Familie in einer Kirche. Die Verstorbenen: eine Frau mit nachbestattetem Kind, zwei weitere Kinder und

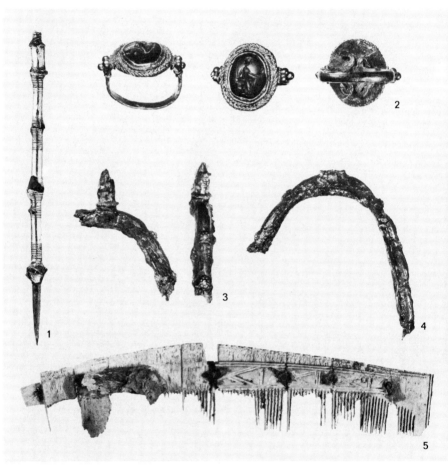

Abb. 43 Dettingen, St. Dionysius, Beigaben der Gräber: Silbernadel (1, Grab 1), Goldfingerring (2, Grab 2), Sporen und Kamm (3–5, Grab 3); verschiedene Maßstäbe; nach R. Christlein

ein Mann lagen in drei gemauerten, verputzten Grüften (Abb. 105). Die Beigaben (Abb. 43), u. a. eine silberne Haarnadel aus dem Frauengrab, ein goldener Fingerring mit Gemme aus der Gruft der beiden Kinder und ein Sporenpaar mit Perlrandnieten aus dem Männergrab 3 belegen den Reichtum der hier wohl in einer

Eigenkirche um 700 beigesetzten Adelsfamilie. Weniger gut bezeugte bzw. datierbare Kirchengräber sind knapp außerhalb unseres Kartenausschnitts in Kirchentellinsfurt und Empfingen zu vermuten. Darüber hinaus befinden sich vier weitere Gräberfelder unmittelbar bei Kirchen (Tübingen/Münzgasse, Unterjesingen, Immenhausen und Bad Niedernau). Ohne moderne Grabungen sind diese Befunde nicht weiter interpretierbar.

Demgegenüber wurden die in Unterjesingen, Gräberfeld »Klemsen/Hölderle« 1958 aufgedeckten, reichausgestatteten Toten nicht bei der Kirche, wo ebenfalls spätmerowingische Bestattungen nachgewiesen sind, sondern auf dem Ortsfriedhof beigesetzt. Wie die Gräber dreier mit Sporen versehener und also berittener Männer zueinander und zu den übrigen zeitgleichen Gräbern lagen ist unbekannt. Der Fundplatz ist in wichtigen Teilen überbaut. Der in Grab 1958/1 mit einer silbernen Sporengarnitur Bestattete (Abb. 44) dürfte fast gleichzeitig, allenfalls kurze Zeit vor seinem Standesgenossen von Dettingen Grab 3 verstorben sein.

So bleibt festzuhalten, daß im Sülchgau Belege frühen Christentums kurz vor der Mitte des 7. Jahrhunderts namhaft zu machen sind. Angesichts der zahlreichen frühen Patrozinien (Martin, Dionys, Remigius) sind Parallelbefunde zu Dettingen in Zukunft durchaus zu erwarten. Wie intensiv die Region im 8. Jahrhundert christianisiert gewesen ist, wird historisch an den Eltern des heiligen Meinrad aus Sülchen faßbar.

Literatur:
K. Christ, Antike Münzfunde Südwestdeutschlands. Vestigia 3/1 (1960). – R. Christlein, Eine langobardische Gürtelgarnitur von Bieringen, Kreis Horb, Der Sülchgau 14, 1970, S. 50ff. – Ders., Besitzabstufungen zur Merowingerzeit im Spiegel reicher Grabfunde aus West- und Süddeutschland, Jahrb. RGZM 20, 1973 (1975), S. 147ff. – Ders., Die frühe Alamannenzeit. 3. bis frühes 5. Jahrhundert n. Chr., Erläuterung zum Historischen Atlas von Baden-Württemberg, 3. Lieferung (1974). – Ders., Merowingerzeitliche Grabfunde unter der Pfarrkirche St. Dionysius zu Dettingen, Kreis Tübingen, und verwandte Denkmale in Süddeutschland, Fundber. aus Baden-Württemberg 1, 1974, S. 573ff. – Ders., Der soziologische Hintergrund der Goldblattkreuze nördlich der Alpen, in: W. Hübener (Hrsg.), Die Goldblattkreuze des frühen Mittelalters, Veröff. des alemannischen Inst. Freiburg i. Br. 37 (1975). – Ders., Die Alamannen (1978). – Ders., Zur alemannischen Siedlungsgeschichte des dritten bis siebten Jahrhunderts, in: W. Hübener (Hrsg.), Die

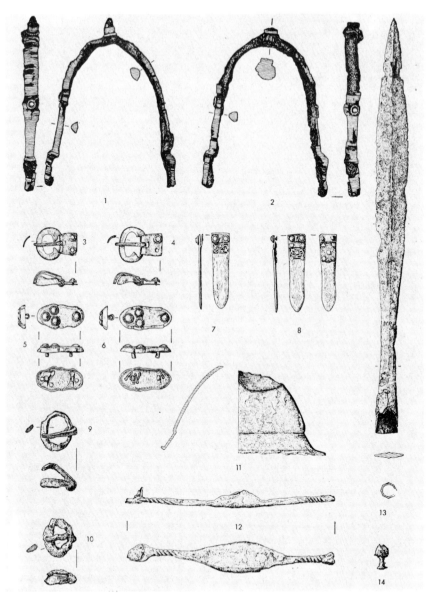

Abb. 44   Tübingen-Unterjesingen, Inventar von Grab 1958/1; verschiedene Maßstäbe; nach F. Stein

Alamannen in der Frühzeit (1974), S. 45 ff. – W. Hübener, Absatzgebiete frühge-
schichtlicher Töpfereien in der Zone nördlich der Alpen, Antiquitas 3, 6 (1969). –
M. Müller-Wille, Pferdegrab und Pferdeopfer im frühen Mittelalter, Berichten van
de Rijksdienst voor het oudheidkundig Bodemonderzoek 20–21, 1970/71,
S. 119 ff. – S. Opitz, Südgermanische Runeninschriften im älteren Futhark aus der
Merowingerzeit (1977). – R. Roeren, Zur Archäologie und Geschichte Südwestdeutschlands im 3. bis 5. Jahrhundert n. Chr., Jahrb. RGZM 7, 1960, S. 214 ff. –
Ders., Alamannenzeit. In: Der Landkreis Tübingen, Amtl. Kreisbeschreibung I
(1967) S. 192 ff. – Stein, Adelsgräber = F. Stein, Adelsgräber des achten Jahrhun-
derts in Deutschland GDV Ser. A 11 (1967) – Stoll, Gäu (1933). – Ders., Die vor- und
frühgeschichtliche Besiedlung der Markung Hailfingen Kreis Rottenburg a. N., Fb.
NF 8, 1935, S. 141 ff. – Ders., Hailfingen = H. Stoll, Die Alamannengräber von
Hailfingen in Württemberg GDV 4 (1939) – Veeck = W. Veeck, Die Alamannen in
Württemberg GDV 1 (1931). – J. Werner, Münzdatierte Austrasische Grabfunde
GDV 3 (1935). – Ders., Waage und Geld in der Merowingerzeit, Sitzungsber. d.
Bayer. Akad. d. Wiss., phil. hist. Klasse, H. 1 (1954).

Ingo Stork

Die Burgen des Oberen Gäus und der angrenzenden Gebiete

Zu allen Zeiten wurden erhebliche Anstrengungen unternommen,
um den Schutz der Bevölkerung oder zumindest einzelner Bevölkerungsgruppen zu gewährleisten. So wurden in allen Kulturepo-
chen Befestigungsanlagen errichtet, die in ihrem Erscheinungsbild
und in ihrer Gestaltung deutlich die Zielsetzung ihrer Erbauung
und ihrer Zweckbestimmung widerspiegeln. Die Wehranlagen der
unterschiedlichen Epochen zeigen charakteristische Unterschiede,
die zum einen einer fortschreitenden Entwicklung der Kriegstech-
nik Rechnung tragen, aber nicht zuletzt auch Ausdruck eines sozio-
logischen und gesellschaftspolitischen Wandels waren.
In vor- und frühgeschichtlicher Zeit waren die Befestigungen darauf ausgerichtet, ganze Sippen oder später auch herrschaftlich orga-
nisierte Bevölkerungsverbände in Zeiten politischer Wirren und

Konflikte aufzunehmen. Die frühmittelalterlichen Burgen waren als letzte Zufluchtsorte für eine Dorfgemeinschaft angelegt worden, ohne daß sie unter Umständen jemals voll ausgebaut worden wären. Häufig unterlagen sie nie einer ernsthaften Prüfung. Sie waren meist großräumig angelegt, in der Regel in unzugänglichen Gebieten versteckt. Frühmittelalterliche Burgen hatten nur einer Funktion zu dienen, der Schutzfunktion und waren, wenn überhaupt, nur sporadisch bewohnt. So erübrigte sich auch ein dauerhafter Ausbau. Im Hochmittelalter hatte sich die Zweckbestimmung der Burg ganz erheblich gewandelt. Sie diente nun dem Schutz einer kleinen, privilegierten Bevölkerungsgruppe, die es im Verlauf der Zeit verstanden hatte, sich mehr oder weniger deutlich von der breiten Bevölkerungsschicht abzusetzen. Diese Sonderstellung lag zunächst in hervorstechenden Qualitäten einer Einzelperson begründet, die sie zwangsläufig in eine führende Position setzten und zu Ansehen und letztlich auch zu Macht verhalfen. Diese personengebundene Führungsposition wurde in zunehmendem Maß auf die Familienangehörigen ausgeweitet, bis sie letztlich zu einer erblichen Würde wurde. Die auf diese Weise entstandene Führungsschicht lebte zunächst auf ihren Höfen in den Siedlungen. Die vorhandene Niederlassung wurde befestigt, es entstand die Tiefburg. Damit wurde die Sonderstellung dieser Personengruppe auch äußerlich hervorgehoben. Im ausgehenden 11. Jahrhundert, verstärkt im 12. und im 13. Jahrhundert, verlegte der Adel seine Burgen auf die Höhen. Zunächst lag das Burgenregal in der Hand des Königs. Nur er konnte die Anlage einer Burg gewähren. Später wurde dieses Recht auf den Hochadel ausgedehnt, in der Spätzeit der Höhenburgbauphase waren auch Ministerialengeschlechter berechtigt, Burgen zu bauen.

Im Gegensatz zu den frühmittelalterlichen Wehranlagen wurden die hochmittelalterlichen Burgen ständig bewohnt. Dementsprechend sorgfältig mußte auch ihr Ausbau vorgenommen werden, und zwar nicht nur der der Wohnbereiche; sie bedurfte auch umfangreicher Wirtschaftsanlagen, um die Eigenversorgung der Bewohner zu gewährleisten. Die Burg wurde Herrschaftssitz und

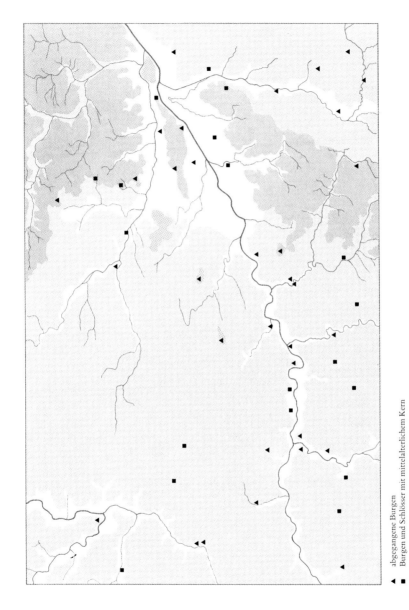

▲ abgegangene Burgen
■ Burgen und Schlösser mit mittelalterlichem Kern

Abb. 45 Verbreitungskarte der Burgen im Oberen Gäu und der angrenzenden Gebiete

Herrschaftsmittelpunkt, sie manifestierte in ihrem Erscheinungsbild die gehobene soziale Stellung ihrer Bewohner und veranschaulichte eindrucksvoll die Kluft zwischen Adel und Bauern- und Bürgertum. Aus der Burg, im Frühmittelalter ein Zufluchtsort für einen größeren Bevölkerungsverband und dessen beweglichem Gut, wurde ein Sinnbild der politischen Macht ihrer Besitzer. Im Spätmittelalter verlegte der Adel seinen Wohnsitz in die Talsiedlungen zurück. Häufig an Maierhöfe anknüpfend, wurden komfortablere Schlösser errichtet, die Höhenburgen aufgelassen. Ausgenommen waren die Burgen, die als Festungen ausgebaut worden waren, dabei aber einen Teil ihrer ursprünglichen Funktionen eingebüßt hatten. Sie waren nur noch strategisch von Bedeutung zur Sicherung der Herrschaftsmacht, nicht mehr ihr Mittelpunkt. Der Grund, der zur Verlegung des herrschaftlichen Wohnsitzes führte, lag zum einen in neuen Waffentechniken und Kampfesweisen begründet, der eine Burg nur noch wenig Widerstand entgegensetzen konnte, dann aber auch im Entstehen einer neuen Wohnkultur, die in den überalteten Baulichkeiten der Burg nicht Fuß fassen konnte. Wenn auch durch die Umkehr der hochmittelalterlichen Verlagerung der Adelssitze die räumliche Diskrepanz zwischen der Ortsherrschaft und dem Bauerntum aufgehoben wurde, die sozialen Spannungen und Probleme blieben bestehen.

Die Verbreitungskarte der Burgen (Abb. 45) veranschaulicht, daß die Gäuflächen kaum mit Burgen besetzt sind. Sie finden sich verstärkt auf den Randhöhen der Keuperstufe und in Spornlage über den tiefeingeschnittenen Flußtälern. Besonders das Neckartal oberhalb von Rottenburg und dessen Nebentäler zeigen eine deutliche Häufung von Burgstellen. Von den hochmittelalterlichen Burgen sind heute nur wenige, zu Schlössern umgebaut, noch erhalten. Exakte Datierungen besonders der Erbauungszeiten der Anlagen sind kaum vorzunehmen. Lediglich für die Spätzeit einiger Burgen kann auf Schriftquellen zurückgegriffen werden. Archäologische Untersuchungen konnten bisher in den seltensten Fällen durchgeführt werden. So beruht eine zeitliche Einordnung der Anlagen im wesentlichen auf der Interpretation der ablesbaren Geländeüberformung.

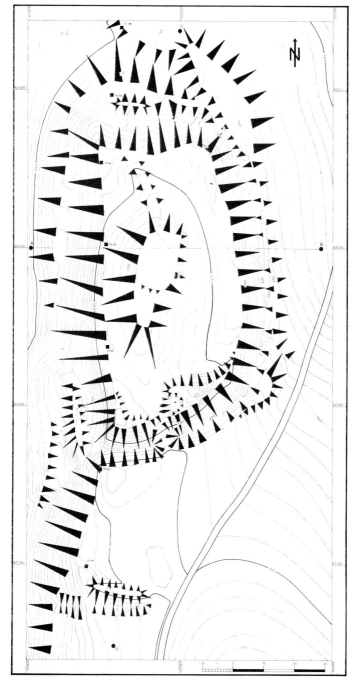

Abb. 46   Burgstall bei Felldorf, Gde. Starzach, Lageplan

109

Frühgeschichtliche Wehranlagen sind in der Region äußerst selten. Sie sind auf Anhöhen über den Siedlungsflächen angelegt worden, wobei nach Möglichkeit ein natürlicher Geländeabfall in die Befestigungslinie einbezogen wurde. Beim »Burgholz« bei Tübingen ist dies zu beobachten (S. 245f.), aber auch bei einer Anlage auf Gemarkung Felldorf, die auf der bewaldeten Hochfläche in schwachausgebildeter Spornlage über dem Zusammenfluß von Eyach und Neckar angelegt worden ist. Ein relativ steil abfallender Hang schützt die Anlage im Westen (Abb. 46), er weist zusätzlich einen etwas tieferliegenden, schwachausgebildeten hangparallelen Graben auf. Die übrigen Seiten der Wehranlage werden durch einen guterhaltenen umlaufenden Wall mit tiefem, vorgelegtem Graben gesichert. Es hat den Anschein, als sei die Anlage nicht vollendet worden. Im Süden, etwa 40 m vor dem Wall, wurden mit einem zweiten Graben-Wall-System als Vorbefestigung gegen die anschließende Hochfläche begonnen. Sie wurde jedoch, am westlichen Steilhang beginnend, nur etwa 30 m ausgeführt. Anzeichen einer Bebauung sind nicht festzustellen. Da archäologische Untersuchungen bislang fehlen, auch keine Funde bekannt geworden sind, ist eine abgesicherte Datierung nicht durchführbar. Doch sprechen die Geländeformen für eine frühmittelalterliche Anlage. Die großräumigen, frühmittelalterlichen Fluchtburgen wurden im Hochmittelalter von Talburgen des Adels abgelöst. In Wachendorf wurden in der Kirche (s. S. 230) Fundamente einer Turmburg, des Sitzes der Ortsherrschaft, ergraben. In der Mehrzahl der Gemeinden ist ein Ortsadel urkundlich belegt, der zumindest einen befestigten Herrenhof in den Dörfern besessen hat. Durch spätere Überbauung sind diese Adelssitze weitgehend zerstört worden, so daß auch für den Typ der frühen Talburg nur wenige Beispiele herangezogen werden können. In Bieringen ist südlich des Neckars im Tal ein Burghügel im Gelände auszumachen (Abb. 47), der nur deshalb erhalten blieb, weil er abseits der Siedlung angelegt wurde. Ein annähernd quadratischer Burgplatz von 25 m Kantenlänge wird von einem heute noch deutlich erkennbaren Graben umgeben. Ihm ist dreiseitig ein flacher Wall vorgelegt. Lediglich im Süden fehlt er. Die Anlage dürfte wohl im 11. Jahrhundert entstan-

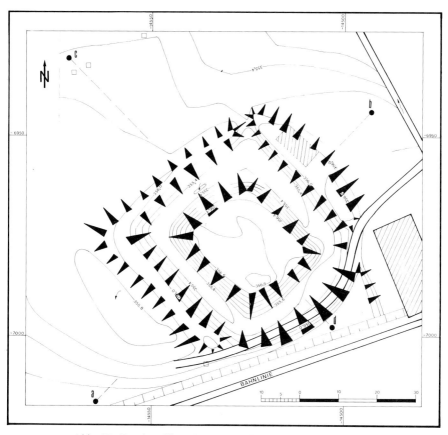

Abb. 47 Burghügel bei Bieringen, Stadt Rottenburg, Lageplan.

den sein, in jedem Fall vor der Zeit des eigentlichen Höhenburgen-
baus. Urkundliche Nachrichten sind nicht überliefert.

Obwohl in der Region Königsgut urkundlich belegt ist, sind hochmittelalterliche Burgen im Besitz des Königs nicht nachgewiesen.
Auch frühe Höhenburgen des Hochadels sind selten. Zwar haben
die Pfalzgrafen von Tübingen auf dem Schloßberg über der Stadt
eine Burg erbaut, doch ist von der ursprünglichen Anlage nichts
mehr erhalten. Die Umbauten der folgenden Epochen haben die

111

Spuren der ersten Bebauung vollständig zerstört. Dieses Schicksal erlebte auch die Burg der Grafen von Nagold (s. S. 155 ff.). Der überwiegende Teil der nachgewiesenen Burgen entstand in der Spätzeit der Höhenburgbauphase. Sie wurden überwiegend von Ministerialen angelegt. Sie wechselten häufig den Besitzer, spielten aber eine wichtige Rolle in den Machtkämpfen des Adels. Die Urnburg bei Weitingen, auf einem steil nach drei Seiten abfallenden Sporn über einem Seitental des Neckars gelegen, zeigt die typischen Merkmale einer Ministerialenburg.

Der nach Westen gerichtete Sporn ist an seiner Ostseite durch einen noch bis 4 m tiefen und an der Sohle bis 10 m breiten Halsgraben geschützt. Die Burg hatte einen etwa rechteckigen Grundriß (Abb. 48) von ca. 37 × 23 m. Die Umfassungsmauer ist noch in geringen Resten entlang des Hügelrandes zu verfolgen. Von der übrigen Bebauung hat sich lediglich ein ca. 7 bis 8 m hoher Stumpf des Bergfrieds erhalten, der neuerdings sehr verschandelt wurde. Der alte Zugang lag vermutlich im Süden. Grabungen fanden bisher nicht statt, Streufunde weisen in die Zeit vom 12. bis 15. Jahrhundert.

Ab dem 12. Jahrhundert treten Herren von Weitingen als Ministeriale der Pfalzgrafen von Tübingen auf, und 1346 wird ein Friedrich von Weitingen als auf der Urnburg ansässig genannt. Angehörige der Familie kommen als Bauherren in Betracht. Nach deren Aussterben 1365 wechselt die Burg mehrfach den Besitzer und gelangt mit dem Hohenbergischen Erbe an Österreich. 1482 wird sie als Burgstall bezeichnet, 1491 wieder aufgebaut, ist sie ab 1575 unbewohnt und von da an dem Verfall überlassen.

Die Aufgabe der Höhenburgen bei gleichzeitiger Errichtung eines Schlosses im Dorf läßt sich ausgezeichnet in Wachendorf nachvollziehen. Der Wohnturm, bei den Ausgrabungen in der Pfarrkirche nachgewiesen, wurde der allgemeinen Tendenz folgend aufgegeben und dafür östlich des Dorfes auf einem in das Starzeltal ragenden Bergsporn eine bescheidene Höhenburg errichtet. Spätestens zu Beginn des 16. Jahrhunderts wurde die abseits gelegene Burg aufgelassen und dafür das Schloß neben der Kirche erbaut. Die Lage des spätmittelalterlichen Schlosses im Zentrum des Dorfes

Abb. 48   Ruine Urnburg bei Weitingen, Gde. Eutingen, Lageplan mit Bauresten

spricht dafür, daß der Ortsadel von Wachendorf im frühen
12. Jahrhundert seinen Grundbesitz nicht vollständig aufgab und
zumindest einen Wirtschaftshof im Areal westlich der Kirche be-
hielt, an den die Errichtung des Schlosses räumlich anknüpfte.

Literatur:
OAB Herrenberg (1855). – OAB Horb (1865). – OAB Nagold (1862). – OAB
Rottenburg (²1900). – OAB Tübingen (1867): H. Ebner, Die Burg als Forschungs-
problem mittelalterlicher Verfassungsgeschichte, in: Die Burgen im deutschen
Sprachraum 1 (Hrsg. H. Patze; 1976) S. 11 – 82. – G. P. Fehring, Kirche und Burg,
Herrensitz und Siedlung. ZGORh 120, 1970, S. 1–50. – H.-W. Heine, Studien zu
Wehranlagen zwischen junger Donau und westlichem Bodensee. Forschungen und
Berichte der Archäologie des Mittelalters in Baden-Württemberg 5 (1978). – W.
Hübener, Die Frühmittelalterlichen Wehranlagen in Südwestdeutschland nach ar-
chäologischen Quellen, in: Die Burgen im deutschen Sprachraum 2 (Hrsg. H. Patze;
1976) 47–75. – Der Landkreis Tübingen. Amtliche Kreisbeschreibung 1–3

(1967–1974). – H. Maurer, Die Rolle der Burg in der hochmittelalterlichen Verfassungsgeschichte der Landschaften zwischen Bodensee und Schwarzwald, in: Die Burgen im deutschen Sprachraum 2 (Hrsg. H. Patze; 1976) S. 191–228. – H.-M. Maurer, Die Entstehung der hochmittelalterlichen Adelsburg in Südwestdeutschland. ZGORh 117, 1969, S. 295–332. – Ders., Rechtsverhältnisse der hochmittelalterlichen Adelsburg vornehmlich in Südwestdeutschland, in: Die Burgen im deutschen Sprachraum 2 (Hrsg. H. Patze; 1976) S. 77–190. – H. Patze, Burgen in Verfassung und Recht des deutschen Sprachraumes. In: Burgen im deutschen Sprachraum 2 (Hrsg. H. Patze; 1976) S. 421–441. – M. Schaab, Geographische und topographische Elemente der mittelalterlichen Burgenverfassung nach oberrheinischen Beispielen, in: Die Burgen im deutschen Sprachraum 2 (Hrsg. H. Patze; 1976) S. 9–46. – R. v. Uslar, Studien zu frühgeschichtlichen Befestigungen zwischen Nordsee und Alpen. Beih. d. Bonner Jahrb. 11, 1964, S. 224ff. – K. u. A.. Weller, Württembergische Geschichte im südwestdeutschen Raum (1971).

Erhard Schmidt

Objektbeschreibungen

Entringen (Gemeinde Ammerbuch)

Das Dorf Entringen, 8 km nordwestlich von Tübingen gelegen, zählt zu den ältesten alamannischen Siedlungen im Ammertal. Bisher wurden an zwei Stellen Reihengräber gefunden, so daß es möglicherweise mehrere Siedlungen im Bereich des heutigen Dorfes und seiner Umgebung gab.

1075 wird Entringen zum erstenmal in einer Urkunde genannt, die einen »Adelbert de Antringen« als Zeugen der Neugründung des Klosters Hirsau nennt. Wahrscheinlich gehörten die Herren von Entringen zu der Hochadelsfamilie der Hessonen, die im 11. Jahrhundert die Grafschaft des Sülchgaus innehatte. Die Herren von Entringen werden gegen Ende des 13. Jahrhunderts durch die Herren von Hailfingen abgelöst. Zu den bedeutenderen Grundeigentümern gehören im hohen Mittelalter auch das Kloster Bebenhausen und die Grafen von Zollern.

Von den Burgstellen in der Gemarkung sind zwei nur in Flurnamen faßbar. Der Sitz der Freiherren von Entringen lag vermutlich im Dorf auf einer Anhöhe nordöstlich neben der Kirche. Im 13. Jahrhundert entstand auf einem felsigen Vorsprung des Schönbuch die Burg Hohenentringen. Reste der Anlage und der Gebäude blieben, z. T. verbaut, im Schloß gleichen Namens erhalten.

Die dem hl. Michael geweihte Pfarrkirche wird 1275 zum erstenmal erwähnt. Das Patronatsrecht schenkten die Grafen von Zollern 1296 dem Kloster Bebenhausen, das die Kirche 1328 inkorporierte. Im Zusammenhang mit einer Gesamtinstandsetzung der Kirche und dem Einbau einer Heizung führte das Landesdenkmalamt 1967/68 eine Notgrabung durch, die sich vor allem auf den Bereich des Chores und den Mittelgang im Schiff erstreckte. Dabei konnten drei Perioden nachgewiesen werden, die vor dem Neubau der Kirche im 15. Jahrhundert liegen (Abb. 49).

vor I: Bestattungen eines christlichen Friedhofes ohne Hinweis auf einen zugehörigen Kirchenbau. Datierende Funde konnten dieser Periode nicht eindeutig zugewiesen werden.

I: Fundamentgräben der Nord- und Westwand eines Sakralbaues, wahrscheinlich eines Saales mit einer Länge von ca. 9 m, der

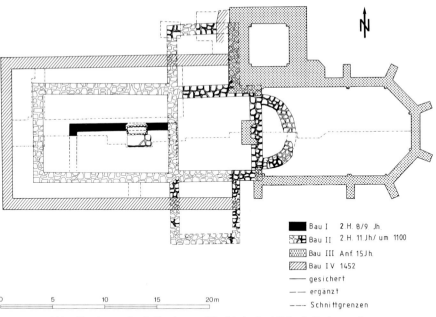

Bau I   2.H. 8/9. Jh.
Bau II   2.H. 11.Jh./ um 1100
Bau III Anf. 15.Jh.
Bau IV   1452
——— gesichert
——— ergänzt
——— Schnittgrenzen

0   5   10   15   20m

Abb. 49   Ammerbuch-Entringen. Pfarrkirche St. Michael, Grabungsplan

keinen oder einen stark eingezogenen Chor besaß. Diese Periode wird durch Keramikscherben in die zweite Hälfte des 8. bis zum Ende des 9. Jahrhunderts datiert.
II: Neubau einer Kirche, deren Grundriß vollständig ergraben bzw. erschlossen werden konnte und von dem auch noch ein geringer Rest aufgehenden Mauerwerks im stehenden Bau stecken. Dieser Rest umfaßt den größten Teil der Seitenwände des Chorquadrums bis in eine Höhe von ca. 8,5 m und Mauerwerk in der Südostecke des Kirchenschiffs. Die Südwand des Chorquadrums zeigte im oberen Abbruchbereich noch den Ansatz eines Tonnengewölbes. Im übrigen konnte der Bau in seinen östlichen Teilen noch mit seinem Fundamentmauerwerk, in den westlichen Teilen nur noch in den Fundamentgräben nachgewiesen werden. Insgesamt ergibt sich eine einschiffige Kreuzkirche mit leicht einspringendem Chor und einer um Mauerstärke eingezogenen Apsis (Abb. 50). Kera-

117

Abb. 50 Ammerbuch-Entringen. Pfarrkirche St. Michael, Bau II, Apsis

mikfunde weisen den Bau in die zweite Hälfte des 11. Jahrhunderts, vielleicht auch noch in die Zeit um 1100. Der Bautyp ist gut vergleichbar mit schweizerischen Annexkirchen. Die Funktion der Annexe ist unklar.

In der Mittelachse des Langhauses wurde ein zweimal benutztes Steinplattengrab mit ursprünglich monolither Deckplatte von 2,4 × 1 m angetroffen (Abb. 51), daneben ein gemauertes Grab mit Holzdeckel. Möglicherweise handelt es sich um Gräber der Freiherren von Entringen.

Der stehende Kirchenbau wurde in zwei Abschnitten errichtet: zunächst – um oder bald nach 1400 – der Chor mit nördlichem Seitenturm, dessen Oktogon und Helm jedoch von 1907/08 stammen; 1452 folgte laut Bauinschrift an der Südwestecke das Lang-

118

haus als Stiftung Rudolfs von Ehingen. Die Herren von Ehingen saßen seit 1345 ebenfalls auf der Burg Hohenentringen. Reste der mittelalterlichen (spätgotischen) Ausstattung sind der Taufstein und das Chorgestühl, das heute an der Nordwand des Langhauses aufgestellt ist. Unter der späteren Ausstattung bemerkenswert ist ein früher im Chor und heute auf der Westempore aufgestellter Herrschaftsstuhl von 1627. Unter den Grabsteinen und Epitaphien sind hervorzuheben: Rudolph von Ehingen d.J. (gest. 1494) und Jost Neuheller (Tischgenosse Luthers, gest. 1572, außerdem ein Epitaph im Innern von 1587).

Einige Gebäude im Ortskern südwestlich der Kirche reichen ebenfalls noch bis in das späte Mittelalter zurück. Am nördlichen Dorfausgang ist ein Siedlungsbereich als planmäßige herrschaftliche Anlage des frühen 14. Jahrhunderts zur Ansiedlung von Weingärtnern nachgewiesen worden (Abb. 52).

Abb. 51   Ammerbuch-Entringen. Pfarrkirche St. Michael, Steinplattengrab im Bau II

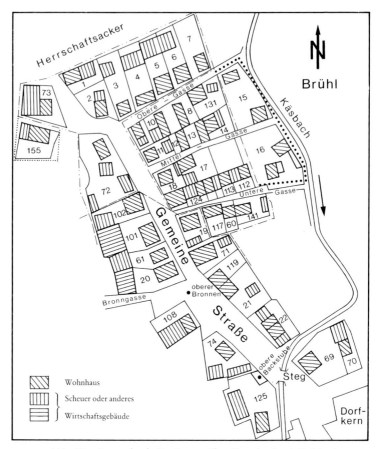

Abb. 52 Ammerbuch-Entringen. Alter Ortsplan (nach Jänichen)

Literatur:
KRB Tübingen, Bd. 1, 1967, Bd. 2, 1972, bes. S. 169ff. – Hans Jänichen, Zu den Namen der Dorfteile in Schwaben, mit Anhang: Der nordwestliche Ortsteil von Entringen, Kr. Tübingen, in: Studien zur südwestdeutschen Landeskunde, 1963, S. 151–165. – Hubert Krins, Vorberichte über die Grabung in der Pfarrkirche St. Michael zu Entringen, in: Schwäbisches Tagblatt vom 9. 5. 1970. – Ders.: Nachrichtenblatt der Denkmalpflege in Baden-Württemberg. Jahrgang 13, 1970, S. 73 f.

Hubert Krins

Das Wasserschloß in Poltringen (Gemeinde Ammerbuch)

Poltringen liegt etwa 12 km westlich von Tübingen im Ammertal. Der Standort des Schlosses ist außerhalb des alten Ortes an der in Richtung Westen nach Reusten führenden Straße. Noch weiter westlich liegen der Friedhof und die Stephanuskirche. Außer diesem Schloß gab es noch eine zweite Burg, auf der Höhe über dem Dorf gelegen. Von ihr sind keine Spuren mehr vorhanden.

Baubeschreibung (Zustand vor dem letzten Umbau): Das Gebäude hat einen annähernd quadratischen Grundriß (ca. 24,5 × 25,0 m), umgeben von einem 6 bis 7 m breiten Wassergraben (Abb. 53). Es umschließt einen Innenhof (7,0 × 7,7 m). Die drei Geschosse sind unterschiedlich hoch: Erdgeschoß 3,85 m; 1. Obergeschoß

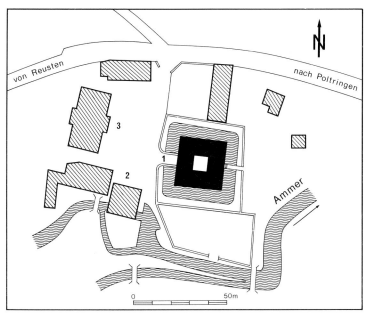

Abb. 53   Ammerbuch-Poltringen. Lageplan: 1 Schloß, 2 Mühle, 3 Scheune

3,45 m; 2. Obergeschoß 3,90 m. Im Dachgeschoß sind vier Ecktürme bündig mit den Mauerfluchten angeordnet; sie sind quadratisch (4,5 × 4,5 m).

Die Türme haben Zeltdächer, das Gebäude selbst ein ziegelgedecktes umlaufendes Walmdach, das nur vereinzelt mit kleinen Dachgauben versehen ist. Die Fassaden sind durch Gesimsbänder, die in Geschoßhöhe umlaufen, und durch profilierte Gewände an den in fünf unregelmäßigen Achsen angeordneten Fenstern gegliedert. An der Nordwestecke ist ein über zwei Geschosse reichender Erker mit polygonalem Grundriß angesetzt, über dem Eingangsportal auf der Westseite sitzt im zweiten Obergeschoß ein weiterer kleiner Erker. Das Mauerwerk der drei Geschosse ist aus verputzten Bruchsteinen gefügt.

Grundriß: Im Erdgeschoß führt der Zugang über eine Brücke von Westen in einen 3,7 m breiten Durchgang und in den Innenhof (Abb. 54). Dieser reichte ursprünglich bis zur östlichen Außenwand, dort gab es wieder einen Ausgang über den Wassergraben. Dieser Hof – zum großen Teil überbaut – war 9,4 m breit und 15,8 m lang. Die über dem Innenhof umlaufenden Galerien werden von Rundsäulen getragen. Die Treppe liegt im Nordflügel. In den beiden Obergeschossen läuft eine schmale Galerie rings um den Innenhof. Sie war ursprünglich offen, durch das Schließen der Wände – wann das geschah, ist nicht bekannt – entstand ein etwa 1,3 m breiter Flur. Die Zimmer sind von diesem Flur aus zugänglich. Stellenweise sind dazwischen Heizkammern und Kamine eingefügt. Im 2. Obergeschoß des Ostflügels ist ein Saal von 6,2 × 16,5 m Größe angeordnet. Im Dachgeschoß gab es nur die Räume in den vier Ecktürmen.

Umbauten 1966–1973: Bei Beginn des Umbaus bestand noch Unklarheit über die spätere Verwendung des Gebäudes. Die Absicht, im Erdgeschoß eine Gaststätte und in den Obergeschossen Hotelzimmer einzurichten, erwies sich bald als undurchführbar. Nach vielen anderen Überlegungen entschloß man sich schließlich zum Einbau von Eigentumswohnungen. Der Umbau und die Instandsetzung fanden großenteils in Eigenleistung und mit vorübergehend eingestellten Hilfskräften statt. Deshalb und wegen der

Abb. 54 Schloß Poltringen. Außenansicht von Nordwesten vor der Sanierung. In der Mitte Portal zum Durchgang in den Innenhof, darüber im 2. Obergeschoß Erker. An der Nordwestecke zweigeschossiger Erker. Die Fenster beiderseits des Portals wurden beim Einbau von Schulräumen vergrößert

Abb. 55 Schloß Poltringen. Außenansicht von Südosten nach der Sanierung. Die Ecktürme haben anstelle der früheren Schieferdeckung Dächer aus Blech erhalten. Im Hintergrund die Scheune

schwierigen Finanzierung dauerte er sehr lange. Während der Bauzeit gab es mehrmals Planänderungen. Auch konnten einige Vorhaben nicht mehr auf die endgültige Nutzung umgestellt werden, so z. B. die für Eigentumswohnungen unpraktische Luftheizung. Das Dachgeschoß wurde ausgebaut, jedoch sind dafür nur wenige kleine Schleppgauben hinzugekommen (Abb. 55).

Baugeschichte: In der Stiftungsurkunde des Klosters Bebenhausen von 1191 ist als einer der Zeugen Heinrich von Poltringen, Dienstmann der Tübinger Pfalzgrafen, genannt. Man kann annehmen, daß er in Poltringen eine Burg besaß. 1283 wird von der Zerstörung einer Burg in Poltringen berichtet, 1481 wird wiederum eine

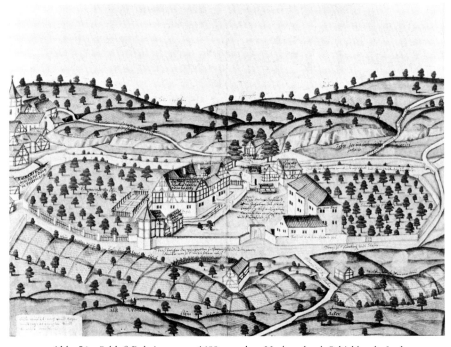

Abb. 56 Schloß Poltringen um 1600, vor dem Umbau durch Schickhardt. In der Mitte das Hauptgebäude mit Zugang über den Wassergraben, rechts im Vordergrund die große Scheuer, dahinter die Mühle mit Scheuer. Links im Hintergrund die Pfarrkirche von Poltringen, St. Clemens

Burg dort erwähnt. Eine um 1600 zu datierende farbige Abbildung (Staatsarchiv Ludwigsburg, B 33 aus Bü. 144) zeigt – außer den Nebengebäuden – das Schloß mit massivem Erdgeschoß und einem Fachwerk-Obergeschoß, angeordnet um einen Innenhof und umgeben von einem Wassergraben (Abb. 56). 1613 wird dieses Schloß durch Heinrich Schickhardt umgebaut. Es erhielt damals im wesentlichen die bis heute erhalten gebliebene äußere Form. 1890 erfolgt ein teilweiser Umbau durch die Gemeinde (Schulräume, Wohnungen), zwischen 1966 und 1973 der Umbau zu Eigentumswohnungen. Der umgebende Wassergraben wurde wiederhergestellt.

Besitzverhältnisse: 1191 Heinrich von Poltringen / 1236 Wolpert und Conrad von Poltringen (alle Dienstmannen der Pfalzgrafen von Tübingen) / 1283 Reinhard von Poltringen / ca. 1290 Grafen von Eberstein / 1605 Freiherren von Wolkenstein / 1702 Freiherren von Ulm zu Erbach / 1877 Friedrich Emil Obermüller (Stuttgart) / 1890 Gemeinde Poltringen / 1966 Alfons Böthin / 1973 Eigentümergemeinschaft.

Lothar Merkelbach

Der Kirchberg bei Reusten (Gemeinde Ammerbuch)

Zufahrt: Von Tübingen auf der Bundesstraße 28 in Richtung Herrenberg. Dann abzweigen beim Bahnhof Pfäffingen und durch das Ammertal nach Reusten. Kurz vor dem Ortsende von Reusten führt links ein sehr steiles Sträßchen auf das Hochplateau.

Die kleine Gemeinde Reusten, die im tiefeingeschnittenen Tal der Ammer liegt, wird im Süden vom Kirchberg, einem langgestreckten, aus dem Hauptmuschelkalk herausgeschnittenen Bergsporn um etwa 50 m überragt. Hier oben liegt heute der Friedhof im Bereich des vorgeschichtlichen Siedlungsareals, das ursprünglich wohl die gesamte Spitze des sich hier stark verbreiterten Bergrückens eingenommen hat.

Der Gärtner und Waldaufseher J. Henne und Pfarrer Finkbeiner, beide Reusten, haben als erste die Bedeutung der am Nordhang des Berges seit langem zutage tretenden Scherben erkannt. Das damalige Landeskonservatorium vaterländischer Altertümer in Stuttgart, nahm 1914 eine Besichtigung des Kirchbergs vor. Doch erst in den Jahren 1921, 1923 und 1927 unternahm das »Urgeschichtliche Forschungsinstitut« der Universität Tübingen unter der örtlichen Leitung von H. Reinerth kurzfristige Ausgrabungen auf dem Hochplateau. Beendet wurde die Kirchberggrabung durch H. Stoll, Reinerths Nachfolger am Tübinger Institut. Obwohl die Ausgrabungen damals einiges Aufsehen erregt haben, existieren von seiten der Ausgräber keinerlei genaue Pläne und Aufmessungen, so daß es heute unmöglich ist, die einzelnen Grabungsplätze genau zu lokalisieren. Auffällig dürftig sind besonders die Berichte von Reinerth, die häufig sogar im Widerspruch zu den Angaben von H. Stoll stehen. Jedoch ist es heute zu spät, die Versäumnisse von damals nachzuholen oder durch neue Grabungen zu überprüfen. Ein gewaltiger Steinbruch auf der S-Seite des Berges hat das Areal der »Südsiedlung« fast völlig zerstört, ebenso ist das Gelände der »Nordsiedlung« durch Raubgräbereien zerwühlt und durch Erdentnahme vielfach umgelagert.

Doch versuchen wir anhand der wenigen Berichte eine Rekonstruktion der Ansiedlung. Danach müssen auf der Nord- und der Südseite Hütten bestanden haben. Am besten erhalten war die »Südsiedlung«. Sie lag in einer Mulde unterhalb der Hangkante, an dem heute fast vollständig abgebauten SW-Hang des Kirchberges. Insgesamt sind hier vier einräumige kleine Rechteckhäuser und ein »Anbau« auf einer Länge von etwa 30 m aufgedeckt worden. Dafür hatten die ehem. Bewohner waagrechte Wohnpodien aus dem anstehenden Dolomitfels geschlagen und die Seitenwände mit aus Steinplatten errichteten Mäuerchen verkleidet. Darauf wurde der mit Flechtwerkwänden verbundene Pfostenbau gesetzt. Nach den Angaben der Ausgräber fanden sich weiterhin Reste von Herdstellen auf den mit Lehm verstrichenen Hüttenböden, dagegen waren die talseitigen Teile der Hütten großenteils abgerutscht.

Nach dem gleichen Bauprinzip war wohl auch die »Nordsiedlung«

126

errichtet worden. Doch konnten in dem stark gestörten Areal nur noch die Spuren einer Rechteckhütte festgestellt werden.

Schwieriger ist die Deutung und Datierung der von den Ausgräbern beobachteten und beschriebenen Wälle, die das vorgeschichtliche Siedlungsareal umschlossen haben. Von diesen ist der sog. Außenwall, der sich auf halber Höhe des SW-Hangs von N nach S hingezogen haben soll, durch Steinbrucharbeiten völlig zerstört, so daß die Angaben nicht mehr nachprüfbar sind. Dagegen ist heute noch ein flacher Querwall westlich des Friedhofs zu erkennen, den Reinerth und Stoll als »prähistorisch« angesprochen haben. Der modernen Forschung sind zwar befestigte prähistorische Höhensiedlungen nicht unbekannt, jedoch können die auf dem Kirchberg genannten Wälle auch zu der späteren, mittelalterlichen Überbauung gehören.

Einig sind sich die Ausgräber auch darüber, daß stratigraphisch verwertbare Schichten nicht vorliegen. Zu einer Hockerbestattung ohne Beigaben und weiteren menschlichen Knochenteilen, die bei der Grabung in der »Südsiedlung« zum Vorschein kamen, schreibt Stoll: »Es ist hier also ein kleiner neolithischer Friedhof am Beginn der Bronzezeit durch den Bau der Siedlung zerstört worden.« Stoll datiert also die Bauten nach dem jüngsten und reichhaltig darin vorhandenen Material in die Bronzezeit.

Die typologische Aufarbeitung des vermischten Keramikmaterials aus dem Kulturschutt in und außerhalb der Hütten, die wir W. Kimmig zu verdanken haben, erbrachte Funde aus dem Neolithikum (Rössen, Michelsberg, Schussenried, wenige Scherben der Glockenbecherkultur und der Schnurkeramik sowie leistenverzierte Keramik des Endneolithikums). Den reichsten Komplex des Kirchbergs bildet die Keramik der frühen bis mittleren Bronzezeit (Horizont A2/B1 nach H.-J. Hundt) (Abb. 57). Funde der Urnenfelder- und Hallstattkultur sind nur in geringem Maße vertreten. Zu der Keramik treten zahlreiche Steinbeile, Silices, Horn- und Knochengeräte. An Metallfunden sind nur ein Pfriem, eine Bronzenadel und ein Bronzering bekannt. Jedoch beweist ein Bruchstück einer Sandsteingußform die Anwesenheit von Bronzehandwerkern in der bronzezeitlichen Ansiedlung auf dem Kirchberg.

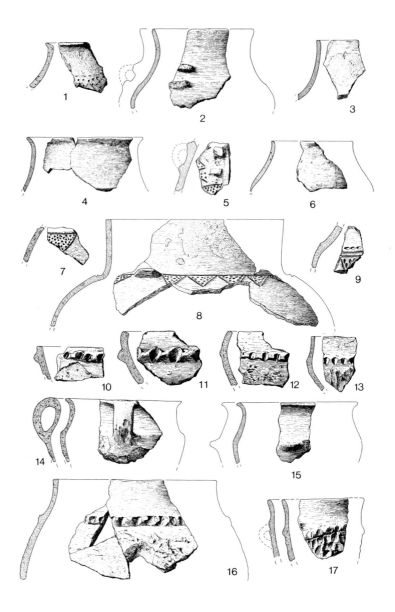

Abb. 57 Keramik der frühen und mittleren Bronzezeit vom Kirchberg bei Ammerbuch-Reusten (nach W. Kimmig). M 1 : 4

128

Nach einer kurzfristigen Besiedlungsphase während der älteren Hallstattzeit ist der Kirchberg bei Reusten erst wieder im hohen Mittelalter aufgesucht worden.

Literatur:
Fundber. aus Schwaben 22, 1914, 6 f. Taf. I. – Kimmig, Der Kirchberg (1966). – J. Lüning, Rezension von Kimmig, Der Kirchberg. Germania 48, 1970, 152 ff. – H. Stoll, Der Kirchberg (1932) 294 f. – Ders., Gäu (1933) 36 ff., 84 f., 88 ff.

Jutta Stadelmann

Die mittelalterliche Burg auf dem Kirchberg bei Reusten (Gemeinde Ammerbuch)

Der Kirchberg, oberhalb Reusten zwischen Ammer und Kochenhartgraben gelegen, ist durch einen schmalen Bergrücken mit der Gäufläche verbunden (Abb. 58). Er trug etwa in seiner Mitte im Mittelalter eine Burg, deren Mauern inzwischen völlig verschwunden sind. Der Burghügel, ein relativ ebenes Plateau mit unregelmäßig fünfeckigem Grundriß, ist etwa 20 m lang. Im westlichen Teil weist er mit 18 m seine größte Breite auf. Nach Nordwesten gegen die Hochfläche war die Burg durch einen 14 m breiten und 4 m tiefen, den Bergrücken an seiner schmalsten Stelle querenden Graben von einer 1,5 m tiefer liegenden, bescheidenen Vorburg getrennt. Ein weiterer, wesentlich schmalerer und flacherer Graben war der nach Nordwesten sanft abfallenden Vorburg vorgelagert. Im Nordosten wurde der Burghügel durch einen 8 m breiten und 2 m tiefen Graben gesichert, der in den Hauptgraben einmündet. Verstärkt wird diese Verteidigungslinie durch einen vorgelegten schmalen Wall. Im Osten, etwas tiefer gelegen, ist eine trapezförmige, zur Burg hin offene Vorbefestigung aus niederen Wällen erkennbar. Die südöstliche Flanke der Wehranlage war indessen völlig ungeschützt. Der Burghügel geht hier mit sanfter Böschung in das Plateau des Kirchbergs über, Anzeichen eines Grabens oder Walles sind nicht ablesbar. Er bietet von dieser Seite einen nahezu ungehinderten Zugang. Im Süden und Südwesten erübrigte sich

129

Abb. 58   Der Kirchberg mit Ammerbuch-Reusten aus der Luft
(freigegeben durch BstWv Nr. G 7/69438).

die Anlage von Verteidigungswerken, da die Burg bis unmittelbar an einen steilen Felsabbruch heranrückte.

Das Fehlen einer Befestigung gegen den Kirchberg sowie die letztlich ungünstige strategische Position mitten auf dem Bergrücken deuten darauf hin, daß der Burghügel Teil einer umfangreichen Befestigungsanlage war, die den östlich gelegenen Kirchberg mit einbezog. Ein schwachausgebildeter Wall, der in etwa 85 m Entfernung vom Burghügel knapp vor der westlichen Kirchhofmauer den Bergrücken quert, könnte als Rest einer Vorbefestigung der Hauptburg, die durch den Friedhof zerstört ist, angesprochen werden.

Die Errichtung einer derart umfangreichen Burganlage kann nicht von einem Niederadels- oder Ministerialengeschlecht ausgegangen sein, weit eher ist sie einem Angehörigen einer hochadeligen Familie zuzuschreiben. Den Schriftquellen lassen sich keine Hinweise entnehmen. Die jüngere Forschung weist die Burg den Grafen von Hildrizhausen–Kräheneck zu. Demzufolge mußte sich die Nennung eines Hugo, Graf von Kräheneck, aus dem Jahr 1037 auf die Burg auf dem Reustener Kirchberg beziehen und nicht auf jene bei Pforzheim, die wohl erst im 12. Jahrhundert entstanden ist. Zu dieser Zeit war die Burg auf dem Kirchberg möglicherweise schon aufgegeben. Das würde erklären, daß diese relativ frühe Höhenburg keine Erwähnung in Urkunden findet.

Literatur:
OAB Herrenberg (1855) 286. – KRB Tübingen 1 (1967) 204–242. – G. Wein, Geschichte des Kirchbergs im Mittelalter, in: Kimmig, Der Kirchberg (1966) 59–63.

Erhard Schmidt

Ein römisches Bauwerk unter der Kirche von Bondorf

Mitten in der heutigen Gäugemeinde Bondorf liegt die Remigiuskirche (Abb. 60). Sie wird schriftlich als Pfarrkirche zum erstenmal in den Registern des Bischofs von Konstanz im Jahre 1275 genannt. Der Kirchenheilige Remigius, dem diese Kirche geweiht wurde, weist auf ein sehr viel höheres Alter hin als diese erste Nennung. Sehr wahrscheinlich kann ihre Gründung schon in karolingischer Zeit erfolgt sein. Als möglicher Stifter kommt das Geschlecht der späteren Pfalzgrafen von Tübingen, das damals seinen Sitz in Nagold hatte, in Frage. Ob dabei schon ein Ortsadel eine Rolle gespielt hat, kann nur vermutet werden. Die Herren von Bondorf

Abb. 59   Die Remigiuskirche in Bondorf

werden zum erstenmal im Jahre 1191 mit einem Heinrich und Werner von Bondorf genannt. Als die Umgebung der Remigiuskirche neugestaltet und die neue Friedhofsmauer gebaut werden sollte, konnten im Jahre 1976 mehrere römische Mauerzüge beobachtet werden. Die Notgrabung (Abb. 61) erbrachte eine West–Ost verlaufende römische Mauer innerhalb der ehem. mittelalterlichen Friedhofsmauer. Das römische Mauerwerk bestand aus Muschelkalk und war noch ca. 1,1 m breit. An der Nordseite, wohl Außenfront des Bauwerkes, besaß sie eine sehr sorgfältig gesetzte Schalenmauer, von der noch über zehn Lagen vorhanden waren. Die Innenseite war aus wenig sorgfältig zugehauenen Steinen aufgesetzt und daher wohl in römischer Zeit nicht sichtbar. Es ist damit anzunehmen, daß diese Mauer gleichzeitig eine Art Terrassenmauer darstellt.

An der Außenseite im östlichen Bereich fand sich ein ziemlich roh behauener Stumpf einer Pilastersäule aus Sandstein. Er stand auf einer 80 × 80 cm großen und 20 cm starken Sandsteinfundamentplatte. Ein zweiter Pilastersäulenteil lag nördlich im Versturz. Die Säulen sind heute an der Kirche aufgestellt. Außerdem konnte ermittelt werden, daß diese Mauer wohl zu einem Gebäude gehört hat, das eine Größe von mindestens 15 m Länge und 12 m Breite besaß und vorwiegend nordwestlich der Kirche lag. An der Westseite der Kirche und schließlich südlich von ihr wurden beim Abtragen der alten Friedhofsmauer ebenfalls Mauerzüge römischen Ursprungs nachgewiesen. Außerdem konnte westlich der heutigen Kirche ein mittelalterlicher Keller angeschnitten werden. Da eine größere Untersuchung innerhalb des unmittelbaren Umgebungsbereiches des Kirche nicht möglich war, läßt sich über die Funktion der hier angeschnittenen Bauteile nichts Sicheres aussagen. Wahrscheinlich jedoch ist hier unmittelbar unter der Kirche von Bondorf, und vor allen Dingen in dem auffallenden, von der mittelalterlichen Kirchhofsmauer umbauten Kirchenhügel ein größeres römisches Gebäude enthalten, sicher ein römischer Gutshof, zu dem möglicherweise auch Tempelbauten gehört haben. Die Brandschicht kennzeichnet das Ende dieser Anlage und darf wohl in das 3. Jahrhundert n. Chr. datiert werden. Bei den Abbruchar-

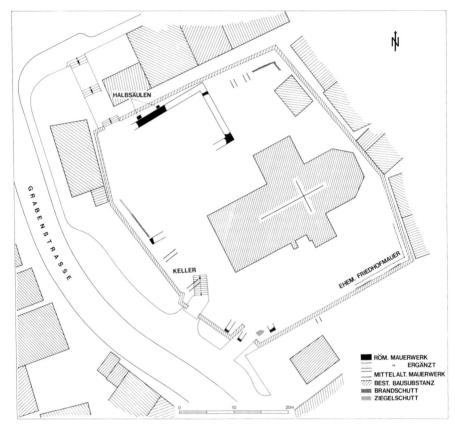

Abb. 60 Bondorf. Lageplan der Reste des römischen Bauwerks unter dem Kirchenareal

beiten der alten Friedhofsmauer wurden außerdem zahlreiche bearbeitete Sandsteinquader ebenfalls römischen Ursprungs geborgen. Besonders hervorzuheben ist das Fragment mit einer Rankenverzierung, das sehr wahrscheinlich zu einem Grabmonument gehört. Der Nachweis eines römischen Bauwerkes unter der Remigiuskirche von Bondorf reiht sich sehr gut in ähnliche Befunde in der unmittelbaren Umgebung von Bondorf ein. Es ist auffallend, daß auch bei den Remigiuskirchen in Nagold (s. S. 159ff.) und in

134

Rottenburg-Ehingen römische Bauwerke unter der Kirche zum Vorschein kamen. Die hier ergrabenen Reste bilden einen Teil einer sehr starken römischen Besiedlung. Allein auf Markung Bondorf kennen wir 16 römische Siedlungsstellen, die bezeugen, daß dieser Raum in römischer Zeit überaus dicht besiedelt war, wenn auch die Struktur dieser Siedlungen nur unzulänglich bekannt ist. Eine Ausnahme ist das im Jahre 1975 durch das Landesdenkmalamt Baden-Württemberg in Stuttgart, Abteilung Bodendenkmalpflege, vollständig untersuchte römische Gehöft bei Bondorf in Flur »Mauren«. Hier konnte im Zusammenhang mit dem Bau der Bundesautobahn Stuttgart–Westlicher Bodensee eine um 100 n. Chr. angelegte Gutsanlage in Holzbauweise nachgewiesen werden, die später wohl im Laufe des 2. Jahrhunderts n. Chr. nach und nach mit z. T. groß ausgedehnten Steinbauten ausgestattet wurde.

Literatur:
D. Planck, Fundber. Bad.-Württ. 8, 1983. – K. Hess, Zur Kirchengeschichte von Bondorf. Aus Schönbuch und Gäu 7/8, 1982 (Beilage der Kreiszeitung Böblinger Bote).

Dieter Planck

Der Grabhügel »Eichbuckel« in Dußlingen

Zufahrt: Im Ort von der B 27, etwa 150 m südlich der Bahnüberführung an der Kreuzung mit Ampel nach O, dann gleich wieder nach N parallel zur B 27, durch die Bahnunterführung, dicht dahinter nach O auf die Höhe. Die dritte Querstraße nach N führt direkt zu dem links der Straße in einem Neubaugebiet liegenden Grabhügel.

Auf einem sich in nord-südlicher Richtung zwischen den Tälern der Steinlach im Westen und der Wiesaz im Osten hinziehenden Höhenrücken liegt, von alten Linden bestanden, der »Eichbuckel«, ein mächtiger Grabhügel (Abb. 61).
Bei einer Grabung stieß der Bauer Johann Dorn aus Großengstingen im Jahre 1896 auf sieben Bestattungen. Das zuerst entdeckte Grab 1 lag in der Mitte des Hügels in angeblich 1 bis 1,5 m Tiefe.

Abb. 61   Dußlingen. Der Grabhügel »Eichbuckel« aus der jüngeren Hallstattzeit

Es enthielt einen goldenen Halsring von 23,6 cm Durchmesser, ein goldenes Armband von 8,4 cm Durchmesser, einen Bronzekessel, sieben Bronzeringchen und einen eisernen Haken. Die übrigen Gräber fanden sich an der Süd- und Westseite des Hügels. Da keine Grabungspläne vorliegen, ist ihre genaue Lage unbekannt; die im Bericht genannten Beigaben sind mangels einer genauen Beschreibung nicht mehr alle mit den im Württembergischen Landesmuseum Stuttgart liegenden Funden zu identifizieren. Grab 2 lag am weitesten östlich und enthielt als einziges »Steingrab« eine Doppelbestattung: Ein kleines Skelett (Kind?) lag links von einem größeren. An Beigaben fanden sich zwei Fibeln und ein Bronzearmring mit Ösen. In Grab 4 lagen zwei Fibeln, eine Bronzenadel und zwei

136

Lanzenspitzen. Der 5. Bestattung waren wiederum zwei Fibeln und ein Halsring aus Bronze beigegeben, Grab 6 enthielt ebenfalls zwei Fibeln, und Grab 7 ein zerbrochenes Bronzearmband. Vereinzelte Scherben dürften als Streuscherben betrachtet werden.

Das goldführende Grab 1, das eines Mannes, lag zwar in der Mitte des Hügels, seine geringe Tiefe spricht jedoch eher für eine Nachbestattung als für das zentrale Hauptgrab. Die erhaltenen Beigaben lassen auch keine genauere Datierung innerhalb der jüngeren Hallstattkultur zu. Sollte es aus einer jüngeren Phase von Hallstatt D stammen, kann es kaum die ursprüngliche Zentralbestattung gewesen sein, denn unter den leider keinen Nachbestattungen mehr zuweisbaren Fibeln liegen nicht nur Pauken-, sondern auch Schlangenfibeln, die dann wohl älter als Grab 1 sein dürften.

Wegen der Größe des Hügels und der Goldfunde aus Grab 1 können wir den »Eichbuckel« zu den sog. Fürstengräbern der jüngeren Hallstattkultur zählen. Wo einst die Siedlung der hier Bestatteten lag, ist bisher unbekannt. Gelegentlich wurde sie schon auf dem etwa 7 km in südöstlicher Richtung entfernten Roßberg angenommen. Dies wäre denkbar, auch wenn von dort bisher noch keine Funde der jüngeren Hallstattkultur bekannt geworden sind.

Etwa »50 Schritte« westlich des »Eichbuckel« lag ein kleinerer Hügel, der »Lehen«. Er enthielt ein »Steingewölbe«, aber keine Beigaben. Er ist heute überbaut und nicht mehr sichtbar.

Literatur:
Fundber. Schwaben 4, 1896, 2. – S. Schiek, Fürstengräber der jüngeren Hallstattkultur in Südwestdeutschland (Ungedr. Diss. Tübingen 1956) 22 ff. – Bittel, Kelten (1981), 326 f.

Siegwalt Schiek

Die Grabhügelgruppe der Hallstattkultur bei Stockach
(Gemeinde Gomaringen)

Zufahrt: Südlich von Tübingen zweigt gegenüber der Kläranlage von der B 27 Tübingen–Hechingen die Straße nach Stockach ab. Von ihr führt ein Feldweg (Hinweisschild an der Abzweigung) nach O, anfangs durch Wiesen, dann im Wald zu der Hügelgruppe.

Die Grabhügelgruppe liegt an einem nach Norden zum Ehrenbach geneigten Hang im Wald »Hechelhart« und bestand früher aus zwölf Hügeln, von denen der größte bei etwa 20 m Durchmesser eine Höhe von 2 m zeigte. Heute sind nur noch acht Hügel sichtbar (Durchmesser 10–13,5 m, Höhe 0,5–0,9 m).

Im 19. Jahrhundert wurden einige Hügel angeschnitten, über Befunde und Funde ist nichts bekannt. Im Jahre 1938 gruben Waldarbeiter zur Materialgewinnung für eine Wegverbesserung den Hügel 8 an. Dabei stießen sie auf eine aus Sandstein gearbeitete Stele (Abb. 62). Das von dem Fund unterrichtete Universitäts-Institut für Vor- und Frühgeschichte in Tübingen untersuchte daraufhin unter Leitung von Gustav Riek den Hügel, der bei 0,85 m Höhe einen Durchmesser von 13 m aufwies. Die Grabung brachte folgende Ergebnisse: Auf dem anstehenden Boden zeigte sich eine Brandschicht mit verkohlten Balken oder Brettern. Darauf lagen der Leichenbrand des Toten sowie Scherben eines ritz- und stempelverzierten Kegelhalsgefäßes und eines Schälchens. In der Hügelspitze fanden sich einige Steine, mit denen die Stele verkeilt war, davor stand eine kleine Tonschale. Den Hügelfuß umgab ein Kranz von locker aufeinandergeschichteten Rätsandsteinblöcken.

Das wichtigste Fundstück, die Stele, war vom Hügel herabgestürzt und an dessen südlichem Fuß von den Arbeitern entdeckt worden. Sie ist aus Stubensandstein gefertigt, 0,75 m hoch und zeigt deutlich, wenn auch nur in schlichter Darstellung, menschliche Gesichtszüge. Die obere Kopfhälfte ist abgesplittert. Unterhalb der Halskehle verläuft ein nach unten durch eine Rille begrenztes Winkelband.

Nach Aussage der keramischen Funde und dem Bestattungsritus wurde das Grab während der älteren Hallstattkultur (8./7. Jh.

Abb. 62 Gomaringen-Stockach. Grabstele der Hallstattkultur

v. Chr.) angelegt. Die Grabstele von Stockach ist damit die älteste sicher datierbare Stele aus Südwestdeutschland. Weitere Stelen, z. T. jedoch noch abstrakterer Form fanden sich in einem von Stockach in Luftlinie nur 4 km entfernten Grabhügel bei Tübingen-Kilchberg.

1981 wurden auf dem Hügel ein Abguß der Stele (Original im WLM Stuttgart) aufgestellt und die Anlage durch Hinweistafeln erläutert.

Literatur:
Germania 25, 1941, 41 ff. – Tübinger Blätter 33, 1942, 10 ff. – Bittel, Kelten (1981), S. 344.

Siegwalt Schiek

139

Herrenberg

Die Geschichte der Stadt

Die kleine Stadt am westlichsten Ausläufer des Schönbuchs entstand verhältnismäßig spät. 1228 wird erstmals die Burg Herrenberg genannt, 1271 werden die Bürger erwähnt. Die Stadtmarkung weist in allen ihren topographischen Gliederungen Siedlungsplätze mit Befunden aus der mittleren und jüngeren Steinzeit, aus der Latènezeit und der Römerzeit auf. Die alamannischen Orte Reistingen und Mühlhausen werden 775 im Lorscher Codex genannt. Ihre Feldmarkungen ergeben nach 1200 die Stadtmarkung Herrenberg, ihre Bewohner werden an den »Herrenberg« umgesiedelt. Die im Halbkreis um den Bergsporn stufenweise höhersteigende befestigte Stadt mit Markt und Gericht ist zugleich Schutz für die Burg. Diese ist Sitz einer Linie der Pfalzgrafen von Tübingen. Rudolf III. wird mit der Stadtgründung von Herrenberg zu Rudolf der Scheerer I. 1274 soll die Stadtmauer fertig und im Jahre 1276 die Kirche St. Maria mit einer Turmempore für die Herrschaft begonnen worden sein. Die Scheerergrafen kommen wiederholt in wirtschaftliche Schwierigkeiten, die zu Verpfändungen führen. 1347 wird die Stadt unter die Brüder Rudolf und Konrad geteilt; jede Hälfte hat einen eigenen Schultheiß und eigenes Siegel. 1382 kommt Herrenberg durch Kauf an Württemberg.

Die Herrenberger Ackerbürger – die noch im Tode auf den Kirchhof im einstigen Mühlhausen gebannt bleiben bis 1752 – kommen geradezu als letztes Aufgebot ihren neuen Herren zu Hilfe und entscheiden die Schlacht bei Döffingen am 23. August 1388 zugunsten Württembergs. Die vom Grafensitz zum bloßen Amtssitz abgestiegene Stadt erfährt offenbar dennoch eine weitere gute Entwicklung. Bestanden an St. Maria bis 1377 sieben reichdotierte Altäre mit einer wachsenden Zahl von Konpatronen, so werden es durch weitere Stiftungen bis 1500 insgesamt zwölf Altäre sein; um 1400 schon wird das Heilig-Geist-Spital von Bürgern gestiftet und die Spitalkirche 1412 mit einem gestifteten Ewigen Licht ausgestattet. Die Errichtung eines weltlichen Chorherrenstiftes durch die

Grafen Ludwig und Ulrich (1439) erhöht das kirchliche Ansehen und die Bedeutung auch der Stadt. Diese kann sich nach einem fast alles zerstörenden Stadtbrand von 1466 offenbar bald wieder erholen, nicht zuletzt durch die Gunst der Gräfin Mechthild, die aus Herrenberg eine Heimsteuer bezog. Mit der Einführung der Brüder vom gemeinsamen Leben durch Eberhard im Bart (1481) wird Herrenberg zu einem Meditationsort besonderer Art. Damit wird auch der Kirchbau vollendet und diesem eine kunstreiche Ausstattung gegeben, die zu einem Höhepunkt der Ikonographie im Lande wird. Meister Hanselmann schuf 1503/04 die prächtige steinerne Kanzel, Heinrich Schickhardt vollendet 1517 das Chorgestühl mit einer Bild- und Textfolge, die das Credo und die Geschichte des Glaubens darstellt; Jerg Ratgeb malt 1518 bis 1519 dieses Hauptstück. Eberhard hat zu dieser geistigen Vertiefung bereits auch für das irdische Brot gesorgt. Er verfügte in seiner Landesordnung, daß auch in Herrenberg einer der vier Landesfruchtkästen Vorräte für Notzeiten und Notfälle aufnehmen sollte: Herrenberg war Sammelplatz der Erzeugnisse des fruchtbaren Korngäus und Stützpunkt und Kommandozentrale der Miliz aus den Männern dieses Landesteiles. Eberhards Nachfolger Ulrich kann sich in seinen schweren Auseinandersetzungen mit Kaiser und Reich auf Herrenberg stützen – mehr als auf andere Städte. Mit der Rückkehr Ulrichs geht auch hier die Reformation einher. In verhältnismäßig ruhigen Zeiten werden hier geboren: am 5. Februar 1558 Heinrich Schickhardt, Herzoglicher Baumeister, am 22. April 1592 Wilhelm Schickhardt, Professor für orientalische Sprachen, Astronomie und Mathematik, Erfinder der ersten Rechenmaschine; am 17. August 1586 Johann Valentin Andreae, Theologe und Erzieher, der in einer Zeit blühenden Aberglaubens wünschte, daß die Mathematik beispielhaft Grundlage aller Forschung werde.

In mehreren Pestwellen wird Herrenberg zum Ausweichort für die Hofkanzlei und den Landtag sowie für die juristische und medizinische Fakultät der Universität Tübingen: mehrere »Doctores« gingen aus Herrenberg hervor. Der Dreißigjährige Krieg bringt während der Zeit kaiserlicher Besatzung am 28. Juli 1635 die fast völlige Vernichtung durch den zweiten Stadtbrand. Die Bevölkerung

Abb. 63   Blick auf Herrenberg im Oberen Gäu

wird auf weniger als die Hälfte reduziert: innerhalb sechs Jahren sterben über 900 Personen durch Seuchen und Krankheiten. Nach 50 Jahren ist der Wiederaufbau einigermaßen abgeschlossen, gerade früh genug, daß 1688 Peysonnels zurückgehende Truppen Quartier nehmen und die Bevölkerung ausplündern können. Weitere Quartier- und Fourragelasten sind bis 1697, während des Reichskrieges zu ertragen. Die modellhaft wiedererstandene Stadt mit ihrem Festungscharakter schien wie geschaffen zum Generalquartier, das sich jeweils in der alten Propstei – dem Sitz der Obervögte – befand. Mit der Auflösung der Obervogteien wird die Propstei Sitz der Spezialsuperintendenten – der späteren Dekane – deren berühmtester, Christoph Friedrich Oetinger, viele seiner theologischen Werke hier verfaßt. An die Stelle des Vogtes tritt zu gleicher Zeit der Oberamtmann. Der letzte Vogt, Gottlieb Friedrich Heß (gest. 1761), ist durch seine wohltätigen und kulturellen Bemühungen um die Stadt, die Kirche und die Bürgerschaft, vor allem aber auch durch seine Herrenberger Stadt- und Amtschronik in immerwährender guter Erinnerung. Unter seiner vorbildlichen

Abb. 64   Der malerische Marktplatz von Herrenberg

Amtsführung erhält die Stiftskirche 1749 ihre neue Bekrönung mit der barocken Zwiebelkuppel (Abb. 63).

Der Beginn des 19. Jahrhunderts bringt für Herrenberg den Verkauf des Schlosses auf den Abbruch, die Vergrößerung des Oberamtes und eine königliche Posthalterei, die dem Hirschwirt am Markt übertragen wird. 1819 wird erstmals ein Stadtschultheiß bürgerschaftlich gewählt. Der Abbruch der Tortürme ab 1823 vollendet die Umwandlung der einst bizarren wehrhaften Stadtsilhouette in die eines gemütlichen Landstädtchens. Dieser ländliche Charakter bleibt über den Ersten Weltkrieg hinaus erhalten. Nach dem Zweiten Weltkrieg setzt eine bauliche Entwicklung ein, die durch laufende Zuzüge immer neue Impulse findet. Gültstein, Haslach, Kayh, Kuppingen, Mönchberg und Oberjesingen – ein guter Teil der Orte des alten Amtes Herrenberg – werden eingegliedert. Damit wird Herrenberg bei einer Einwohnerzahl von heute 25 000 »Große Kreisstadt«. Das Herz dieser »großen« Stadt bleibt jenes alte Herrenberg hinter der fast überall noch ablesbaren Mauerflucht, mit den vielen in jahrzehntelangem Bemühen behutsam sanierten Fachwerkhäusern an den Straßen und Gassen, und dem Markt (Abb. 64), über denen krönend die weithin sichtbare – und wieder einmal gesicherte – Stiftskirche aufsteigt.

Traugott Schmolz

Die Stiftskirche von Herrenberg

Die oberhalb der Altstadt am Hang des Schloßbergs gelegene Stiftskirche gehört zur »ersten Generation« schwäbischer Hallenkirchen. Während die Grundrißdisposition und die Außenwände der Kirche auf die Zeit zwischen 1276 und 1285 zurückgehen, kam es nach Bauunterbrechungen, schleppendem Baufortgang und räumlichen Provisorien erst ab 1471 zur Einwölbung der Kirche (Abb. 65).

Die von E. Krüger 1927 erforschte Baugeschichte konnte während

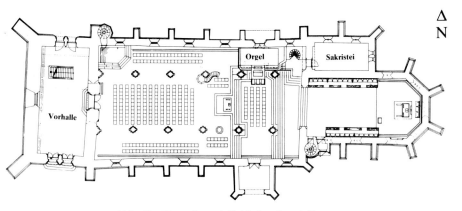

Abb. 65   Herrenberg, Stiftskirche. Grundriß

statischer Sanierungsmaßnahmen 1977/78 durch archäologische
Beobachtungen ergänzt werden. Wies Krüger bereits einen nördlich des Chors stehenden, in Teilen erhaltenen Turm nach, der älter
ist als die heutige Stiftskirche, so wurden bei der flächigen Entfernung des Fußbodens an drei Stellen größere Reste eines Vorgängerbaus festgestellt, der für die Errichtung der heutigen Kirche
abgebrochen worden sein muß.

Im Bereich des heutigen Chors wurden die Fundamente eines
polygonal geschlossenen älteren Chors freigelegt, dessen Existenz
bereits Krüger aufgrund seiner Bauanalyse postuliert hatte
(Abb. 66). Dieser Chor, der äußere, die Polygonecken verstärken-
de Strebepfeiler besaß, lag gegenüber der Mittelachse des heutigen
Chors nach Süden hin verschoben. Nach Osten hin wurden Reste
des zugehörigen Friedhofs beobachtet.

Während im westlichen Anschluß an die Chorfundamente keinerlei Befunde mehr festgestellt werden konnten, was sich auf durch
die Hanglage bedingte Planierarbeiten für den heutigen Bau zurückführen läßt, fanden sich beim heutigen westlichen Pfeilerpaar
des Schiffs Reste der Westwand des Vorgängerbaus. Der – wegen
Bauschäden 1979/80 ausgewechselte – westliche Pfeiler (Abb. 67)
der Nordarkade stand auf Resten der Westwand und des westlichen
Halbpfeilers der Nordarkade des Vorgängerbaus. Die erhaltenen

145

Abb. 66   Herrenberg. Stiftskirche. Fundament des Vorgängerbaus. Fotomontage

Teile der Westwand reichten nach Norden in das heutige Seitenschiff, eine Ecke hatte sich hier nicht erhalten. Eine an die Westwand anschließende, nach Westen verlaufende Mauer macht eine vor dem Mittelschiff gelegene Eingangshalle erschließbar; ob ein Westwerk in Kirchenbreite bestanden hat, ließ sich nicht mehr ermitteln.

Die südliche Begrenzung des Vorgängerbaus ergibt sich aus einem Befund, der im heutigen südlichen Seitenschiff aufgedeckt wurde. Hier hatten sich Teile der Südwestecke (Abb. 68), nicht aber eines Wandpfeilers wie im Norden erhalten.

Trotz spärlicher archäologischer Reste läßt sich aus den Befunden ableiten, daß der Vorgängerbau der heutigen Stiftskirche eine dreischiffige Basilika war, die – etwas schmäler als die Stiftskirche – bis zum ersten Freipfeilerpaar der heutigen Kirche nach Westen reichte. Sowohl die Ausbildung des Chors als auch die noch erkennbare

146

Abb. 67   Herrenberg, Stiftskirche. Westwand und Halbpfeiler des Vorgängerbaus
werden als Fundament für den ersten Freipfeiler der heutigen Nordarkade wiederverwendet; Nordwand einer Eingangshalle

Abb. 68   Herrenberg, Stiftskirche. Südwestecke des Vorgängerbaus von Osten

147

Gliederung des Halbpfeilers vor der Westwand (Abb. 67) deuten darauf hin, daß die Basilika kaum länger als etwa zwei Generationen bestanden haben kann, als der Neubau der heutigen Kirche begonnen wurde.

Von der Ausstattung der heutigen Kirche verdienen der Taufstein (1472), die Kanzel des Meisters Hanselmann (1503/04) und das von Heinrich Schickhardt u. a. geschaffene Chorgestühl von 1517 besondere Aufmerksamkeit.

Bis zur 1982 abgeschlossenen Renovierung wurde das Aussehen der Stiftskirche durch die Emporeneinbauten und die neugotische Fassung C. F. Leins' geprägt. Bei restauratorischen Untersuchungen wurden verschiedene farbige Raumfassungen nachgewiesen. Um diese historischen Schichten, auch die des 19. Jahrhunderts, zu erhalten, wurde eine neue Farbfassung aufgetragen, die sich an jener orientiert, die für die Zeit nach der Einwölbung nachgewiesen werden konnte.

Literatur:
E. Paulus, Die Kunst- und Altertums-Denkmale im Königreich Württemberg, Inventar Schwarzwaldkreis, Stuttgart 1897, S. 106 ff. – E. Krüger, Die Stiftskirche zu Herrenberg, Stuttgart (ca. 1929) – Wiedereinweihung der Herrenberger Stiftskirche am 5. Dezember 1982.

Hartmut Schäfer

Das Schloß in Hirrlingen

Vom Beginn des 11. bis zum Ende des 12. Jahrhunderts ist Hirrlingen (um 1150 Hurningen) im Besitz des edelfreien Geschlechtes der Herren von Hurningen, die aus dem Elsaß stammen und in Südwestdeutschland reich begütert waren. Sie zählen zu den vornehmsten Familien der Region, waren sie doch mit den Grafen von Habsburg, den Marquarten von Grumbach und den Grafen von Hohenberg verwandt. Ende des 13. Jahrhunderts gelangt Hirrlingen in den Besitz der Herren von Ow; Hermann von Ow begründet die Linie der Ow zu Hirrlingen.

148

Abb. 69   Das Schloß in Hirrlingen, von Südosten

Das Hirrlinger Schloß liegt im Westen des Dorfes in einer flachen
Senke. Seiner ursprünglichen Anlage nach ist es eine Wasserburg
mit unregelmäßigem Grundriß. Im Norden steht der Hauptbau,
die Nebengebäude im Westen und Süden entlang der Ringmauer.
Das Tor ist im Osten (Abb. 69). Vor der Umfassungsmauer und
vor dem Hauptbau verläuft ein breiter Graben mit Futtermauer,
der im Norden, tief eingeschnitten, noch gut erhalten ist. Im Süden
und Westen ist er teilweise verfüllt. Der älteste Bauteil, der noch ins
Mittelalter zurückreicht, ist die südliche Ringmauer, aus Bruchsteinen aufgemauert, die hufeisenförmig die tiefergelegene sog.
Vordere Burg, den Südteil des Schloßhofes, umfaßt. Wahrscheinlich war sie durch einen Graben von der Hinteren Burg, der Hauptburg, im Norden getrennt. Hier wird auch der 1390 urkundlich
genannte starke Turm gestanden haben.
Das Schloß ist ein stattlicher, guterhaltener Renaissancebau von

1557/58, den Georg von Ow zu Hirrlingen errichten ließ. Es ist ein verputzter Bruchsteinbau mit drei Haupt- und drei Dachgeschossen unter einem Satteldach mit einer klaren Fenstergliederung. An den Nordost- und Nordwestecken springt je ein starker Rundturm, im Untergeschoß mit Schießscharten versehen, in den Graben vor. An der Südostecke bereichert ein zweigeschossiger Erker das Erscheinungsbild. Drei große, übereinanderliegende Aufzugsluken im Ostgiebel weisen auf die Nutzung des Dachraumes als Fruchtböden. Unter dem oberen Fenster des Erkers ist das Renaissance-Allianzwappen des Erbauers Georg von Ow und seiner Frau Katharina von Brandeck zu Sterneck eingemauert, darunter eine Schrifttafel mit der Baunachricht. Unter dem untersten Fenster ist ein barockes Allianzwappen des letzten Schloßbesitzers mit der Jahreszahl 1780 zu sehen. Seit 1825 ist die Gemeindeverwaltung Hirrlingen im Schloß untergebracht.

Literatur:
OAB Rottenburg (²1900), 199–200. – J. A. Kraus, Die Grafen von Hurningen. Hohenzollerische Heimat 13, 1963, S. 13–14. – Die Kunst- und Altertumsdenkmale im Königreich Württemberg. Schwarzwaldkreis (1897) 284 – O. Kurz, Hirrlingen, Krs. Tübingen. Ein Kapitel schwäbischer Heimatgeschichte (1951). – KRB Tübingen (1972), S. 280ff.

Erhard Schmidt

Die keltische Viereckschanze bei Oberjettingen
(Gemeinde Jettingen)

Zufahrt: Auf der B 28 von Oberjettingen in Richtung Nagold. Etwa 600 m nach den letzten Häusern führt gegenüber der von W einmündenden Straße ein Sträßchen in den links der B 28 liegenden Wald zu einem Sportplatz. Der zuerst westlich, dann südlich des Sportplatzes verlaufende Weg führt direkt zu der südlich dieses Weges liegenden Viereckschanze.

Die Viereckschanze bei Oberjettingen wird erstmals 1855 in der Beschreibung des Oberamts Herrenberg schriftlich erwähnt. Sie liegt im Gemeindewald »Lehleshau«, in einem mit geringem Unterholz bestandenen Hochwald (Abb. 70). Die Nordseite der Anlage ist mit 95 m Länge noch vollständig erhalten. Die äußere Wallböschung zeigt, von der Grabensohle aus gemessen, eine durchschnittliche Höhe von 1,4 m, der Graben selbst heute noch eine Tiefe von 0,8 m. Die Nordostecke ist von der Grabensohle aus auf 1,75 m überhöht. Von dieser Nordostecke aus verflacht der Wall der Ostseite und läuft nach etwa 28 m aus. Der Graben zieht jedoch als etwa 0,5 m tiefe Mulde weiter; innerhalb des Waldrandes glaubt man noch Spuren der Südostecke zu erkennen. Die Ostseite wäre dann etwa 90 m lang gewesen. Die Südseite lag außerhalb des Waldes im freien Feld und ist vollständig der landwirtschaftlichen Nutzung zum Opfer gefallen. Die überhöhte Nordwestecke steigt

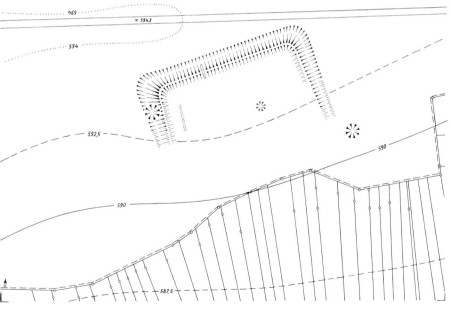

Abb. 70   Die Viereckschanze von Jettingen-Oberjettingen

151

2,2 m über die Sohle des davorliegenden Grabens an und liegt 1,2 m über dem Innenareal. Von dieser Ecke aus verflacht der Wall der westlichen Seite und läuft mit dem Graben nach etwa 30 m aus. Südlich der Nordwestecke liegt im Graben eine Mulde, wohl eine Doline, je eine weitere Doline findet sich im Inneren und dicht östlich außerhalb der Anlage. Die Lage des Tores ist nicht bekannt, die Süd- oder Westseite kämen hierfür in Frage.

Bei einem Grabungsschnitt durch den nördlichen Wall konnte im Juli 1921 festgestellt werden, daß er aus steinfreiem, teilweise lettigem Boden aufgeschüttet ist.

Literatur:
OAB Herrenberg (1855) 255. – Fundber. aus Schwaben NF 1, 1922, S. 63. – Nagolder Heimatbuch (1925) S. 186. – Festschrift Herrenberg (1929) S. 15. – Stoll, Gäu (1933) S. 98. – Bittel, Kelten (1934) S. 54. – H. Zürn, Die vor- und frühgeschichtlichen Geländedenkmale und die mittelalterlichen Burgstellen des Stadtkreises Stuttgart und der Kreise Böblingen, Esslingen und Nürtingen. Veröffentlichungen des Staatl. Amtes für Denkmalpflege Stuttgart, Reihe A, Heft 1 (1956) S. 20. – Bittel, Kelten (1981) S. 407 f.

Siegwalt Schiek

Nagold

Der Hohennagold in vorgeschichtlicher Zeit

Der im Westen, Süden und Osten von der Nagold umflossene Schloßberg mit der Ruine Hohennagold steht beherrschend über dem Talkessel, der sich zwischen dem Lemberg (im S) und dem Eisberg (am nordöstlichen Talrand) erstreckt; in seiner Mitte mündet die Waldach in die Nagold. Die Situation erklärt ohne weiteres, daß der Schloßberg schon in vorgeschichtlicher Zeit besiedelt war. Bei Sondierungen, die 1933 und 1938 vorgenommen wurden, zeigte sich in der Vorburg (»Turniergarten«) eine Kulturschicht, die Scherben von der ausgehenden Urnenfelderzeit bis in die frühe Latènezeit enthielt; darunter befinden sich auch Stücke jener scheibengedrehten Riefenware, die immer wieder auf späthallstättischen »Fürstensitzen« erscheint. Ähnliche Funde, auch Scherben von Tongefäßen der römischen Kaiserzeit, kamen im Zwinger vor der Schildmauer zutage. Noch ist der Befund zu bescheiden, um eine Siedlungskontinuität etwa vom ausgehenden 8. bis gegen Ende des 5. Jahrhunderts v. Chr. sicher begründen zu können; Funde vom Fuß des Steilhangs, die offenbar beim Bau der mittelalterlichen Burg über den Plateaurand hinabgeworfen worden waren, deuten immerhin eine gewisse Masse entsprechenden Siedlungsschuttes an. Die Vermutung liegt nahe, daß die früheisenzeitliche Siedlung befestigt war. Jedenfalls aber ist die archäologische Erforschung des Schloßbergs von Hohennagold über die ersten Anfänge noch keineswegs hinausgekommen.

Der Krautbühl

Mit der früheisenzeitlichen Siedlung auf dem Schloßberg dürfte der »Krautbühl« zusammenhängen (Abb. 71): ein, früher »Heidenbühl« genannter, noch 4,5 m hoher Tumulus von 50 m Durch-

Abb. 71   Nagold. Grabhügel »Krautbühl«

153

Abb. 72 Plan von Nagold mit Siedlungsspuren auf Hohennagold und dem
»Krautbühl«

messer rechts der Nagold wenig oberhalb der Waldachmündung,
also mitten auf der Talsohle. Der im Katasterplan (Abb.
72) sich deutlich abzeichnende Hügel wird noch heute in 14 radial angeordneten Parzellen als Krautgarten genutzt, was den Namen erklärt.
Eine im März 1925 vorgenommene Sondierung stieß auf drei alamannische Steinplattengräber; ebenso wie bei einem schon 1900
auf der Kuppe gefundenen und einem 1951 im Anschnitt noch
festgestellten, wohl gleichaltrigen Grab handelt es sich dabei offenbar um Nachbestattungen in dem Grabhügel, der aufgrund seiner
Dimensionen und seiner Lage mit Recht als späthallstättisches
»Fürstengrab« gilt; der archäologische Nachweis steht jedoch noch
aus.
Während hallstattzeitliche Gräber in der unmittelbaren Umgebung

154

des Schloßbergs bisher fehlen, liegt im Nordosten der Stadt, beim Lehrerseminar, eine Siedlung der älteren Hallstattzeit; sie wurde im Juli 1922 kurz untersucht. Dagegen haben sich frühlatènezeitliche Flachgräber sowohl am Osthang des Schloßbergs als auch inmitten des alamannischen Friedhofs rechts der Nagold beim Elektrizitätswerk gefunden; im Süden der Stadt wurde 1928 im »Vorderen Lemberg« ein frühlatènezeitliches Frauengrab angetroffen. Offenbar handelt es sich um verschiedene, keineswegs ganz gleichzeitige Friedhöfe, die jeweils eigenen Siedlungen zugehört haben werden.

Literatur:
OAB Nagold (1862) S. 113. – G. Wagner (Hrsg.), Nagolder Heimatbuch (1925) S. 178f.; S. 312f. – Fundber. Schwaben NF 2, 1924, S. 18; NF 3, 1926, S. 147; NF 8, 1935, S. 78; NF 11, 1951, S. 59–94; NF 16, 1962, S. 282f.; NF 18/II, 1967, S. 73f. – W. Veeck, Die Alamannen in Württemberg 14; S. 260. – Stoll, Gäu (1933) passim, bes. S. 94f.; S. 126. Bittel, Kelten (1934) S. 44. – H. Zürn, Hallstattforschungen in Württemberg (1970) 124 Nr. 1 mit Taf. W, 3. A. Lang, Die geriefte Drehscheibenware der Heuneburg 1950–1970 und verwandte Gruppen (1974) S. 21f. – S. Schiek, Der Kraut- oder Heidenbühl, ein frühkeltischer Fürstengrabhügel bei Nagold. Kulturdenkmale in Baden-Württemberg, Kleine Führer Nr. 32 (1977). – Bittel, Kelten (1981) S. 432f.

Franz Fischer

Die Ruine Hohennagold

Die Lage auf dem ca. 520 m hohen Bergsporn des Schloßberges über dem Zusammenfluß von Nagold und Waldach, knapp 500 m nordwestlich des Stadtkerns, war vorzüglich geeignet für die Anlage einer mittelalterlichen Höhenburg.

Ihre Anfänge reichen möglicherweise noch in das 11. Jahrhundert zurück, doch konnte diese Frage bislang nicht mit Sicherheit geklärt werden. Dagegen erscheint es einigermaßen sicher, daß die Pfalzgrafen von Tübingen, die um die Mitte des 13. Jahrhunderts ihren hiesigen Besitz an die Grafen von Hohenberg weitergaben, hier im 12. Jahrhundert eine Burg gehabt haben. Eine Seitenlinie der Hohenberger, die sich nach Nagold nannte, baute sie im Laufe des 13. und 14. Jahrhunderts zur Residenz aus, bis sie 1364 an

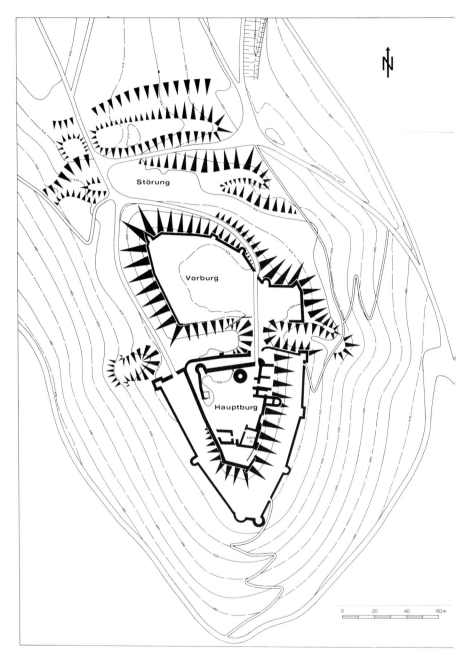

Abb. 73   Ruine Hohennagold. Lageplan mit Bauresten

156

Württemberg verkauft wurde. Von da an war sie meist mit württembergischen Dienstleuten besetzt, bis sie 1646 zerstört wurde. Im 16. Jahrhundert sollte sie unter Herzog Christoph zur Festung ausgebaut werden, was aber aus Geldmangel unterblieb. Die erhaltenen Reste gehören im wesentlichen dem 13. bis 15. Jahrhundert an. Der nach Süden weisende Sporn (Abb. 73) wird durch zwei wohl aus der Hallstattzeit stammende und nachgearbeitete Halsgräben vom Rücken des Schloßberges abgetrennt. Das so entstandene, vermutlich nachgearbeitete Plateau wird wiederum durch einen tiefen, etwa west-ost-verlaufenden Graben in Haupt- und Vorburg getrennt. Die im Norden gelegene Vorburg in Form eines unregelmäßigen Vielecks mit weitgehend erhaltener Umfassungsmauer spiegelt den Ausbauzustand des 15. Jahrhunderts wider; ältere Reste der Innenbebauung sind nicht bekannt.

Über den tiefen Sohlgraben gelangt man in die dem Dreieck angenäherte Hauptburg, an der sich noch mehrere Bauphasen ablesen lassen. Mit zum ältesten – mit einiger Vorsicht in das 12./13. Jahrhundert einzuordnenden – Bestand gehören Teile der Schildmauer, das Tor und die nach Osten gegen den Hang vorspringenden Baureste. Die übrigen an die Umfassungsmauer angelehnten Bauteile sind zeitlich nicht genau einzuordnen. Der knapp hinter der Schildmauer stehende Bergfried könnte im 13. Jahrhundert errichtet worden sein. Jünger sind die nur teilweise erhaltenen Reste einer Zwingeranlage im Norden, Westen und Süden, ohne daß eine genauere Datierung gewagt werden kann. Ob hierbei bereits der Eckturm in der Nordwestecke anstelle eines älteren auf die Schildmauer gesetzt wurde, erscheint fraglich. Seine Bauformen (Abb. 74) sprechen eher für eine Errichtung im 15. Jahrhundert. Zum jüngsten Bestand gehört die äußere Umfassungsmauer mit einer Reihe halbrunder oder rechteckiger, vor die Flucht vorspringender Türme, die wie die der Vorburg im 15. Jahrhundert errichtet wurden und den Ausbau zur Sicherung gegen Feuerwaffen charakterisiert.
In den Jahren 1932/33 fanden vor allem in der Hauptburg Grabungen durch F. Schuster statt, die einige Aufschlüsse zur Bebauung, jedoch offenbar keine Hinweise zur Zeitstellung der einzelnen Teile ergaben.

157

Abb. 74 Ruine Hohennagold. Hauptburg von Süden mit Bergfried, Schildmauer
und Eckturm

Literatur:
Nagold (1862), S. 97ff., S. 112ff. – Kdm. Schwarzwaldkreis (1897), S. 158f. –
M. Schuster, Burgruine »Hohen-Nagold«. Aus dem Schwarzwald 5, 1897, S. 1–3,
13–17. – F. Schuster, Die Bauten auf Hohennagold, in: G. Dieterle, Die Stadt Nagold
(1931), S. 344–358. – F. Schuster, Bericht über die Grabungen auf Hohen-Nagold im
Sommer 1932 und 1933. Der Burgwart 36, 1935, S. 2–6. – D. Lutz, Burgen im Kreis
Calw, in: Der Kreis Calw (1969), S. 153–155. – J. B. Schultis, Die Pfalzgrafen von
Tübingen, Stadtgründer von Nagold? Tübinger Blätter 67, 1980, S. 15–18.

Dietrich Lutz

158

Der römische Gutshof bei der Remigiuskirche

Im Bereich des heutigen Friedhofes bei der Remigiuskirche liegen an einem nach Nordwesten zur Nagold hin geneigten Hang Reste eines anscheinend umfangreichen römischen Gutshofes, die an der Oberfläche jedoch nirgendwo mehr sichtbar sind. Im Jahre 1924 untersuchte Paret einen großen Teil des Hauptgebäudes nordwestlich der Kirche. Nach dem Zweiten Weltkrieg wurde die Kirche renoviert, was zu Grabungen im Inneren führte. Dabei kamen 1963 Mauerreste eines römischen Gebäudes und – eingemauert in der Südwand des Kirchenschiffes – ein Viergötterstein ans Licht. Dieser zeigt die Bilder des Merkur, der Minerva, der Juno und einer nicht eindeutig zu identifizierenden Gottheit. Der Stein dürfte zu einer Jupitergigantensäule gehören, die innerhalb des Gutshofes aufgestellt war.

Wegen einer geplanten Erweiterung des Friedhofs nach Westen wurden 1978 großflächige Erdabtragungen vorgenommen. Dabei entdeckte man ein weiteres Gebäude von etwa 12 × 15 m Grundfläche. Es war – vor allem in seinem südlichen Teil – fast bis auf die Fundamente abgetragen, so daß über eine Inneneinteilung nichts mehr auszusagen ist. In einer Gebäudeecke war ein geringer Rest eines Fußbodenestrichs erhalten. Das Haus dürfte wirtschaftlichen Zwecken gedient haben (Abb. 75).

Da die Stadt Nagold plante, den Bereich des Hauptgebäudes – soweit noch möglich – von Gräbern freizuhalten und die Mauerreste zu konservieren, wurde eine Grabung eingeleitet, um die genaue Lage und Ausdehnung des Objektes festzustellen. Dabei zeigte sich, daß auch hier die Mauern fast überall höchstens noch in drei Steinlagen über dem Fundament erhalten waren. Dennoch war als ältere Bauphase ein reines Risalitgebäude zu erkennen. Zwischen einem offenbar größeren Risalit im Westen und einem kleineren im Osten lag ein großer rechteckiger Raum, unter dem sich ein Keller mit zwei Lichtschächten und mehreren Nischen befand. Zu einem unbekannten Zeitpunkt wurde im Westen anscheinend in einem Zuge ein ganzer Trakt von vier Räumen angebaut, von denen die beiden nördlichen an der Außenseite apsidenartige Nischen erhiel-

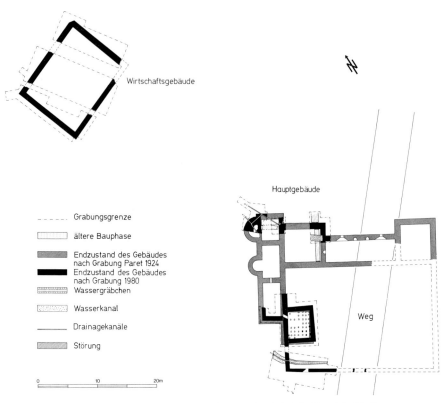

Abb. 75   Lageplan des römischen Gutshofes bei der Remigiuskirche

ten, was Paret zu der irrtümlichen Ansicht brachte, hier sei ein Bad integriert gewesen. Dabei hielt er offenbar die Fundamentdrainagen für Abwasserkanäle.

An den südlichsten Raum des Gebäudes, der als einziger eine Hypokaustheizung besaß, schloß nach Südwesten eine schmale Mauer an, die bereits nach wenigen Metern in südöstliche Richtung umknickte. Sie war deutlich schmaler als die übrigen Hausmauern, so daß man annehmen darf, sie habe keine tragende Funktion gehabt. Vermutlich hat sie, wie es von vollständig ergrabenen Objekten dieser Art bekannt ist, einen kleinen Innenhof umschlossen. Ein flacher Wassergraben, der diesen im untersuchten Teil

160

durchzog und sich außerhalb der Mauer in Form eines Abwasser-kanals fortsetzte, läßt vermuten, daß hier eine kleine Brunnenanla-ge oder ein Wasserspiel angelegt waren.

Gibt schon diese Art der Gestaltung Hinweise auf ein repräsentati-ves Anwesen, wird dies noch deutlicher, wenn die in der Remigius-kirche eingemauerten Spolien aus dem Hauptgebäude stammen, was durchaus naheliegt. In die Träger des Chorbogens sind zwei Doppelsäulenpfeiler eingelassen, die mit Sicherheit römisch sind und gut zu der Repräsentationsfront eines Herrenhauses paßten. Der Gesamtumfang des Gutshofs ist unbekannt. Bei den Grabun-gen 1978 wurde durch Schnitte versucht, die Umfassungsmauer zu finden, was jedoch mißlang. Sie ist bisher an keiner Stelle nachzu-weisen.

Da die Ausbeute an Kleinfunden bei den neueren Ausgrabungen denkbar gering war, läßt sich über eine genauere Datierung nichts aussagen. Sie dürfte in den allgemeinen historischen Rahmen ein-zufügen sein.

Literatur:
Paret, Römer ([3]1932), S. 346; Denkmalpflege in Baden-Württemberg 10, 1981, S. 107 ff.

Rolf-Heiner Behrends

Die Remigiuskirche

Ca. 1000 m südöstlich des Stadtkerns von Nagold liegt am leicht nach Süden ansteigenden Hang im Areal eines römischen Gutsho-fes (s. S. 159 f.) die Remigiuskirche, die bis um 1400 auch Pfarrkir-che der Stadt war. Ihre Lage bei den römischen Resten und der vermutete Zusammenhang mit dem für das späte 8. Jahrhundert in Nagold bezeugten Königshof sicherten ihr seit langem die Auf-merksamkeit der landesgeschichtlichen Forschung. Nach einzel-nen Beobachtungen im 19. Jahrhundert fanden Ausgrabungen 1920 und 1961 bis 1964 statt, über die die unten angeführte Literatur berichtet. Ein ausführlicher Grabungsbericht wird z. Z. vorberei-

Abb. 76 Nagold, St. Remigius. Blick nach Osten während der Grabung. Am Chorbogen sind die wiederverwendeten römischen Spolien zu erkennen.

tet; die folgende Zusammenfassung beruht im wesentlichen auf den Ergebnissen von L. Merkelbach und W. Wrede.

1. Zur Zeit der Einrichtung eines ältesten Gottesdienstraumes scheinen römische Gebäudereste noch so weit aufrecht gestanden zu haben, daß sie für die neue Nutzung wieder verwendet werden konnten. So spricht einiges dafür, daß der vorhandene Rechteckraum von ca. 11,6 × 13,8 m (Abb. 76) zunächst ohne Anbauten wieder unter Dach gebracht und das Außengelände als Friedhof genutzt wurde. Hierfür spricht auch die starke Abweichung von der Ostrichtung, die alle Folgebauten beibehalten.

Zeitstellung: Das Fehlen beigabenführender Gräber gibt einen ter-

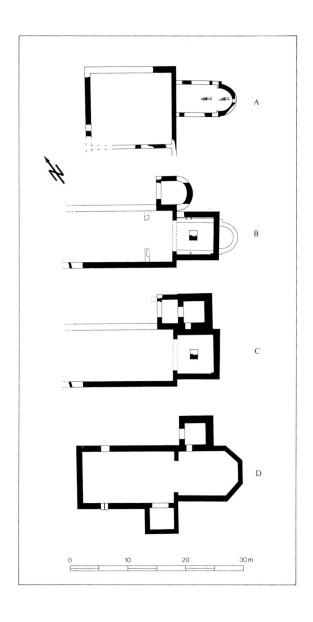

Abb. 77 Nagold, St. Remigius. Abfolge der wichtigsten Bauphasen (nach L. Merkelbach und W. Wrede)

minus post. Ein Zusammenhang mit dem Königshof kann vorläufig nicht belegt werden, weshalb allgemein etwa ab der Mitte des 8. Jahrhunderts mit der Wiederbenutzung des Baues gerechnet werden kann.

2. Die weitere Entwicklung ist nur teilweise geklärt. Es hat den Anschein, als habe man an den vorhandenen, ungegliederten Saal einen Rechteckchor mit eingezogener annähernd halbkreisförmiger Apside angebaut (Abb. 77 A), wobei ältere Außenbestattungen überlagert wurden.

3. Weiterhin besteht die Möglichkeit, daß zusammenfallend mit oder nach Phase 2 eine dreischiffige Kirche geringer Länge mit drei Apsiden angelegt oder tatsächlich ausgeführt war. Zeitstellung für Phase 2 und 3: 8. bis 10. Jahrhundert?

4. Vermutlich gegen Ende des 10. oder zu Beginn des 11. Jahrhunderts wurde die gesamte Anlage grundlegend verändert. Ein etwa

Abb. 78   Nagold, St. Remigius. »Schallgefäß« aus dem Fußboden des Chores der
Phase 4 (Datierung: um 1000)

164

8,3 m breiter und mehr als 18 m langer Saal wurde mit einem neuen Rechteckchor von ca. 6,1 × 6,3 m lichten Maßen verbunden. Bei diesem Umbau oder wenig danach wurde an der Nordseite am Übergang von Chor und Langhaus ein »Beinhaus« mit halbrundem Südost-Abschluß angefügt (Abb. 77 B). Zur Ausstattung dieser Kirche gehörte der heute noch bestehende Triumpfbogen auf zwei wiederverwendeten römischen Pfeilern mit angearbeiteten Säulen und vier »Schalltöpfe« (Abb. 78), von denen drei wohlerhalten im Chorboden unmittelbar an den Außenwänden gefunden wurden. Die Töpfe sind wohl in die Zeit um 1000 zu datieren.

5. Die nächste Veränderung erfolgte wiederum an der Nordseite. Das »Beinhaus« wurde seiner Apsis beraubt, und in die freigewordene Ecke im Chor der heute stehende Kirchturm gestellt (Abb. 77 C). Zeitstellung: 1. Hälfte 12. Jahrhundert.

6. Letzte Veränderungen, die der Kirche ihre bis heute gültige Gestalt gaben (s. S. 166 f. und Abb. 77 C) setzten in der Spätgotik ein. Der Chor wurde teilweise abgetragen, etwas vergrößert und mit einem Dreiseitschluß versehen, der Turm um ein Geschoß aufgestockt. Im Langhaus wurden Nord- und Westwand erneuert, wobei die lichte Länge auf ca. 15,6 m reduziert und der Eingang von der Giebelseite in die Nordwand verlegt wurde. Als jüngster Baukörper folgte zu Beginn des 16. Jahrhunderts eine Seitenkapelle an der Südseite des Langhauses.

Literatur:
OAB Nagold (1862), S. 104. – Kdm Inv., Schwarzwaldkreis (1897), S. 157 f. – F. Schuster, Baugeschichtliches von Nagold (Die Remigiuskirche), in: G. Dieterle, Die Stadt Nagold (1931), S. 331–338. – L. Merkelbach/W. Wrede, Die Ausgrabung in der Remigiuskirche, in: Die Remigiuskirche in Nagold. Bericht zu ihrer Erneuerung 1960–1965 (1965), S. 23–34. – F. Oswald, L. Schaefer, H.-R. Sennhauser, Vorromanische Kirchenbauten (1966), S. 229 f.

Dietrich Lutz

Die heutige Friedhofskirche war die alte, erstmals 1275 urkundlich erwähnte Pfarrkirche, die 1450 als Kirche des hl. Remigius (von Reims) urkundet. Das 15,60 m lange, 8,30 m breite, einfache, flachgedeckte Schiff entspricht in den Dimensionen der vorausgehenden romanischen, möglicherweise ottonischen Kirche, die jedoch mit ca. 18 m länger war. Von ihrem Rechteckchor ist der Chorbogen auf römischen Spolien-Pfeilern und die Südwand im heutigen Chor aufgehend erhalten. Im Schiff wurden die Westfassade und die Nordwand außer der Nordostecke etwa bis zur Fenstersohlbankhöhe in gotischer Zeit ersetzt.

Der heutige Turm wurde, nach den unteren Schallarkaden datiert, auch in romanischer Zeit im Winkel zwischen Langhaus und Chornordwand an den ottonischen Bau angefügt. Der starke Turmkörper wurde in gotischer Zeit, wohl in Zusammenhang mit der Erneuerung des Chores, aufgestockt.

Der dreiseitig geschlossene Chor ist unter Verwendung der Südwand des vorausgehenden Rechteckchores und unter Einbeziehung der Turmsüdwand in gotischer Zeit errichtet. Die genaue Bauzeit bedarf der Klärung. Nach Ausweis der Gewände seiner Fenster könnte dieser Raumteil noch im 13. Jahrhundert errichtet worden sein. Nach den Maßwerkformen seiner Fenster ist er in der ersten Hälfte des 15. Jahrhunderts erbaut. Die Einheitlichkeit der Fenster ist nicht erwiesen. Die dem Schiff angebaute und zu diesem mit einer Rundbogenarkade geöffnete Südkapelle ist zusammen mit den spätgotischen Fenstern im Schiff in das 16. Jahrhundert datiert und die späteste Bauveränderung von Bedeutung. *Renovierungen des Innenraums:* 1884, 1920/21, 1960/65. *Die Ausstattung:* An der Südwand des Schiffs Wandmalereien der Zeit um 1320/30 (1920 aufgedeckt, 1964 durch die Werkstatt Dr. H.-D. Ingenhoff, Tübingen restauriert). Darstellung der Jugend Christi mit den erhaltenen Szenen des von König Herodes angeordneten bethlehemitischen Kindermordes, der Flucht nach Ägypten, des Schulgangs Christi an der Hand seiner Mutter (seltene Darstellung), der Lehre der Zwölfjährigen im Tempel und der Taufe

Christi durch Johannes in der oberen Reihe; in der unteren Reihe: die Kreuzigung, Kreuzabnahme, Grablegung, Auferstehung und Christus in der Vorhölle. – An der nördlichen Chorbogenwand gleichzeitige Darstellung des Erzengels Michael als Seelenwäger, jedoch von anderer Hand. Rest einer Darstellung des Weltgerichts. – An der Eingangswand der südlichen Taufkapelle Wandmalerei der Zeit um 1500: In der Mitte die hl. Margarethe mit dem Drachen, links die hl. Apollonia mit der (Zahn-)Zange, rechts die hl. Ursula mit den Pfeilern zwischen stilisierten Bäumen – Kruzifix wohl des 17. Jahrhunderts. – Neue Glasfenster von Emil Kieß 1965. – Orgel mit 18 Registern von Max Bader, Hardheim, Disposition von W. Supper, 1966. –

Grabsteine des 14. bis 18. Jahrhunderts im Chor, in der Südkapelle und außen. Hervorzuheben: Kaplan Volmar Murer, gest. 1374, Martha Agnes von Hoheneck, gest. 1625, Johann Heinrich Sebastian Schertlin von Burtenbach, gest. 1640, Regina Euphrosyna von Freudenberg, gest. 1741.

Literatur:
G. Dehio, Handbuch der Deutschen Kunstdenkmäler, Baden-Württemberg, 1964. – E. Heye, Die mittelalterlichen Wandmalereien, in: Die Remigiuskirche in Nagold. Bericht zu ihrer Erneuerung 1960–1965, S. 37–43. – Dies., Die mittelalterlichen Wandmalereien in der Remigiuskirche von Nagold (Kr. Calw), in: Nachrichtenblatt der Denkmalpflege in Baden-Württemberg, Jg. 8. Heft 3, 1965, S. 78–83. – E. Bock, Schwäbische Romanik, Stuttgart 1979, S. 174.

Peter Anstett

Die Geschichte der Stadt

An der Nahtstelle von Schwarzwald und Oberem Gäu, am Zusammenfluß von Nagold und Waldach, liegt Nagold. Vor mehr als 750 Jahren beschlossen die Pfalzgrafen von Tübingen, an diesem Verkehrsknotenpunkt eine Stadt anzulegen. Doch lassen wir uns noch ein kleines Stück in die davorliegende Geschichte zurückführen. Wie die vorherigen Beiträge zeigen, konnten Spuren des Menschen im Nagolder Raum schon sehr früh nachgewiesen werden. Vermutlich befand sich an der Stelle der Remigiuskirche auch der als fränkisch bezeichnete Königshof (›villa nagaltuna‹), in dem Graf Gerold (der Jüngere) – Bruder der Kaiserin Hildegard und damit Schwager von Karl dem Großen – am 3. Mai 786 n. Chr. eine Schenkung an das Kloster St. Gallen vollzog.

Die frühe Mittelpunktsfunktion wird dadurch unterstrichen, daß wie bei anderen alten Herrschaftsmittelpunkten auch um Nagold herum kranzartig eine Anzahl Orte liegt, deren Namen mit den Bestimmungswörtern -dorf oder -hausen gebildet wurden: Pfron-, Rohr-, Wald-, Schwan-, Lon-, Hoch-, Bondorf und Isels-, Bronn-, Poppen-, Egen-, Wöll-, Eb- und Neuhausen. Mit der Sprache unserer Zeit gesprochen bedeutet dies, daß Nagold als zentraler Ort des Nagoldgaues bereits im 8. Jahrhundert die Aufgaben eines Mittelzentrums wahrnahm. Deutlich muß jedoch hervorgehoben werden, daß der Königshof wie auch das Dorf Nagold nicht im Bereich der mittelalterlichen Stadt lagen. Für deren Neuanlage dürfte der Ausbau der vorgeschichtlichen und frühmittelalterlichen Fliehburg »Hohennagold« als hochmittelalterlicher Herrschaftssitz der Nagoldgaugrafen von Bedeutung gewesen sein. Die Nagoldfurt und die wirtschaftlichen Möglichkeiten für Gerber, Müller, Fischer und die auch für Nagold in späterer Zeit bedeutsame Tuchweberei und Holzflößerei waren wesentliche Kriterien. Pfalzgraf Rudolf I. von Tübingen gründete die Stadt zu Beginn des 13. Jahrhunderts zur Sicherung seines im nördlichen Schwarzwald gelegenen Herrschaftsbereiches. Der Stadtwerdungsprozeß Nagolds wurde von den Grafen von Hohenberg – über eine Heirat waren sie um 1230 in den Besitz des Nagolder Herrschaftsbereiches gelangt – weitergeführt und Ende des 13. Jahrhunderts zum Abschluß gebracht. Umgeben war die mittelalterliche Stadt von einer 5 m hohen Ringmauer mit Wehrgang, Wassergraben und Zwingmauer sowie den zwei Tortürmen; sie bedeckte damals eine Fläche von 5,5 bis 6 ha (Abb. 79). Bereits im Jahr 1363 waren die Hohenberger gezwungen, Burg und Stadt Nagold an die Grafen Eberhard und Ulrich von Württemberg zu veräußern. Die Funktionen einer Amts- und seit 1806 Oberamtsstadt hat die Stadt bis zur Aufhebung des Oberamtsbezirkes Nagold im Jahre 1938 erfüllt. Die

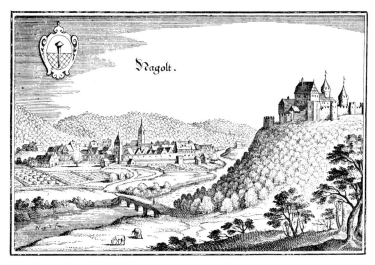

Abb. 79   Stich von Nagold

Erhebung zur »Großen Kreisstadt« zum 1. Januar 1981 und die im Landesentwicklungsplan ausgewiesene Funktion als »Mittelzentrum« bestätigen ihre althergebrachte Zentralität.

Das Schicksal Nagolds als Stadt ist eine wechselvolle Geschichte mit Krieg und Frieden, Höhen und Tiefen, Frondiensten und absolutistischer Menschenschinderei. So erzählt das Geschichtsbuch davon, wie durch Jahrhunderte hindurch neben der Armut vielerlei kriegerische Ereignisse, Pestilenz und teure Zeiten den Menschen das Leben schwermachten. Wohlhabenheit war etwas Seltenes in Nagold. Keiner der Stürme, die über das Land und das Heilige Römische Reich Deutscher Nation hinwegbrausten, vergaß die Stadt. Im 15. Jahrhundert hatte man den Festungscharakter betont, im 16. Jahrhundert kamen die Bauernunruhen, der Landesfürst wurde verjagt, und Österreich bemühte sich, das Gebiet dem Habsburgerreich einzugliedern. Als Herzog Ulrich 1534 sein Land zurückbekam, beeilte er sich, die neue protestantische Lehre einzuführen. Während seiner Amtszeit tagte am 21. Januar 1540 der regionale Landtag (Nagolder Landtag) in der Großen Stube des Rathauses, um von den Abgeordneten von 14 Städten die Zustim-

169

mung zu Steuererhöhungen zu erreichen. Das 17. Jahrhundert war mit dem Dreißigjährigen Krieg – an dessen Ende auch die Burg Hohennagold zerstört wurde – und den nachfolgenden französischen Reunionskriegen auch für Nagold eine große Leidenszeit. Am 15. September 1795, der Geist der Französischen Revolution hatte auch den Nagolder Stadtmagistrat erfaßt, trat aufgrund einer Initiative des Stadtschreibers Ludwig Hofacker in Nagold ein Vorparlament des württembergischen Oberlandes zusammen, um ein einheitliches Vorgehen für den dann 1797 stattfindenden Reformlandtag zu erreichen. Die »Nagolder Partei« erreichte bei diesem Landtag eine Reform der Landstände und damit die Brechung der völlig entarteten Herrschaft der Landschaftskonsulenten.

Vor dem oberen Tor war inzwischen die »Vorstadt« entstanden, nachdem sich die Stadt seit dem Ende des 16. Jahrhunderts auch außerhalb der Stadtmauern auszudehnen begonnen hatte. Seit dem 17. Jahrhundert gruppierten sich nun Häusergruppen um die außerhalb der Altstadt gelegenen Kapellen, so um die Leonhardskapelle, um die Nikolauskapelle auf der »Insel« und auf dem Platz der heutigen ev. Stadtkirche (Abb. 80). Große Teile der historischen Altstadt fielen leider später bei den großen Feuersbrünsten des 19. Jahrhunderts (1825, 1850, 1878, 1887 und 1893) den Flammen zum Opfer.

Die entscheidenden Ereignisse, die den Lauf der Geschichte Nagolds bestimmt haben, ragen durch ihre Auswirkungen weit in die Gegenwart unserer Zeit herein: Die Erhebung zur Stadt und damit die Erlangung des Marktrechtes; die Herausbildung eines strebsamen, Handel und Gewerbe treibenden Bürgertums; die Erlangung der Würde und Funktion einer Amtsstadt, als die sie durch Jahrhunderte Mittelpunkt von Verwaltung und Kultur des oberen Nagoldtales ist; die frühe Mechanisierung des Handwerks im Zeitalter der industriellen Revolution und die darauffolgende, durch Pietismus beeinflußte, wirtschaftliche Entwicklung im 19. Jahrhundert; schließlich der außergewöhnliche Aufschwung nach dem Zweiten Weltkrieg – der 1960 auf dem Eisberg errichteten Garnison kommt dabei eine besondere Bedeutung zu – und die Eingliederung der ehemals selbständigen Gemeinden Emmingen, Gün-

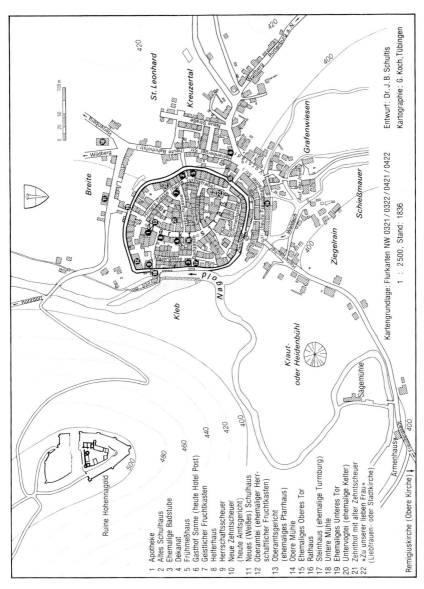

1 Apotheke
2 Altes Schulhaus
3 Ehemalige Badstube
4 Dekanat
5 Frühmeßhaus
6 Gasthof Sonne (heute Hotel Post)
7 Geistlicher Fruchtkasten
8 Helferhaus
9 Herrschaftsscheuer
10 Neue Zehntscheuer
    (heute Amtsgericht)
11 Neues (Weißes) Schulhaus
12 Oberamtei (ehemaliger Herr-
    schaftlicher Fruchtkasten)
13 Oberamtsgericht
    (ehemaliges Pfarrhaus)
14 Obere Mühle
15 Ehemaliges Oberes Tor
16 Rathaus
17 Steinhaus (ehemalige Turmburg)
18 Untere Mühle
19 Ehemaliges Unteres Tor
20 Untervogtei (ehemalige Kelter)
21 Zehnthof mit alter Zehntscheuer
22 »Zu unserer lieben Frau«
    (Liebfrauen- oder Stadtkirche)

Remigiuskirche (Obere Kirche)

Kartengrundlage: Flurkarten NW 0321 / 0322 / 0421 / 0422

1 : 2500, Stand: 1836

Entwurf: Dr. J. B. Schultis

Kartographie: G. Koch, Tübingen

Abb. 80   Plan der Oberamtsstadt Nagold 1836

171

Abb. 81   Das heutige Nagold aus der Luft

dringen, Hochdorf, Iselshausen, Mindersbach, Pfrondorf, Schie-
tingen und Vollmaringen.
Nagold hat in seiner räumlichen Ausdehnung den mittelalterlichen
Kern längst gesprengt, seine Einwohnerzahl seit Kriegsende mehr
als verdoppelt und dabei eine Vielzahl neuer Bevölkerungsgruppen
verschiedener Herkunft, sozialer Gliederung und geistiger Wesens-
art integriert. Der wirtschaftliche Aufschwung in den letzten Jahrzehnten ist u. a. auf die dynamische Entwicklung unserer Industrie
zurückzuführen. Produktive und international bekannte Schwerpunkte sind aber nicht nur der Fahrzeugsonderbau, die Entwicklung und der Vertrieb von Möbelbeschlägen, der Möbelbau und
die Fertigung von Konfektion, sondern auch ein Angebot von
zahlreichen vorzüglichen Schulen aller Art. Die Lehranstalt des
Deutschen Textileinzelhandels (LDT) steht dafür an erster Stelle
(Abb. 81).

172

Abb. 82   Nagold. Die Marktstraße 1981

Wohnungsbau, Industrieansiedlung und Deckung eines Nachholbedarfs im Infrastrukturbereich waren bislang die Schwerpunkte kommunaler Investitionen. Eine gezielte Stadtumbaupolitik (Abb. 82) gegenüber der großzügigen, flächen- und kostenintensiven Stadterweiterung steht heute an erster Stelle der Stadtentwicklungsplanung. Aufgabe der Erneuerung unserer Kernstadt wie auch der Ortskerne in den Stadtteilen ist es, die Lebens- und Wirtschaftskraft zu erhalten und zu stärken, damit die Stadt nicht einen musealen Charakter erhält, sondern weiterhin ein lebens- und leistungsfähiges Mittelzentrum bleibt.

Joachim Bernhard Schultis

Ehemaliges Schloß in Vollmaringen (Stadt Nagold)

Das am Südrand des Ortes gelegene Schloß weist in seinem heutigen Erscheinungsbild im wesentlichen Bauten des 17. Jahrhunderts auf. Die ursprünglich dreiflügelige Anlage (Nordteil im 19. Jh. abgebrochen) geht auf eine Wasserburg zurück, von der sich im Nordwestteil noch Reste erhalten haben. Der heute verfüllte Wassergraben stand ursprünglich wohl in Verbindung mit der Ortsbefestigung.

Zur Geschichte der Burg gibt es kaum Nachrichten. Zu Beginn des 14. Jahrhunderts erscheint sie im Besitz der Herren von Dettingen bei Horb, die sie bis gegen Ende des Jahrhunderts behielten. Danach gab es bis zum Ende des 18. Jahrhunderts zahlreiche Besitzerwechsel. Der jetzige Besitzer hat damit begonnen, die Anlage wieder instand zu setzen.

Literatur:
Horb (1865), S. 252. – Kdm Schwarzwaldkreis (1897), S. 153. – D. Lutz, Burgen im Kreis Calw, in: Der Kreis Calw (1979), S. 155.

Dietrich Lutz

Grabhügelgruppe bei Nehren

Zufahrt: Von Nehren auf der L 384 in Richtung Gomaringen. An der Kreuzung am Ortsende von Nehren nach rechts auf den parallel zur L 384 verlaufenden Feldweg einbiegen, der am Aussiedlerhof Pfaffenhof vorbeiführt (für den weiteren Weg s. Lageplan Abb. 83).

Die Gruppe von etwa 30 noch sichtbaren Grabhügeln einer ursprünglich wohl größeren Nekropole liegt 1,5 km nordöstlich der Kirche von Nehren im Wiesen- und Ackergelände in den Fluren »Heunisch« (»Höhnisch«, »Hennisch«) und »Neue Wiesen« (Abb. 83). Die Durchmesser der Hügel betragen 10 m bis 20 m, die Höhen schwanken von 0,5 m bis um 2 m. Die im Ackerland liegenden Hügel sind durch die landwirtschaftliche Nutzung stark in Mitleidenschaft gezogen. Der Lageplan des Hügelfeldes läßt drei Gruppen erkennen. Auf einer weithin sichtbaren Geländekuppe liegen etwa 12 Hügel, eine zweite Gruppe liegt südlich davon in einem sanft abfallenden, bzw. ebenen Gelände, eine dritte Gruppe von etwa acht Hügeln ist östlich der Bahnlinie zu erkennen.

Insgesamt 13 Hügel, teils auf der Kuppe (»Heunischbuckel«), teils in der »Ebene«, wurden im Oktober 1895 von dem Landwirt Johannes Dorn aus dem Weiler Haid bei Großengstingen ausgegraben. Da er keinen Plan des Hügelfeldes angefertigt hat und auch nur ein kurzer Grabungsbericht vorliegt, ist es nicht möglich, die von ihm gehobenen Fundkomplexe und Gräber mit heute im Gelände noch sichtbaren Hügeln in Verbindung zu bringen. Fünf Hügel waren nach den Angaben Dorns fundleer, aus drei weiteren erwähnt er verstreut liegende Scherben, Knochenreste und Holzkohle, so daß mit früheren Grabungen, bzw. mit antiker Beraubung zu rechnen ist. Aus drei Hügeln stammen bronzezeitliche Funde. In Hügel 1 wurde eine Bronzelanze und ein Randleistenbeil (Typ Mägerkingen nach B. U. Abels) gefunden; ob es sich um einen Grabfund handelt, geht aus den Angaben bei Dorn nicht hervor. In Hügel 8 lag eine Ost-West orientierte Körperbestattung mit drei Spiralen aus Golddraht in der Brustgegend und einem offenen, tordierten Bronzering am linken Unterarm (s. S. 61). In Hügel 7, der nach Dorn »in der Mitte der Hügelgruppe in der Ebene« liegt,

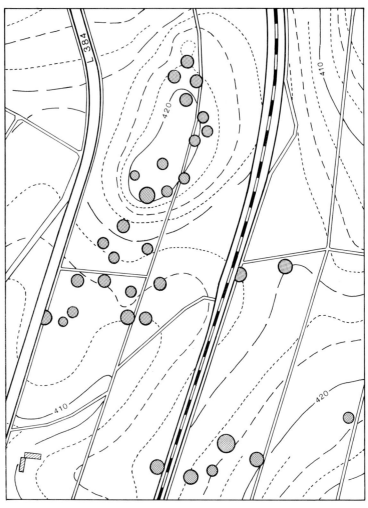

Abb. 83   Nehren. Grabhügelgruppe (nach einer Vermessung von J. Keller, 1931, mit Ergänzungen). M 1:5000

fand sich eine Ost-West ausgerichtete Körperbestattung. An der rechten Körperseite lag ein 57,7 cm langes zweinietiges Griffplattenschwert (Typ Nehren nach P. Schauer), beim Schwert in Höhe

176

der Schulter fand sich ein Randleistenbeil (Typ Nehren Variante A nach B. U. Abels), unter dem Schädel kam ein viernietiger Dolch mit trapezförmiger Griffplatte zutage. Am Unterkiefer lag eine Bronzenadel mit geripptem und goldplattiertem Halsfeld. An der rechten und linken Hand trug der Tote jeweils einen goldenen Fingerring (s. S. 61). Die reiche Grabausstattung weist auf die hohe soziale Stellung des Bestatteten hin. Die aus dem Hügelfeld bekannten bronzezeitlichen Funde sind in die mittlere Hügelgräberzeit (Stufe Bronzezeit C 1) zu datieren.

Als hallstattzeitliche Nachbestattung fand sich in Hügel 7 ein Nord-Süd orientiertes Steinplattengrab. An Beigaben sind zu nennen das Fragment eines Dolches mit Eisenklinge, eine Bronzescheide mit imitierter Drahtumwicklung und halbmondförmigem Ortband sowie das Bruchstück einer Bogenfibel aus Bronze. Bei dieser

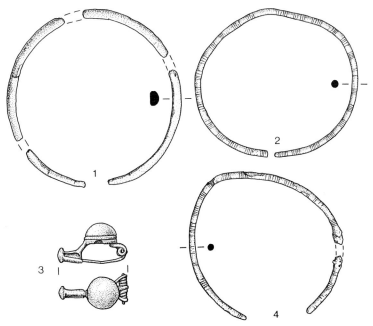

Abb. 84   Nehren. Späthallstattzeitlicher Grabfund von 1889. Württembergisches Landesmuseum Stuttgart. M 2:3

177

Körperbestattung der Stufe Hallstatt D 1 handelt es sich um das älteste hallstattzeitliche Grab der Nekropole. An weiteren hallstattzeitlichen Funden aus der Grabung von Dorn seien noch Bruchstücke von massiven und hohlen Bronzeringen, das Fragment einer Paukenfibel und eine Lanzenspitze aus Eisen erwähnt.

Im November des Jahres 1889 wurde von dem Kornwestheimer Pfarrer Ludwig Otto Pichler ein weiterer Hügel geöffnet. Er fand eine Körperbestattung mit zwei strichgruppenverzierten und einem unverzierten Bronzering, ferner eine Paukenfibel (Form P 3 nach G. Mansfeld). Das Grab ist in die Stufe Hallstatt D 2 zu datieren (Abb. 84). Jüngere Gräber der Stufe Hallstatt D 3 oder der Stufe Latène A sind unter den bislang bekannten Funden aus der Hügelgruppe nicht vertreten.

Die Nekropole der Bronze- und Hallstattzeit von Nehren gehört zu den größten Grabhügelgruppen im Regierungsbezirk Tübingen. Wo die zugehörigen Siedlungsplätze liegen, ist nicht bekannt.

Literatur:
Fundber. Schwaben 3, 1895, S. 3, 34 ff. – Fundber. Schwaben NF 7, 1930–32, S. 33. – A. Rieth, Württembergische Goldfunde der Hügelgräberbronzezeit. Germania 23, 1939, S. 147 ff. – PBF IV,2 (Schauer) 48 Nr. 129. – PBF IX,4 (Abels) 65 Nr. 440. – PBF XX,3 (Pirling, Wels-Weyrauch u. Zürn), S. 80 ff. – Ortsakten LDA Tübingen.

Hartmann Reim

Die hallstattzeitlichen Grabhügel in den Wäldern zwischen Remmingsheim und Wolfenhausen (Gemeinde Neustetten)

Zufahrt: Von Rottenburg nach W über Kalkweil nach Neustetten–Remmingsheim. Von dort etwa 600 m auf der Straße in Richtung Wolfenhausen, dann rechts in einen Feldweg einbiegen, der in nördlicher Richtung auf einen Grabhügel, das sog. »Soldatenbergle« zuführt. Weitere Einzelheiten s. Grabhügelplan.

Die Gemarkungen Remmingsheim und Wolfenhausen liegen im westlichen, heute noch als »Stäble« – nach dem »Stabsgericht« der Remmingsheimer Schultheißen und Vögte – bezeichneten Teil des Oberen Gäus. Beide Gemeinden besitzen Anteile an einem größe-

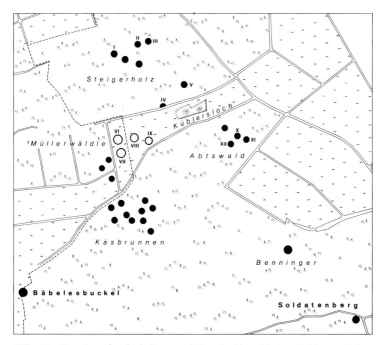

Abb. 85 Situationsplan der hallstattzeitlichen Grabhügel in den Wäldern zwischen
Neustetten-Remmingsheim und Neustetten-Wolfenhausen

ren Waldgebiet, das auf einem inselförmigen Rest von Mittlerem
Keuper inmitten der fruchtbaren Lößdecke der Gäufläche liegt. In
diesen Waldabteilungen, die heute durch ein Wiesental getrennt
sind, finden sich noch etwa 30 Grabhügel, überwiegend der Hallstattkultur (Abb. 85).
Die Hügel liegen z. T. isoliert, wie der »Bäbelesbuckel«, dessen
auffallende Erhebung (Höhe 2 m, Durchmesser 25 m nach H.
Stoll) als weithin sichtbarer Richtpunkt an der Markungsgrenze
zwischen Remmingsheim und Wolfenhausen diente, oder das
»Soldatenbergle«, von dessen Mächtigkeit (Höhe 3 m, Durchmesser 30 m nach OAB Rottenburg 1898) I. Jaumann so beeindruckt
war, daß er die Schlacht von Solicinium hierher verlegte und in
seiner Phantasie den jungen kaiserlichen Prinzen Gratian von der

179

Höhe des Hügels das Schlachtfeld überblicken ließ. Angeregt von Jaumanns Vorstellungen taucht die Sage von einer großen Schlacht in der Nähe des »Soldatenbergle« auch in späteren Erzählungen der Bevölkerung auf.

Etwa 250 m nordwestlich des »Soldatenbergle«, in der Waldabteilung »Benninger«, liegt einer der besterhaltenen Grabhügel des Oberen Gäus, der heute noch eine Höhe von 2 m und einen Durchmesser von 17 m aufweist.

Gegenüber diesen Hügeln, deren isolierte Lage vermutlich eine soziale Distanz zu dem »übrigen Volk« ausdrücken sollte, sind aus den Waldabteilungen »Steigerholz« (6 Hügel), »Müllerwäldle« (7 Hügel, teilweise eingeebnet), »Käsbrunnen« (10 Hügel) und »Abtswald (4 Hügel) größere Hügelgruppen bekannt, die sich in ihrer Anlage scheinbar auf eine große Doline, das sog. »Küblersloch« beziehen. So zumindest interpretiert H. Stoll die Lage der Grabgruppen, denen er jeweils ein Gehöft zuordnet, mit der Doline als hochgeschätzte Wassersammelstelle in der Mitte. Diese These Stolls ist bisher nicht zu beweisen, dagegen kennen wir eine Siedlung der jüngeren Hallstattzeit (Hallstatt D), 1 km nördlich der Doline auf Lößlehmboden gelegen, die in Beziehung zu den Nekropolen stehen könnte.

Einige dieser Hügel sind im letzten Jahrhundert angegraben oder bei Rodungen völlig eingeebnet worden. Über diese Grabungen liegen uns nur dürftige Nachrichten vor; so berichtet Jaumann von seinen Nachforschungen im »Soldatenbergle«, wo er jedoch lediglich auf »große Steine« stieß. Mehr Erfolg hatte dagegen der Forstmeister Tscherning, der 1881 im gleichen Grabhügel sein Glück versuchte und auf eine Körperbestattung traf.

Völlig eingeebnet wurden zwischen 1850 und 1898 vier mächtige Hügel im »Müllerwäldle«, von denen der größte, das sog. »Zigeunerbückele« (Abb. 85, Hügel VI) noch eine Höhe von 2,6 m und einen Durchmesser von 40 m aufgewiesen haben soll. Ein weiterer Hügel dieser Gruppe wurde 1898 teilweise abgetragen (Abb. 85, Hügel VIII). In diesem Hügel, der von einem Steinkranz umgeben war, wurden sechs Körperbestattungen aufgedeckt. Manche der Toten ruhten in Steinkammern mit Blick nach Süden. An Beigaben werden im Grabungsbericht zwei Fibeln, ein Halsring, Armringe, gerippte Bandohrringe und Bruchstücke von reichverzierten Tonnenarmbändern erwähnt. Diese Funde gelangten nach Stuttgart und liegen heute im Württembergischen Landesmuseum.

Literatur:
OAB Rottenburg (1898), S. 467, 471 f. – I. Jaumann, Colonia Sumlocenne (1840), S. 136, mit Nachtrag 1855, S. 10. – E. v. Paulus, Die Alterthümer in Württemberg (1877), S. 74. – Stoll, Gäu, (1933) 51 m. Abb. 28, S. 95 f.

Jutta Stadelmann

Rottenburg

Das römische Rottenburg

Die römische Siedlung lag am linken Neckarufer unter der heutigen Stadt Rottenburg und erstreckte sich vom Uferbereich bis auf die 30 m höhere Niederterrasse des Neckars, die von dem von Nordwesten das Stadtgebiet durchfließenden Weggentalbach durchschnitten wird.

An der römischen Fernstraße Rottweil–Köngen gelegen, erfolgte die Gründung von Sumelocenna, wie der antike Name der Stadt gelautet hatte, in der Regierungszeit Domitians, um 85 oder 90 n. Chr. Spätestens ab dem frühen 2. Jahrhundert Hauptort einer Staatsdomäne *(saltus)* und ab der Mitte des 2. Jahrhunderts Verwaltungssitz einer civitas zählte das römische Rottenburg zu den bedeutendsten Römerstädten Süddeutschlands. Es bestand bis um die Mitte des 3. Jahrhunderts n. Chr., als die Stadt bei den Alamanneneinfällen in Flammen aufging und völlig zerstört wurde.

Als herausragende Persönlichkeiten, die sich um die bis ins 16. Jahrhundert zurückreichende Erforschung der römischen Vergangenheit Rottenburgs verdient gemacht haben, seien hier stellvertretend für andere der Humanist Andreas Rüttel, der zwischen 1814 und 1862 wirkende Domdekan I. v. Jaumann sowie der Rottenburger Arzt F. Paradeis genannt, dessen zahlreiche, um die

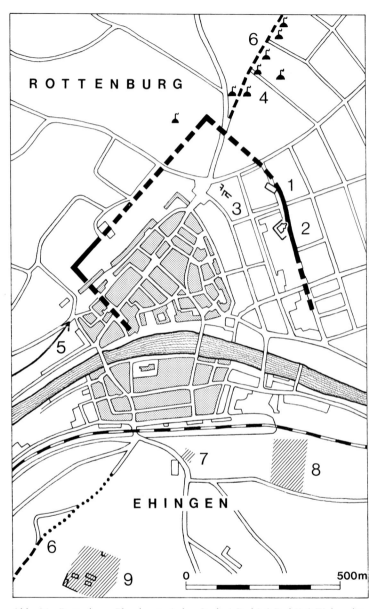

Abb. 86 Rottenburg. Plan der römischen Stadt. 1 Bad I, 2 Bad II, 3 Wohngebäude am Eugen-Bolz-Platz, 4 Töpfereibezirk in der Jahnstraße, 5 Wasserleitung, 6 Straße Rottweil–Köngen, 7 Gutshof bei der Klausenkirche, 8 Gutshof in Flur »Ob den Ziegelhüttegärten«, 9 Gutshof in Flur »Kreuzerfeld« (nach H. Reim)

Jahrhundertwende bis 1935 gewonnenen Beobachtungen in der Nachkriegszeit durch mehrere, vom Landesdenkmalamt durchgeführten Untersuchungen ergänzt werden.

Gemessen an der langen und regen Forschungstätigkeit wissen wir über die Anlage und den Baubestand der römischen Siedlung verhältnismäßig wenig. Dies ist zum einen darauf zurückzuführen, daß die mittelalterliche und frühneuzeitliche Bebauung zahllose archäologische Quellen zerstört hat. Andererseits liegen die römischen Schichten in den von dieser verschonten Bereichen unter einer bis zu 2,5 m mächtigen Schwemmlehmdecke des Neckars und des Weggentalbachs begraben, in einer Tiefe, in die man bei modernen Baumaßnahmen nur selten vorstößt.

Die Ausdehnung der antiken Kernstadt ist durch den Verlauf einer im späten 2. oder frühen 3. Jahrhundert n. Chr. errichteten Befestigung klar umrissen (Abb. 86). Im Westen von der Führung der heutigen Straße »Schütte« gekennzeichnet, zog sie auf Höhe der Vollzugsanstalt in nordöstlicher Richtung auf die Frauengasse und in deren Verlängerung hinauf auf die östlich des Weggentals gelegene Anhöhe. In unmittelbarer Nähe der Seebronner Straße bog sie rechtwinklig nach Südwesten ab, um dann, dem Verlauf der Mechthildstraße folgend, das Neckarufer zu erreichen. Die Wehranlage bestand aus einer 2 m breiten und auf eine Höhe von 6 bis 8 m zu rekonstruierenden, mit Zinnen besetzten Steinmauer, der ein 8 m breiter und 2 m tiefer Spitzgraben vorgelagert war (Abb. 87). Südlich der mit einem Turm bewehrten Nordostecke konnten im Schnittpunkt von Stadtmauer und Seebronner Straße Teile eines der in größerer Zahl zu vermutender Stadttore aufgedeckt werden.

Inwieweit die gesamte umschlossene Fläche, die mit rd. 50 ha die der mittelalterlichen Stadt bei weitem übertraf, bereits in der Frühzeit besiedelt gewesen war und wo der ursprüngliche Kern der Siedlung gelegen hatte, entzieht sich unserer Kenntnis. Spuren einer im 1. Jahrhundert erstellten Bebauung streuen zwar über das ganze Stadtgebiet, doch zeichnen sich hier z. Z. weder Hausgrundrisse noch eine klare Bebauungsstruktur ab.

Von den Steinbauten des 2. und 3. Jahrhunderts sind zunächst zwei

Abb. 87 Rottenburg. Vollzugsanstalt, Grabung 1937. Blick von Nordosten in den Wehrgraben der römischen Stadtbefestigung mit Zinnensteinen und profilierten Deckplatten der Wehrmauer in Versturzlage (Fundber. Schwaben NF 9, 1938, Taf. 22,2)

Bäder in der Mechthildstraße zu nennen. In den Mauern des nördlich gelegenen Badegebäudes I (Abb. 86, 1), das nur teilweise untersucht ist, fanden sich gestempelte Ziegel aus der Ziegelei der Legio VIII Augusta in Königshofen bei Straßburg, aufgrund derer das Gebäude wohl als zivile Anlage im 2. Jahrhundert n. Chr. errichtet worden war. (Zu Bad II s. S. 188 f.). Im Bereich der Vollzugsanstalt wurde bei Bauarbeiten ein großes rechteckiges Steinpflaster beobachtet; von hier stammen auch zahlreiche Weihesteine für Diana, Merkur und Minerva sowie u. a. Teile zweier Jupitergigantensäulen. Dies legt nahe, daß sich hier, auf einem der höchsten Punkte der Stadt, ein Tempelbezirk befunden hatte. Da-

184

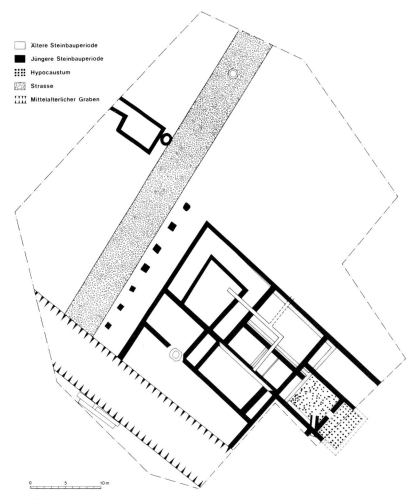

Legend:
- ☐ Ältere Steinbauperiode
- ■ Jüngere Steinbauperiode
- ⠿ Hypocaustum
- ▨ Strasse
- ⊥⊥⊥ Mittelalterlicher Graben

0   5   10 m

Abb. 88 Rottenburg. Eugen-Bolz-Platz, Grabung 1973/74 u. 1978. Gesamtplan. Römische Straße mit Steinkeller und Brunnen im Nordwesten sowie mit Steingebäude im Südosten (nach H. Reim)

neben ist mit weiteren, derzeit nicht zu lokalisierenden öffentlichen Bauten wie Verwaltungsgebäude und dem Forum zu rechnen.

Einblick in die Gestaltung privater Wohnhäuser gewähren die 1973/74 und 1978 vom Landesdenkmalamt Baden-Württemberg,

185

Außenstelle Tübingen, durchgeführten Grabungen am Eugen-Bolz-Platz (Abb. 88). Hier wurden in zusammenhängender Fläche große Teile eines stattlichen Gebäudes aufgedeckt, das an seiner Frontseite zur Straße hin mit Arkaden *(porticus)* abschloß. Von dieser aus betrat man zunächst ein großes Atrium. Die rückwärtig gelegenen, mehrfach umgebauten Räume waren z. T. mit Fußbodenheizung ausgestattet; ihre Wände schmückten farbige Fresken.

Außerhalb des umschlossenen Stadtbezirks erstreckte sich entlang der unter der Jahnstraße verlaufenden römischen Straße nach Köngen ein großes Töpfereiviertel (Jahnstr. 2–26), von dem mehrere Brennöfen, Brunnen sowie unterkellerte Gebäude nachgewiesen sind. Eine zweite Töpferei ist 350 m westlich in der Flur »Schelmen« bekannt.

Den weiteren Verlauf der römischen Straße Rottenburg–Köngen (bis etwa Ende der Jahnstraße) säumte ein großes Gräberfeld mit Brand- und Körperbestattungen. Gräber wurden in bescheidenerer Anzahl ebenso südöstlich der römischen Stadt in »Siebenlinden« sowie südwestlich derselben in der Neckarhalde 38 aufgedeckt.

Auf der rechten Neckarseite, im Stadtteil Ehingen, stieß man im Bereich des Morizplatzes ebenfalls auf Siedlungsspuren. Sie liegen in unmittelbarer Nähe der hier zu vermutenden römischen Straße nach Rottweil und dürften, möglicherweise als kleine Brückenkopfsiedlung, mit dem Neckarübergang dieser Straße in Verbindung zu bringen sein.

Ergänzt wird das Bild von Sumelocenna durch über zehn im Weichbild der Stadt gelegene Gutshöfe. Von diesen, meist nur aufgrund von Oberflächenfunden erschlossenen Hofanlagen ist die hoch über dem Neckartal in domitianischer Zeit errichtete Villa rustica im »Kreuzerfeld« als einzige zu großen Teilen archäologisch untersucht worden (Abb. 86, 9). Sie bestand bis um die Mitte des 3. Jahrhunderts n. Chr., als sie dann dasselbe Schicksal wie die Stadt ereilte.

Das Sülchgau-Museum, dessen Schwerpunkt die römische Sammlung bildete (Abb. 89), ist im Augenblick nicht zugänglich. Es soll um eine stadtgeschichtliche und volkskundliche Abteilung erweitert werden.

Abb. 89   Rottenburg. Neckarhalde. Relief mit Darstellung des Apollo Grannus.
Stubensandstein. Breite 0,68 m. Sülchgau-Museum Rottenburg. Foto Gebr. Metz,
         Tübingen

Literatur:
Haug, Sixt (²1914), S. 199 ff. – Paret, Das römische Rottenburg, in: KRB Tübingen
(1967), S. 180 ff. – D. Planck, Der römische Gutshof im Kreuzerfeld bei Rottenburg
a. N. Sülchgauer Altertumsverein, Jahresgabe 1968, S. 8 ff. – Ders., Rottenburg
a. N. Römische Stadt Sumelocenna, in: Filtzinger, Die Römer in Bad.-Württ. (1975),
S. 475 ff. – H. Reim, Neues zum römischen Rottenburg. Sülchgauer Altertumsverein, Jahresgabe 1976, S. 45 ff. – Ders., Grabungen im römischen Sumelocenna
(Rottenburg Kreis Tübingen). Sülchgauer Altertumsverein, Jahresgabe 1979,
S. 56 ff.

Jörg Heiligmann

187

Das römische Bad in der Mechthildstraße (Bad II)

Zufahrt: Das Bad liegt unter dem Neubau des Eugen-Bolz-Gymnasiums. Zugang von der Mechthildstraße. Der Schlüssel ist im Sekretariat der Schule erhältlich. Die Besichtigung ist kostenlos.

Das Bad war am Ostrand des römischen Stadtgebiets, 300 m südlich von einer zweiten Badeanlage (Bad I; s. S. 184) vermutlich im 2. Jahrhundert n. Chr. errichtet worden und bis zum Ende der Siedlung um die Mitte des 3. Jahrhunderts in Benutzung. Das 1929 bei Kanalisationsarbeiten entdeckte Badegebäude wurde 1962 vom damaligen Staatlichen Amt für Denkmalpflege, Tübingen, großflächig freigelegt. Dank der Unterstützung von seiten der Stadt Rottenburg konnten die z. T. noch vorzüglich erhaltenen römischen Baureste konserviert und der Öffentlichkeit zugänglich gemacht werden (Abb. 90).

Die in mehreren Perioden errichtete Badeanlage besaß in ihrem letzten Bauzustand eine Ausdehnung von rd. 18 × 11 m und umfaßte vier Räume unterschiedlicher Größe. Der bei der Grabung nicht mehr nachzuweisende Eingang befand sich wohl an der Nordseite von Raum A, der, mit einem Mörtelstrichboden ausgelegt, als Auskleideraum und Garderobe diente *(apodyterium).* Von hier führte eine Tür direkt in das mit Fußboden- und Wandheizung ausgestattete Laubad B *(tepidarium).* Mit diesen beiden Räumen unmittelbar verbunden folgte das Kaltbad C *(frigidarium).* Den Südteil dieses Raumes nimmt ein 1,50 × 2,40 m großes und 1 m tiefes Wasserbecken (D) ein, das man bei Bedarf durch einen unter dem Fußboden nach Norden führenden Kanal ablassen konnte. An das Frigidarium schloß sich ein ebenfalls beheiztes Heißwasserbad E *(caldarium)* an. In seinen drei halbrunden Apsiden waren Wasserbecken aufgestellt oder eingetieft, seine Wände zierten einst farbige Fresken mit Fischdarstellungen. Schüröffnungen in der Nord- und Ostwand von Caldarium bzw. Tepidarium bezeichnen die Lage der Heizräume, die möglicherweise in einer Holzkonstruktion an die Außenwände des Bades angebaut waren.

Frigidarium und Caldarium sind in der vorliegenden Form, nach Ausweis einer bis ins Fundament durchgehenden Baufuge erst in

Abb. 90 Rottenburg. Mechthildstraße. Blick von Nordwesten auf das römische Badegebäude (nach S. Schiek). A Auskleideraum (apodyterium), B Laubad (tepidarium), C Kaltbad (frigidarium), D Wasserbecken (piscina), E Warmbad (caldarium)

späterer Zeit an den von Apodyterium und Tepidarium gebildeten Trakt angebaut worden. Über das Aussehen des älteren Bades, von dem weitere Baureste unter dem Frigidarium angetroffen wurden, sind wir nur unzureichend informiert. Das Gebäude, das in einem mit langen Umfassungsmauern eingefriedeten Gelände lag, war entweder ein öffentliches Zivilbad, oder, was aufgrund seiner relativ bescheidenen Ausmaße eher in Frage kommt, das Privatbad eines reichen Einwohners von Sumelocenna.

Literatur:
G. Jacobi, Das römische Bad. Sülchgauer Altertumsverein, Jahresgabe 1963, S. 22ff. – S. Schiek, Rottenburg, Kreis Tübingen. Römisches Bad, in: Lebendige Archäologie. Führer zu vor- und frühgeschichtlichen Denkmälern in Baden-Württemberg Bd. 4 (1977), S. 108f.

Jörg Heiligmann

Die römische Wasserleitung vom Rommelstal bis Rottenburg

Zufahrt: Auf der Straße von Rottenburg über Bad Niedernau nach Obernau. Innerhalb des Orts nach rechts Richtung Remmingsheim abbiegen. Vor dem Gasthof »Schwanen« wieder nach links abbiegen. Diese Straße bis zur Wendeplatte an ihrem Ende durchfahren. Von hier ist die von N aus dem Wald austretende Wasserleitung als leichter Damm oberhalb einer Terrassenkante im Wiesengelände sichtbar.

Die römische Wasserleitung, die die Bewohner von Sumelocenna (Rottenburg) im 2. und der ersten Hälfte des 3. Jahrhunderts n. Chr. täglich mit frischem Quellwasser versorgt hatte, wurde bereits 1899 von Domdekan I. v. Jaumann beschrieben. Auf Veranlassung des Landesamts für Denkmalpflege führten 1911/12 Eisenbahninspektor G. Mönch und Major z. D. Steiner eine gründliche Untersuchung durch, wobei die Leitung an mehreren Stellen freigelegt und ihr Verlauf exakt im Gelände eingemessen wurde. Die römische Quellfassung befand sich im Rommelstal, 1,2 km nordöstlich von Obernau in einer Meereshöhe von 385 m. Die Wasserleitung zog von hier am östlichen Talhang abwärts und gelangte oberhalb des Ortskerns von Obernau ins Neckartal. Auf dessen nördlicher Talseite führte sie am Hang, sämtlichen Talschlingen folgend, bis nach Rottenburg (Abb. 91 a). Sie ist hier zum letztenmal 700 m südwestlich der Vollzugsanstalt nachgewiesen worden, in deren Bereich, vermutlich auf einer Höhe von 372 m NN, ein Sammelbehälter angelegt worden war. Die Wasserleitung weist somit eine Länge von rd. 7,1 km auf; ihr Gefälle wird auf 0,33 Prozent berechnet (es beträgt heute infolge von Hangerosionen noch 0,22%). Ihr Aufbau bestand aus einem zwischen zwei stabilen Muschelkalksteinmauern verlaufenden Kanal. Dieser ruhte, zusammen mit den Mauern, auf einem starken Fundament und besaß bei einem rechteckigen Querschnitt eine Breite von 0,32 m und eine Tiefe von 0,35 m. Er war mit Ziegelbeton ausgekleidet, den man in halbrunden Wülsten über die inneren Mauerkanten gezogen hatte (Abb. 91 b). Diese wohl ursprünglich über die gesamte Länge offene Rinne wurde in späterer Zeit an einigen Stellen, wo Erdrutsche verstärkt zu Störungen geführt hatten, überwölbt (Abb. 91 c).

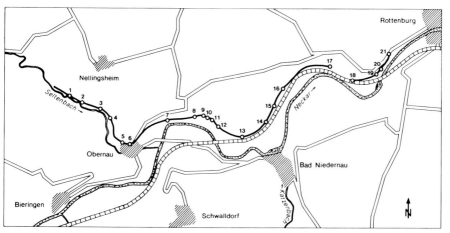

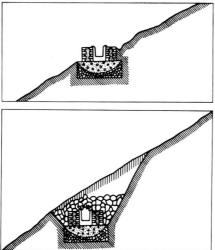

Abb. 91 Die römische Wasserleitung von Rottenburg. a Gesamtverlauf,
b–c Querschnitte durch die Wasserleitung (nach D. Planck)

Als längste gemauerte Wasserleitung in Südwestdeutschland, die
eine Wasserförderung von 74 l/sec. erlaubte, darf sie als eindrucks-
volles Zeugnis hoher römischer Technik gelten.

191

Literatur:
G. Mönch, Römische Wasserleitung Rommelstal–Rottenburg a. N. Blätter d. Schwäb. Albvereins 25, 1913, S. 401 ff. – O. Paret, Neues zur römischen Wasserleitung von Rottenburg, in: Württembergische Studien. Festschrift zum 70. Geburtstag von Professor Eugen Nägele (Hrsg. P. Goessler; 1926), S. 206 ff. – D. Planck, Die römische Wasserleitung vom Rommelstal bis Rottenburg, in: Filtzinger, Die Römer in Bad.-Württ. (1975), S. 480.

Jörg Heiligmann

Rottenburg im Mittelalter

Die mittelalterliche Stadt Rottenburg, wie sie – trotz der verheerenden Stadtbrände von 1644 und 1735 links des Neckars sowie 1786 rechts – im Stadtgrundriß von 1824 (Abb. 92) erkennbar ist, setzte sich aus mehreren Teilen verschiedener Genese zusammen. Links des Neckars, im eigentlichen Rottenburg, hebt sich das Gassengewirr hinter dem Kiebinger Tor von dem erkennbar planmäßig geformten, ovalen Stadtteil mit dem Markt als Mittelpunkt ab, der seine Verlängerung nach Westen in der Spitalvorstadt findet. Rechts des Neckars deutet schon der noch heute gebräuchliche Name Ehingen auf abweichende vorstädtische Verhältnisse hin. Das linksufrige mittelalterliche Rottenburg nahm gegenüber dem römischen Sumelocenna eine wesentlich kleinere Fläche ein (Abb. 92). Die Schütte, die Abwasserrinne des hohenbergischen Stadtschlosses, die stets die Grenze der Pfarreien Sülchen–Rottenburg und Ehingen bildete und den Beginn der Spitalvorstadt markiert, deckt sich nahezu mit dem Verlauf der römischen Vicusmauer. Im übrigen scheint der parallele Verlauf der Stadtbefestigungen beider Siedlungsepochen auf eine ganz ähnliche Interpretation der Geländeverhältnisse hinzudeuten. Nach dem Ende der römischen Herrschaft und dem Untergang von Sumelocenna blieb das Trümmergelände wohl verlassen. Auf eine spätere, sporadische Besiedlung scheinen die merowingerzeitlichen Gräber hinzuweisen, die beim Römerbad in der Mechthildstraße sowie nördlich der Königstraße 1976 zum Vorschein kamen. Der rechts des Neckars gelegene Stadtteil Ehingen dürfte nach seinem Ortsnamen auf -ingen und nach dem nahebei, unterhalb des »Gelben Kreidebusen«, gelegenen Reihengräberfeld als frühe alamannische Ansiedlung entstanden sein, deren Kern vermutlich am hochwasserfreien Hang bei der alten Pfarrkirche St. Remigius, der heutigen Klausenkapelle, zu suchen ist. In deren Nähe wird auch der ältere Sitz des sich nach dem Ort benennenden Adelsgeschlecht vermutet, der später am oberen Neckar weitverbreiteten Herren von Ehingen. Diese könnten nach ihren Beziehungen zu den Vögten des Stifts Kreuzlingen, das hier seit dem 12. Jahrhundert umfangreichen Besitz hatte, als Ministerialen der Vorbesitzer des Stifts oder erst der Stiftsvögte hierhergekommen sein. In die vorstädtische Zeit reichen auch die Anfänge der späteren Stiftskirche St. Moriz zurück, für deren Morizwallfahrt eine Reliquienübertragung in der Zeit vor 1000 vermutet wird. Nach chronikalischen Berichten soll eine Vorgängerin des gotischen Baus 1209 errichtet worden sein. Um 1300 entstand der gotische Chor mit der Gruft der Grafen von Hohenberg, und 1330/31 folgte die Gründung des Chorherrenstifts. Die Pfarrechte von St. Remigius wurden erst 1364 auf die Stiftskirche übertragen.

Die »neue Stadt Ehingen« ist 1292 genannt. Dabei ist jedoch noch nicht sicher, ob deren Gründung und erkennbar planmäßige Errichtung etwa gleichzeitig mit der auf der anderen Flußseite gelegenen »nova civitas Rotenburg« (so 1291) erfolgte, oder ob sich hier bereits eine ältere, vom Stift Kreuzlingen, den Herren von Ehingen, oder deren Rechtsvorgängern gegründete Stadt befand. Für das Vorhandensein zweier voneinander unabhängiger Städte bis ins 14. Jahrhundert hinein scheinen aber mehrere Hinweise zu sprechen.

Die für eine Furt durch den Neckar günstige natürliche Lage, die sich schon das römische Sumelocenna zunutze gemacht hatte, führte im 11. oder Anfang des 12. Jahrhunderts zu einer erneuten Ansiedlung links des Neckars. Ihren Kern muß eine Burg der Herren von Rotenburg, der Besitzvorgänger der Hohenberger, gebildet haben. Um sie herum dürften schon früh der herrschaftliche Bauhof und eine Mühle mit dem aufwendigen Wehr und dem Mühlkanal entstanden sein. Zu diesem Kernbereich gehört auch

Abb. 92 Lithographierte Flurkarte im Maßstab 1:2500, aufgenommen bei der württembergischen Landesvermessung im Jahr 1824. – *Stadtbefestigung:* 1 Stadtmauer, 2 Zwingermauer, 3 Inneres Sülcher Tor (abgebr. um 1822), 4 Äußeres Sülcher Tor (abgebr. um 1806), 5 Autengasser Tor (abgebr.), 6 Halbrunde Turmbastion (Mauerreste im Garten des bischöfl. Ordinariats), 7 Graibelturm (abgebr.), 8 Rundturm (abgebr., eingebaute Reste noch erhalten, 9 Büchelsturm (halbrunder Zwingerturm, Mauerreste im Stadtgraben), 10 Gaisholzturm (nach Blitzschlag 1860 erniedrigt), 11 Rundturm (beim ehem. Scharfrichterhaus, abgebr. um 1779, Mauerreste im Zwinger), 12 Runder Zwingerturm, 13 Inneres Kiebinger Tor (abgebr.), 14 Äußeres Kiebinger Tor (abgebr.), 15 Rundturm (abgebr., eingebaute Reste erhalten), 16 Älteres Wörth-Tor (nach 1786 abgebr.), 17 Neues Wörth-Tor, 18 Halbrunder Zwingerturm (abgebr.), 19 Viereckiger Stadtmauerturm(?), 20 Oberes oder Hechinger Tor (um 1823 abgebr.), 21 Pulverturm, 22 Kapuzinertor (teilw. abgetragen), 23 Neckartor (Abgebr. vor 1806, Reste 1873 beseitigt), 24 Kalkweiler Tor, 25 Schütteturm (nach Blitzschlag 1837 erniedrigt), 26 Viereckiger Stadtmauerturm (abgebr. um 1786), 27 Halbrunder Zwingerturm, 28 Fünfeckiger Zwingerturm, 29 Runder Stadtmauereckturm (nach 1650 abgebr.). 30 Halbrunder Zwingereckturm (abgebr., Mauerreste im Garten des bischöfl. Ordinariats). – *Kirchliche Gebäude, Klöster und Klosterhöfe:* 31 Pfarrkirche St. Martin, 32 Dompfarrhaus (früher Adelshaus der Familie Precht v. Hohenwart), 33 Stiftskirche St. Moriz, 34 Stiftskelter (abgebr. nach 1850), 35 Stiftszehntscheuer (abgebr. 1850), 36 Pfarrkirche St. Remigius, 37 Karmeliterkloster, 38 Jesuitenkolleg, 39 St. Josephskirche (abgebr. 1789), 40 Kapuzinerkloster (Abgebr. nach 1806), 41 Obere Klause, 42 Rohrhalder Hof, 43 Kreuzlinger Hof. – *Herrschaftliche Gebäude:* 44 Schloß (letzte Gebäude abgebr. nach 1887), 45 Bindhaus, 46 Keltern (abgebr. nach 1847), 47 Zehntscheuer, 48 Zehntscheuer »auf dem Roten Meer«, 49 Scharfrichterhaus, 50 Gefängnis, 51 Große Stadtmühle, 52 Kleine Stadtmühle (abgebr. um 1840), 53 Mühlenwehr (bis 1830), 54 Maierhöfe. – *Städtische Gebäude, Spital:* 55 Rathaus, 56 Spital (Spitalhof abgebr. 1950), 57 Spitalkelter, 58 Rehmenhaus (abgebr. 1973, früher Rathaus und Schule), 59 Rehmenscheuer (ehem. Spitalscheuer), 60 Metzig (abgebr. 1865). – *Sonstige Bauwerke:* 61 Alte Welt (früher Adelshaus), 62 Waldhorn (urspr. Adelshaus der Frh. v. Hohenberg), 63 Wagnerscher Hof (früher Adelshaus, später Wirtschaft zum Römischen Kaiser), 64 Herrenstube der Adelsgesellschaft (bis zum Stadtbrand von 1735), 65 Bochinger Hof oder Kollersches Schloß (Adelshaus, abgeg. im Dreißigjährigen Krieg), 66 Nonnenhaus (früher Adelshaus), 67 Nussert (im 15. Jh. Haus der Armbrustschützen, später Rathaus und Schule), 68 Altes Schulhaus, 69 Öl-, Loh- und Schlagmühle, 70 Marktbrunnen, 71 Kegelbärren (Pinienzapfen vom abgebr. äußeren Sülcher Tor), 72 Obere Brücke, 73 Steg (vervielfältigt mit Genehmigung des Landesvermessungsamtes Baden-Württemberg)

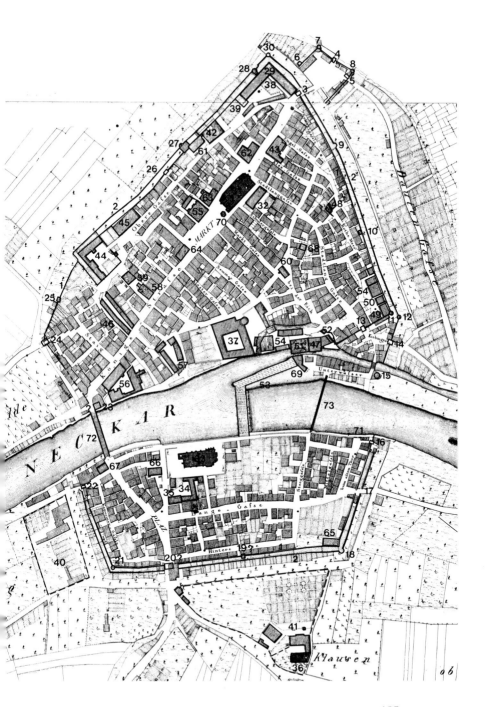

das durch seine Größe im Stadtgrundriß auffallende Karmeliterkloster, das nach chronikalischen Berichten auf eine hohenbergische Stiftung von 1276 zurückgeht (Weihe 1292). Ob hier die Burgstelle zu suchen ist, muß jedoch der künftigen Forschung vorbehalten bleiben. Die Struktur der sich im Anschluß daran bildenden Siedlung von Bauern, Handwerkern, vielleicht auch Händlern, der Keimzelle der späteren Stadt, wird am ehesten mit der eines Burgweilers oder eines suburbium zu vergleichen sein. Damit liegt die Entwicklung von frühen Formen städtischen Wesens im Bereich des Möglichen. Das gelegentlich schon sog.»Gründungsei«, der Hauptteil des linksufrigen Rottenburg, stellt die Gründung des Grafen Albert (II.) von Hohenberg dar, von der die Sindelfinger Chronik zu 1280 berichtet. Wie die Erwähnung eines Stadtbürgers *(civis)* von 1274 zeigt, kann sich dieser Vorgang über einen längeren Zeitraum hingezogen haben. Kennzeichen der planmäßigen Anlage sind die durch die Königstraße gebildete Mittelachse, in deren Verlauf der geräumige Marktplatz liegt sowie die rechtwinklig angesetzten Seitengassen. Die höchstgelegene Stadtmauerecke nahm das Stadtschloß des Grafen ein. Auf dem Marktplatz entstand früh die 1318 genannte Liebfrauenkapelle, auf die Ende des 15. Jahrhunderts die Pfarrechte der Sülchenkirche übertragen wurden, jedoch nur bezüglich des östlich der Schütte gelegenen Rottenburger Stadtteils. Auf die Marktkirche ging später auch das Martinspatrozinium über. Vermutlich gleichzeitig mit dem inneren Ausbau der neuen Stadt erfolgte ihre Ummauerung, die, nach Aussage des Stadtgrundrisses, Teile des »Burgweilers« abschnitt, und die in eindrucksvollen Resten erhalten ist. Zur Verstärkung des am meisten gefährdeten Sülcher Tors wurde ein Vorwerk errichtet. Im Westen entstand nicht viel später die nach dem erstmals 1361 erwähnten Heiliggeistspital genannte Vorstadt, wohl in der Absicht, die 1317 nachweisbare Neckarbrücke in den Schutz der Mauern einzubeziehen.

Die alten Siedlungen Sülchen und Ehingen (Abb. 93), auf deren Markungen die beiden Teile der neuen Stadt entstanden waren, gingen wenig später ab, ebenso die nahegelegenen Weiler Kalkweil

Abb. 93 Rottenburg mit Ehingen. Federzeichnung von F. W. Werner um 1739.
Sülchgauer Altertumsverein Rottenburg

und Schadenweiler spätestens Anfang des 15. Jahrhunderts. Ihre
Einwohner bevorzugten wohl das Leben in der Stadt, wobei sie
aber ihre Güter weiterbewirtschafteten. Nur die alten Kirchen
bzw. Kapellen, die Sülchenkirche, die Klausenkapelle zu Ehingen
und die Georgskapelle zu Kalkweil blieben bestehen. Der heutige
Schadenweiler Hof geht auf den Wohnsitz eines der Ortsherren
zurück. Unter dem Stadtgründer und seinen Nachkommen sowie
nach dem Verkauf von 1381 unter Österreich–Habsburg bildete die
Stadt den Herrschaftsmittelpunkt der Grafschaft Hohenberg. Von
Anfang an befanden sich hier die Sitze zahlreicher Adelsfamilien,
aus denen sich die führenden Persönlichkeiten in der herrschaftlichen Verwaltung und im Stadtregiment rekrutierten, oder die im
Besitz hohenbergischer Lehen waren. Die Herrenstube am Markt
war bis zu ihrem Untergang im Stadtbrand von 1644 Treffpunkt
des Adels der Umgebung.
Residenz wurde Rottenburg in der österreichischen Zeit nochmals
unter der Herrschaft der Erzherzogin Mechthild, der 1451 Hohenberg von ihrem Gemahl Erzherzog Albrecht († 1463) verschrieben
worden war. So bedeutet das ausgehende Mittelalter für die Stadt
eine Blütezeit angeregt durch den mit Turnieren und Fastnachten,

Abb. 94   In der Altstadt

aber auch mit der Förderung von Humanisten und Künstlern sowie mit Stiftungen von Kunstwerken auf der Höhe der Zeit stehenden Hof Mechthilds († 1482), der Mitbegründerin und Wohltäterin der Universitäten Freiburg und Tübingen (Abb. 94).

Literatur:
KRB Tübingen Bd. 1 (1967), S. 200 ff. u. 3 (1974), S. 294 ff. mit eingehendem Literaturverzeichnis S. 441 ff. – D. Manz, Das Rottenburger Stadtbild in alten Darstellungen (1977). – H. Reim, Neue Ausgrabungen im römischen Rottenburg, Kreis Tübingen, in: Archäologische Ausgrabungen 1976, S. 25 ff.

Gerhard Kittelberger

Sülchen

Die im Sommer 1982 begonnenen Ausgrabungen bei der alten Wurmlinger Straße, am Hang oberhalb der Sülchenkirche, lassen nun erstmals genauere Kenntnis über das Aussehen und die Bewohner der historischen Siedlung Sülchen erwarten, deren markanten Rest die Sülchenkirche samt Friedhof bildet.

Der vordeutsche Name Sülchen wird vom keltischen Soliacum abgeleitet. Weniger überzeugen die Versuche, ihn mit Sumelocenna in Verbindung zu bringen oder ihn mit Solicinium, dem Schauplatz der Schlacht von 368 n. Chr., gleichzusetzen. Schon die früheste Erwähnung des Ortes mit dem »Solich« des Geographen von Ravenna um 500, weist ihn als befestigten Platz, also im Besitz zentraler Funktionen, aus. Zugleich zählt Sülchen damit zu den ältesten alamannischen Siedlungen. Das Reihengräberfeld in der Jahnstraße »beim Lindele«, das ihr zugeordnet wird, erbrachte allerdings nur etwas über 40 Bestattungen der zweiten Hälfte des 7. Jahrhunderts.

Seit dem 6. Jahrhundert war Sülchen der namengebende Hauptort des Sülchgaus, eines Verwaltungsbezirks, der sich aus umfangreichem Königsgut zusammensetzte. Dies bestätigt die Vita des hl. Meinrad, des geistigen Gründers des Klosters Einsiedeln († 863). In ihr heißt es, seine Heimat sei der Gau, den die Alten nach dem

Abb. 95   Sülchenkirche von Norden her

Dorf Sülchen den Sülchgau nannten (»in pago quem ex villa Sulichi Sulichkewe vocavit antiquitas«). Vermutlich den nach früheren Vergabungen übrigen Rest des Königsguts, das Gut Sülchen (»predium Sulicha nominatum«), stiftete König Heinrich IV. 1057 dem Bistum Speyer. Dies bedeutete das Ende des Verwaltungsbezirks Sülchgau, dessen Name in Vergessenheit geriet. Auch die dem hl. Martin geweihte Pfarrkirche verdankt ihre wohl noch in das 6. Jahrhundert zu datierende Gründung dem Einfluß der Merowinger und der von ihnen geförderten Christianisierung. Dem hohen Alter der erst 1213 urkundlich genannten Kirche (Abb. 95) entspricht ihr großer Pfarrsprengel, der im Spätmittelalter Rottenburg (ohne Ehingen und die Spitalvorstadt), Kiebingen, Seebronn, Wendelsheim und einen Teil von Hirschau umfaßte.

Nach dem Dorf Sülchen und dem hier wohl schon früher vorhandenen Adelssitz benannte sich im 11. Jahrhundert ein Geschlecht von Edelfreien, dem auch die 1007 und 1057 erwähnten Sülchgaugrafen mit dem Namen Hesso entstammten. Wegen dieses »Leitnamens« wird es der bedeutenden »Hessonen-Sippe« zugerechnet, die über weitreichende Beziehungen verfügte. Nahe verwandt und teilweise wohl auch personengleich waren die von Sülchen mit den Herren von Wolfsölden (bei Affalterbach) und von Backnang. Umfangreicher Besitz in der Umgebung von Sülchen wird bei Stiftungen an das Kloster Hirsau von 1075 bis um 1100 sichtbar.

Gegenüber den deutlicher dokumentierten herrschaftlichen Strukturen bleiben die Konturen des Dorfs Sülchen unscharf. Nur wenige Urkunden berichten über seine Bewohner. Eine Urkunde Graf Alberts von Hohenberg von 1264 spricht nur zusammenfassend über dessen Leute zu Sülchen (»homines nostri de Sulchen«). Die 1356 als Zeugen erwähnten »Albrecht der Sülcher« und »Konrad Engelun Sohn von Sulchen« dürften dort gar nicht mehr gewohnt, sondern ihren Beinamen nur noch wegen ihrer Herkunft aus dem Dorf geführt haben. Der 1471 als Name einer Ackerflur überlieferte »alte Markt« deutet jedoch darauf hin, daß auch diesbezüglich die Funktionen des Orts über die eines reinen Bauerndorfs hinausgingen.

Das Abgehen des Dorfes war wohl die unmittelbare Folge der

Entstehung einer neuen Siedlung um Burg und Bauhof der Herren von Rotenburg in der Nähe der Neckarfurt im 11. oder Anfang des 12. Jahrhunderts. Möglicherweise kam dieser Vorgang aber erst nach der Gründung der »Neuen Stadt« durch Graf Albert von Hohenberg Ende des 13. Jahrhunderts zum Abschluß. Das Wirtschaftsland von Sülchen wurde von Rottenburg aus weiterbebaut. Der Zelgverband der Äcker blieb im wesentlichen erhalten und bildete neben denen von Ehingen, Kalkweil und Schadenweiler den größten Teil der Stadtmarkung Rottenburg.

Literatur:
KRB Tübingen Bd. 1 (1967), S. 200 ff. u. 3 (1974), S. 294 ff. mit eingehendem Literaturverzeichnis S. 441 ff.

Gerhard Kittelberger

Die »Altstadt« bei Rottenburg

Südwestlich von Rottenburg findet sich auf der Hochfläche über dem Neckar eine umfangreiche Wehranlage, die sog. Altstadt. Begrenzt wird sie durch Graben und Wall. Deutlich ist die Befestigungslinie im Osten und Süden als steile Böschung ablesbar, nach Westen verflacht sie immer stärker, bis sie letztlich nahezu völlig verebnet ist (Abb. 96). Lediglich an der Hangkante lassen sich Wallende und Grabenkopf gut feststellen. Die Befestigung umschließt ein Areal von etwa 4,5 ha. In der Randbefestigung stecken die Reste einer 1,6 m breiten Mauer. Der einzige erkennbare Zugang erfolgte durch ein Tor in der Südwestecke der Anlage. Im Nordosten, unmittelbar vor der Hangkante, steht die Kapelle Unserer Lieben Frau, daneben ein Wohnhaus mit Nebengebäuden. Der Hauptaltar der Kapelle, deren Schiff noch aus romanischer Zeit stammt, wurde 1268 durch den Bischof Albert von Regensburg geweiht.

Die Deutung und zeitliche Einordnung der Anlage ist unklar: Sie wurde als vorgeschichtliche Siedlung, als römisches Kastell, als frühmittelalterliche Burg angesprochen. Die Grabungen von E.

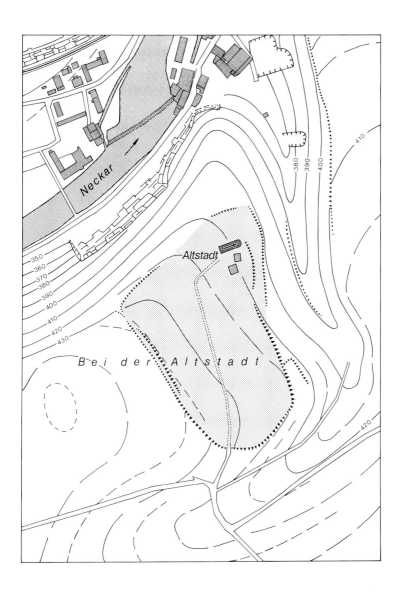

Abb. 96   Die Altstadt bei Rottenburg, Übersichtsplan. M 1 : 5000

Herzog und E. von Kallee 1884/85 vermochten diese Frage nicht zu klären. Trotz zahlreicher hochmittelalterlicher Funde deuteten sie die angetroffenen Mauerbefunde als Bestandteile eines römischen Kastells.

Es wurde aber auch die Ansicht vertreten, die »Altstadt« sei der Versuch einer hochmittelalterlichen Stadtgründung, die über die Anfänge nicht herauskam. Sie wäre im machtpolitischen Spannungsfeld zwischen den Grafen von Hohenberg als Stadtherren von Rottenburg und den Herren von Ehingen und dem Kloster Kreuzlingen andererseits als Gegenpol zur Stadt Rottenburg angelegt worden. Gestützt wird eine hochmittelalterliche Datierung der »Altstadt« durch eine Urkunde des Jahres 1336, aus der hervorgeht, daß zu dem Zeitpunkt noch eine Ringmauer vorhanden war. Der Grund zur Aufgabe der Stadtgründung mag darin gelegen haben, daß die Hohenberger ihren Einfluß zu festigen und gegen die Herren von Ehingen durchzusetzen verstanden, die sie zudem ab 1279 in ihre Dienste nahmen. Damit war die Konkurrenzgründung der südlich des Neckars gelegenen »Altstadt« Ehingen zum Scheitern verurteilt.

Literatur:
OAB Rottenburg (²1900), S. 114. – E. v. Kallee, Berichte über die im Auftrage des K. Ministeriums des Kirchen- und Schulwesens und mit daher verwilligten Mitteln vorgenommenen Ausgrabungen bei Rottenburg und bei Köngen am Nekkar. Württembergische Vierteljahrshefte für Landesgeschichte 9, 1886, S. 135 ff. – Das Königreich Württemberg II (1905), S. 437 f. – Kdm Schwarzwaldkreis (1897), S. 278. – KRB Tübingen III (1974), S. 298 ff. – W. Stettner, Stadtwüstungen im Gebiet des obern Neckars und der oberen Donau. Zeitschr. f. Hohenz. Gesch. 89, 1966, S. 35 ff.

Erhard Schmidt

Die Wallfahrtskirche im Weggental bei Rottenburg

Die Wallfahrt im Weggental entstand im frühen 16. Jahrhundert, als das in einem Bildstock aufgestellte Bildnis der Schmerzhaften Muttergottes mehrfach entwendet und der Legende nach auf wunderbare Weise jedesmal wieder an seinen angestammten Platz zu-

Abb. 97   Die Wallfahrtskirche im Weggental

rückkehrte. Nach diesem Ereignis errichtete man 1517 über dem Bildstock eine hölzerne Kapelle, die 1521 geweiht wurde. Noch im 16. Jahrhundert wurde an diese Kapelle ein Schiff angefügt und ein Mesnerhaus gebaut. Da die Kapelle im Laufe der Zeit für die aufblühende Wallfahrt sich als zu klein erwies, entschloß man sich im 18. Jahrhundert zu einem Neubau.

Die Grundsteinlegung zur heutigen Kirche fand 1682 statt. Aus nicht bekannten Gründen zog sich die Vollendung jedoch sehr in die Länge. 1687 wurde das Gnadenbild mit dem Bildstock auf den Hochaltar übertragen. Die Weihe erfolgte erst 1695. Die Ausstattung stammt teilweise aus noch späterer Zeit. Die Pläne zum Neubau der Weggentalkirche werden dem Vorarlberger Michael Thumb zugeschrieben. Bei der 1962/66 durchgeführten Instandsetzung entfernte man die Zutaten der Zeit des Historismus.

Die Weggentalkirche gehört mit zu den frühen Beispielen der schwäbischen Barockarchitektur, wobei der weit ins 17. Jahrhundert hineinreichende Einfluß der Renaissance nicht zu übersehen ist (Abb. 97).

Die Kirche erhebt sich über einem rechteckigen Grundriß. Hohe

Rundbogenfenster mit waagerechten Verdachungen und eine Kolossalpilasterordnung gliedern die Wände. Die geschweiften Giebel zieren Obelisken. Im Osten tritt eine eingezogene, halbrunde Apsis vor. Der ursprünglich vorhandene Turm an der Nordwestecke wurde im 18. Jahrhundert durch den heutigen Dachreiter ersetzt. Das Innere wird durch eingezogene Wandpfeiler gegliedert, die von Quertonnen überwölbt werden und die Seitenkapellen aufnehmen. Ein durchlaufendes, nur von Gurtbogen rhythmisiertes Tonnengewölbe deckt das Schiff. Im Westen befindet sich ein Vorjoch mit doppelter Empore. Die reichen Stukkaturen in der Kalotte der Chorapsis schuf 1700 der aus Augsburg stammende Johann Georg Brix, die Stuckarbeiten an den korinthischen Pfeilerkapitellen der Tessiner Prospero Brenno. Der vergoldete Hochaltar mit dem Gnadenbild im Tabernakel ist eine Stiftung des Kaiserhauses von 1730. Die Altargemälde der schwarz und gold gefaßten Seitenaltäre sind zumeist Werke von Rottenburger Künstlern wie J. M. Kopp und Joseph Fiertmaier.

Literatur:
KRB Tübingen 3 (1974), S. 338–339, S. 436–437. – Franz Manz, Johann Georg Brix und sein Lebenswerk, in: Der Sülchgau, 1972, S. 37 ff. – Dieter Manz, Prospero Brennos Werk im Weggental, in: Der Sülchgau, 1972, S. 43 ff. – Ders., Der Stuckbildhauer Prospero Brenno, in: Der Sülchgau, 1972, S. 48 ff. – Dehio, Handbuch der deutschen Kunstdenkmäler, Baden-Württemberg, 1964, S. 404. – Norbert Lieb und Franz Dieth, Die Vorarlberger Barockbaumeister, 2. Aufl., München 1976

Eckart Hannmann

Der »Bühl« bei Baisingen, Stadt Rottenburg a. N.,
ein Fürstengrabhügel der jüngeren Hallstattkultur

Zufahrt: Von Baisingen nach Osten ein kurzes Stück auf der Straße in Richtung Ergenzingen. Hier zweigt nach links ein geradeaus führender Feldweg ab, auf dem nach 750 m der weithin sichtbare Grabhügel erreicht wird (Abb. 98).

»Nicht weit von Baisingen ist mitten auf dem ebenen Felde eine Anhöhe, so hoch wie ein Haus, und darunter sollen lauter tote Soldaten liegen, Franzosen und Deutsche beieinander.« Auch wenn er nicht gerade so hoch wie ein Haus ist, wie Berthold

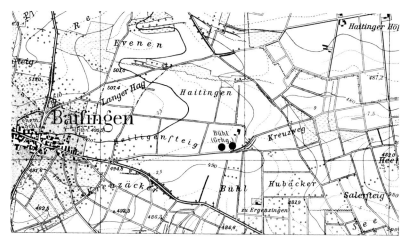

Abb. 98 Rottenburg-Baisingen. Die Lage der Grabhügel. (Aus TK 25 000 verviel-fältigt mit Genehmigung des Landesvermessungsamts Baden-Württemberg. Nr. LV 5.11/76.)

Auerbach uns um 1840 in seinen Schwarzwälder Dorfgeschichten erzählt, gehört der »Bühl« bei Baisingen mit 4 m Höhe und etwa 45 m Durchmesser zu den größten Grabhügeln des Landes. Er liegt etwa 1,3 km östlich des Ortes unmittelbar nördlich eines West-Ost führenden Weges weithin sichtbar in freiem Feld und wird durch ein Holzkreuz und einige Obstbäume gekrönt. Starke Beackerung hat dem Hügelfuß eine viereckige Form verliehen (Abb. 99).

Etwa 70 m östlich des »Bühl« liegt ein zweiter Grabhügel, der durch die landwirtschaftliche Nutzung so stark verflacht ist, daß er kaum mehr ins Auge fällt. Über seinen östlichen Rand läuft in nördlicher Richtung der Weg zu einem Aussiedlerhof.

Um 1860 wurde der »Bühl« von oben her durch einen etwa 3 m weiten Schacht angegraben. Bei dieser Gelegenheit sollen angeblich Waffen gefunden worden sein.

Als 1892 die Gemeinde eine auf dem »Bühl« stehende alte Linde durch Obstbäume ersetzen ließ, sah der damalige Baisinger Schultheiß eine Möglichkeit, durch Grabungen die Entstehung des Hügels zu klären. Im August 1893 ließ er von Westen her gegen die

Abb. 99 Rottenburg-Baisingen. Der Grabhügel »Bühl« von Westen

Mitte einen etwa 1,2 m breiten Graben ausheben, der heute noch als flache Mulde zu erkennen ist. In der nördlichen Grabenwand zeigte sich eine dünne, dunkel gefärbte Schicht, die mit »Holzkohlestückchen« durchsetzt war. Sie stieg gegen die Hügelmitte an, an ihrer höchsten Stelle lag sie 1 m über dem anstehenden Boden. Hier, etwas unterhalb dieser Schicht, stießen die Ausgräber auf die Reste eines Kessels aus Bronze. Anfang Juni 1893 besuchte Professor Konrad Miller die Grabungsstelle und fand in der genannten Schicht einen goldenen Halsreif, unmittelbar daneben einen Bernstein- und einen Bronzering. Etwa 50 cm davon entfernt lag ein goldener Armring (Abb. 100). Die Grabung wurde eingestellt, als die Grabenwand wegen der Unterhöhlung einzustürzen drohte. Eine geplante Fortsetzung der Untersuchung unterblieb.

Die Funde gelangten in Privatbesitz von Konrad Miller. Von seinen Erben erwarb sie Ende der dreißiger Jahre Heinrich Himmler, um sie seiner Sammlung auf der Wewelsburg (Kr. Büren, Westfalen) einzuverleiben. Seit April 1945 sind sie verschollen.

Funde: 1. Offener Halsring aus Goldblech. Der Reif ist hohl, an der Innenseite offen, außen kannelurenartig eingezogen. Das Goldblech ist über ein Bronzeblech gleichen Querschnitts gelegt. Als

208

Verschluß diente ein verschiebbarer Streifen aus Goldblech, dessen Ränder durch schmale, vertikale Rippen verziert sind. Durchmesser 20,2 cm. – 2. Offener Armreif aus Goldblech. Die Außenseite ist durch zwei umlaufende Wulste profiliert, die Ränder sind nach innen umgeschlagen. Der Verschlußschieber ist durch Rippen verziert. Durchmesser 5,2 bis 5,6 cm. – 3. Bernsteinring. Durchmesser 2 cm. – 4. Bronzering. Durchmesser 2 cm. – 5. Reste eines bauchigen Bronzekessels, unterhalb des Randes Löcher zum Befestigen der nicht gefundenen Henkelattaschen. Mündungsdurchmesser etwa 36 cm.

Die Funde dürften aus dem Zentralgrab des Hügels stammen. Vermutlich war der Tote – nach Ausweis des goldenen Halsringes handelte es sich um einen Mann – in einer aus Holzbohlen errichteten Grabkammer beigesetzt. Diese Kammer wurde sicher nicht vollständig untersucht, weitere Beigaben dürften noch im Hügel liegen. Die Größe des Hügels und die Art der Beigaben zeigen, daß

Abb. 100   Rottenburg-Baisingen. Die Goldfunde aus dem »Bühl«. M etwa 1:2

209

es sich bei dem Toten um einen Angehörigen der frühkeltischen Oberschicht handelte, die sich in der Zeit um 600 v. Chr. innerhalb der südwestdeutschen Hallstattkultur herauskristallisiert hat. Das Grab im Baisinger Bühl dürfte etwas jünger und etwa gegen Ende des 6. Jahrhunderts angelegt worden sein. Wo der Tote einst seinen Wohnsitz hatte, ist unbekannt.

Literatur:
E. Paulus, Die Altertümer in Württemberg (1877), S. 63. – Prähistorische Blätter 5, 1893, S. 54; 6, 1894, S. 1 ff. – Fundber. aus Schwaben 1, 1893, S. 15. – Stoll, Oberes Gäu (1933), S. 92. – IPEK 15/16, 1941/42, S. 78. – Bittel, Kelten (1981), S. 455 f.

Siegwalt Schiek

Das Eiszeitjägerlager am Napoleonskopf im Katzenbachtal (Rottenburg-Weiler)

Zufahrt: Auf der Straße von Rottenburg nach Rottenburg-Weiler (3 km). 300 m nach Rottenburg-Weiler zweigt nach rechts ein Weg zur 1 km entfernten Katzenbacher Ziegelhütte ab. Ein reizvoller Spazierweg führt von Bad Niedernau durch die Kuranlagen und das einsame Katzenbachtal ebenfalls zur Katzenbacher Ziegelhütte (2 km).

Lage: Die Fundstelle wird in der Literatur meist unter der falschen Fundortbezeichnung »Niedernau« geführt. Wenige Kilometer vor seiner Einmündung in das Neckartal verläßt der Katzenbach das bewaldete Keuperbergland des Rammert. In seinem Unterlauf ist das Katzenbachtal mit vielen Windungen scharf und tief in die Muschelkalkplatte eingeschnitten. Noch heute ist der rasch fließende Bach bestrebt, sich einzutiefen und nagt und spült an den Prallhängen unmittelbar am Gestein und bildet so häufig senkrechte Felspartien. Aus kleinen Seitenschluchten dringen Schuttkegel von der lehmbedeckten Hochfläche in das Haupttal, wo sie der Bach zu einer stufenförmig gegliederten Talaue modelliert. Bei Niedernau verschmilzt der Schuttkegel des Katzenbachtales mit den Schottern der Neckaraue, aus deren Kiesen seit langem Knochen eiszeitlicher Tiere wie Mammut und Fellnashorn bekanntgeworden sind.

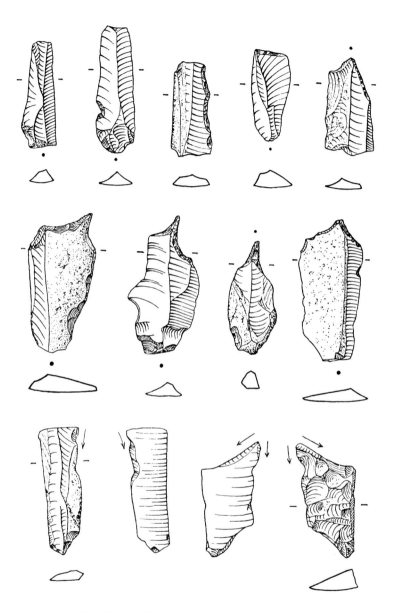

Abb. 101   Silexartefakte vom Napoleonskopf nach P. F. Mauser,
gez. A. Hellstern. M = 1 : 1

Beim Gehöft »Katzenbacher Ziegelhütte« wurde im Jahre 1906 beim Bau eines Kalkbrennofens der Fuß des Hangschuttes angeschnitten, der dort den Abhang unter den Muschelkalkfelsen bildet (Abb. 7). Hier lag die Station dicht über der Talsohle und nur wenige Schritte vom Bach entfernt. Das Felsgebilde, das einst der Stelle den Namen Napoleonskopf verlieh, ist längst herabgefallen. Funde und Befunde: Offenbar lehnte sich die Lagerstelle ursprünglich an die ein leichtes Abri bildende Felswand an. Die Funde, die wahrscheinlich nicht vollständig geborgen werden konnten, wurden durch Dr. F. Paradeis, andere durch Prof. E. v. Koken gehoben. Eine spätere Nachgrabung durch Prof. R. R. Schmidt, mit dem Ziel weitere Befunde zu sichern, führten zu keinem befriedigenden Ergebnis.

An Befunden wurde von den Ausgräbern eine deutliche Herdstelle festgestellt. Bemerkenswert ist, daß dazu große Buntsandsteingerölle vom 2,5 km entfernten Neckartal zusammengetragen wurden. Um die Feuerstelle war reichlich Holzasche und Kohlenreste verstreut. Ebenfalls um die Feuerstelle verteilt lagen Knochen und Zähne eiszeitlicher Tiere, die als Überreste der Jagdbeute und als Mahlzeitabfälle gedeutet werden. Auffallend war eine Häufung von Mammutresten auf engstem Raum. Insbesondere belegen Zähne von alten und ganz jungen Tieren die Jagd auf dieses wehrhafte Wild. Als Reste von weiteren Tieren, mit denen der Mensch als herumstreifender Jäger verbunden war, konnten bestimmt werden: Rentier, Rothirsch, Wildpferd, Eis- und Rotfuchs, Fellnashorn, Halsbandlemming, Eichhörnchen, Kolkrabe und Birkhuhn. Die Artefakte sind aus Jurahornstein und oolithischem Hornstein des mittleren Muschelkalkes, die beide in den Neckarschottern vorkommen. Neben einfachen Klingen (Abb. 101: 1, 2) kommen kantenretuschierte Stücke vor (Abb. 101: 3–5). Daneben gibt es insbesondere Bohrer mit fein ausgezogener Spitze (Abb. 6: 6–9) und Stichel in verschiedenen Variationen (Abb. 6: 10, 11). Unter den Beingeräten sind Geschoßspitzen mit rundlichem oder flachem Querschnitt und mit einseitig abgeschrägter Basis zu benennen. Die Basisfläche ist bei einem Stück gerieft (Abb. 102: 2). Ein weiteres Stück ist randlich mit zahlreichen kurzen Kerben versehen

212

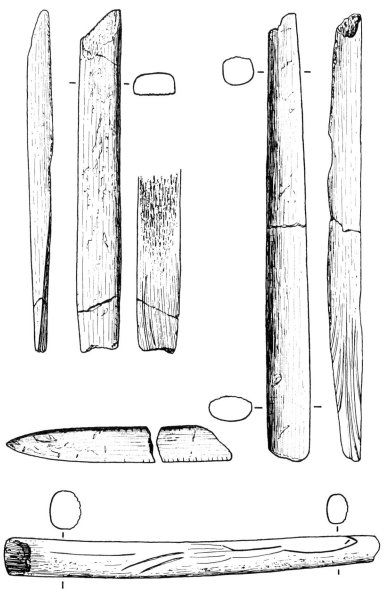

Abb. 102   Knochenartefakte vom Napoleonskopf nach P. F. Mauser,
gez. A. Hellstern M = 1 : 1

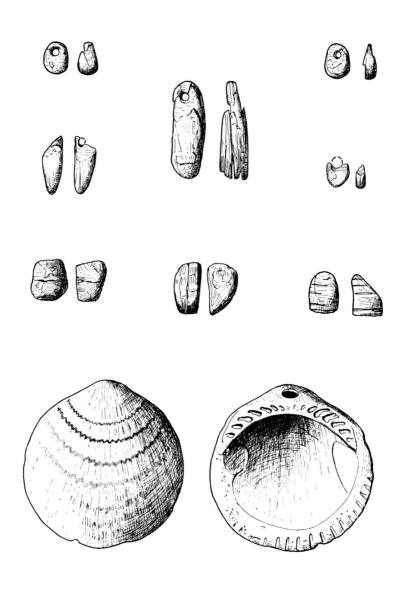

Abb. 103   Schmuckgegenstände vom Napoleonskopf nach P. F. Mauser, gez.
A. Hellstern M = 1 : 1

(Abb. 102: 3). In die Geschoßspitze (Abb. 102: 4) ist offensichtlich ein Fisch eingraviert. Dazu gibt es einige Gagatperlen mit und ohne Durchbohrung (Abb. 103: 1–8), insbesondere aber eine Mittelmeermuschel Pectunculus (Abb. 103: 9), die am Wirbel durchgeschliffen war, wobei die so entstandene Öffnung durch Bohren erweitert wurde. Gagatvorkommen gibt es in der Nähe vor allem im Lias Epsilon oder umgelagert in Gerölle eingebacken in Neckarschottern.

Die Stellung der Station im süddeutschen Magdalénien: Der geringe Artefaktbestand erlaubt zunächst eine Einordnung der Station allgemein in das Magdalénien. Für die zeitliche Abfolge des Magdalénien in Süddeutschland liegen eine Anzahl ^{14}C-Daten vor, die sich schwerpunktmäßig über einen Bereich zwischen 14000 v. H. und 11000 v. H. verteilen. Innerhalb dieses Fundstellenbereiches lassen sich eine jüngere und eine ältere Magdalénien-Gruppe unterscheiden. Für die Zuordnung zur älteren Magdalénien-Gruppe spricht eine Faunenzusammensetzung, die noch die älteren ausgestorbenen Elemente der Glazialfauna wie Mammut, Nashorn, Löwe und Hyäne enthält. In der jüngeren Gruppe fehlen diese Vertreter. Mit als Ursache für diese Faunenänderung wird eine Veränderung der Umweltbedingungen durch die Wiederbewaldung im Bölling nach dem Hochglazial angenommen. Offenbar ist es so, daß die Magdalénien-Fundstellen ohne alte Faunenelemente in der zweiten Hälfte des Bölling liegen oder jünger sind. Hierher gehören Bärenfelsgrotte III, Hohlefels Hütten, Schmiechenfels, Schussenquelle, Schweizersbild und Zigeunerfels. Die Fundstellen mit alten Faunenelementen dagegen liegen überwiegend in der ersten Hälfte des Bölling, oder sie sind älter. Zu diesen zählen Brillenhöhle IV, Keßlerloch, Kleine Scheuer, Munzingen, Schweizersbild untere Nagerschicht, Sirgenstein I und Vogelherd. In letztere Gruppe wäre demnach unsere Fundstelle mit ihrem Nashorn- und Mammutbestand einzuordnen. Zwar trägt damit unsere Fundstelle noch das nordische Gepräge der ältesten Tundrenzeit, jedoch weisen Rothirsch, Eichhörnchen, Birkhuhn und Kolkrabe bereits auf stärkere Bewaldung hin. Dies mag ein Hinweis dafür sein, daß wir uns bereits am Beginn des Bölling befinden, dessen Anfang zwischen 14000 und 13600 v. H. angesetzt wird. Hinzu kommt, daß unsere Station auf einer Meereshöhe von etwa 350 m NN liegt, wogegen die übrigen genannten Stationen auf der Alb und im Voralpenland in Höhen zwischen 500 bis 700 m NN liegen. Nachdem wir uns die älteste Tundrenzeit als wald- und baumfreies Grasland vorstellen müssen, werden Birken und Kiefern zu Beginn des Bölling aus ihren Refugien zuerst in die Niederungen eingezogen sein.

Literatur:
F. Paradeis, Die Funde vom Napoleonskopf (Niedernau). Westdeutsche Zeitschrift für Geschichte und Kunst, 1907, S. 63ff. – R. R. Schmidt, E. Koken u. A. Schliz, Die diluviale Vorzeit Deutschlands (1912), S. 49 u. 186f. – O. Paret, in: Fundber. Schwaben, NF 4, 1926–28, S. 135f. – Stoll, Gäu, Veröffentlichung des Württ. Landesamts für Denkmalpflege, 7. Buch. Öhringen 1933, S. 18f. – G. Riek, Kulturbilder aus der Altsteinzeit Württembergs. Vorgeschichte von Württemberg, Bd. I (1935), S. 62. – J. Andree, Der eiszeitliche Mensch in Deutschland und seine Kulturen (1939), S. 528. – T. Capelle, in: KRB Tübingen 1 (1967), S. 157f. – P. F. Mauser, Das eiszeitliche Jagdlager im Katzenbachtal. Der Sülchgau, Band 20, 1976, S. 35ff. G.-Ch. Weniger, Wildbeuter und ihre Umwelt. Ein Beitrag zum Magdalénien Südwestdeutschlands aus ökol. und ethno-archäol. Sicht. Tübingen 1982.

Eberhard Wagner

Die Rotenburg (Weilerburg) bei Rottenburg-Weiler

Nördlich von Weiler, auf einem nahezu freistehenden Ausläufer des Rammerts, finden sich bescheidene Reste der Rotenburg, auch Weilerburg genannt. Die Burg nahm ehemals die gesamte Fläche des ovalen Bergplateaus mit 60 m Länge und 16 m Breite ein. Heute sind lediglich einige geringe Fundamentreste von den Gebäuden erhalten. Ein Schutthügel im Südosten der Anlage mag auf einen Bergfried hindeuten, eine leichte Bodenvertiefung unmittelbar daneben auf eine verfüllte Zisterne. Um die Burg verlief, etwa 6 m tiefer, ein breiter Graben, dem ein Wall vorgelagert war. Er zeigt sich auch heute noch eindrucksvoll im Gelände, ist jedoch an der Nordostflanke der Burg verfüllt und tritt dort als Terrasse in Erscheinung (Abb. 104).

Abb. 104 Rottenburg-Weiler. Die Weilerburg von Westen

1874 wurde auf der Rotenburg ein imposanter zinnengekrönter
Aussichtsturm mit anschließender Mauer und einem Tor errichtet.
Die Zeit der Erbauung der Rotenburg ist nicht überliefert und die
wenigen erhaltenen Mauerreste erlauben keine Datierung. Vermutlich entstand sie im 12. Jahrhundert als Höhenburg der hoch-
adligen Herren von Rotenburg, die den Namen von einer im
Bereich der Stadt Rottenburg gelegenen Burg übertrugen. Im
13. Jahrhundert war die Burg im Besitz der Grafen von Hohenberg. Seit dem Ende des 13. Jahrhunderts wird für die Burg die
Bezeichnung Alt-Rotenburg verwandt, da die Hohenberger zu
diesem Zeitpunkt das Stadtschloß in Rottenburg gebaut hatten.
1407 wurde die Burg durch den Grafen Friedrich, genannt Öttinger
v. Zollern, stark beschädigt. Zwar wurde sie wieder hergestellt,
besaß aber keine Bedeutung mehr als Wehranlage. Sie wurde einige
Zeit noch als Jägerhaus genutzt. 1624 erteilte Vorderösterreich
als Eigentümer die Erlaubnis, die Burg abzubrechen und die Steine
zum Bau des Kapuzinerklosters in Rottenburg zu verwenden.

217

Literatur:
R. Balz, Die Weilerburg, in: Blätter des Schwäbischen Albvereins 43, 1931,
S. 161–164. – OAB Rottenburg (²1900), S. 359–360. – KRB Tübingen 1 (1967),
S. 244f., 2 (1972), S. 764f.

Erhard Schmidt

Die Pfarrkirche St. Dionys in Rottenburg-Dettingen

Dominierend erhebt sich die Pfarrkirche St. Dionys auf einem Geländesporn im Südwesten der Siedlung 15 m über dem Ort. Urkundlich wurde die Kirche wie auch die Siedlung eindeutig erst 1275 genannt. Ältere Nennungen lassen sich nicht klar zuordnen, da die Region mehrere Dörfer des gleichen Ortsnamens aufweist. St. Dionys wurde 1911/12 nach den Plänen des Architekten Cades als dreischiffige Basilika mit polygonalem Chor und einem halbrunden Vorbau im Westen neu erbaut, nachdem die mittelalterliche Kirche bis auf den Turm abgebrochen worden war. Der Turm, dessen Untergeschoß ein Tonnengewölbe aufweist und noch in romanische Bauzeit zurückreicht, steht heute südlich vor der Südwestecke des neuen Kirchenschiffes. In gotischer Zeit wurde er, wie die Maßwerkfenster mit Fischblasen belegen, verändert und erhöht.

Die mittelalterliche Kirche, die 1911 abgebrochen wurde, war eine Saalkirche, wohl des 14. Jahrhunderts, mit eingezogenem gotischen Polygonalchor und einem Westturm, der der Mittelachse gegenüber nach Süden verschoben war. Der Chor besaß spätgotische Maßwerkfenster. Er war mit einem Netzgewölbe ausgestattet, das auf acht Konsolen mit spätgotischen Apostelbildern ruhte. Das Schiff hatte eine niedrige Holzdecke (Abb. 105).

Beim Abbruch der mittelalterlichen Kirche konnten 1911 Fundamente eines älteren, wohl romanischen Kirchenschiffes, sowie merowingerzeitliche, gemauerte Grabkammern beobachtet werden. Es ist überliefert, daß um 1355 eine ältere Kirche ganz oder doch teilweise durch Brand zerstört wurde. Beim gotischen Wiederaufbau wurde die Südwand offenbar auf den Fundamenten der alten

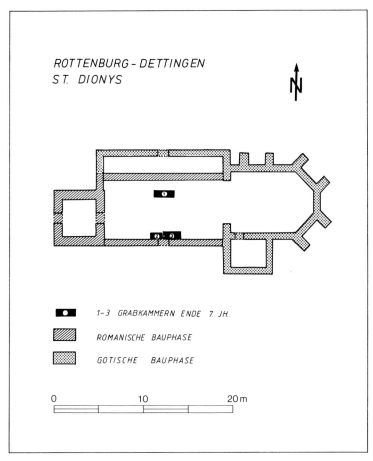

1-3 GRABKAMMERN ENDE 7. JH.

ROMANISCHE BAUPHASE

GOTISCHE BAUPHASE

0   10   20 m

Abb. 105 St. Dionys in Rottenburg-Dettingen. Grundriß der 1911 abgebroche-
nen Kirche mit Befunden nach Paradeis

Kirche aufgebaut, während das Kirchenschiff um etwa 2,5 m nach
Norden verbreitert wurde. Innerhalb der Mauern dieses älteren
Kirchenbaues wurden drei gemauerte Grabkammern angetroffen.
Zwei waren aus Muschelkalkquadern aufgebaut, die dritte, kleine-
re, überwiegend aus reliefierten römischen Spolien. Obwohl die
Bestattungen teilweise stark gestört waren und auch das Grabin-

219

ventar offensichtlich nicht vollständig vorhanden war, lassen die
geborgenen Stücke, die dem ausgehenden 7. Jahrhundert zuzuordnen sind, doch erkennen, daß in der Dettinger Kirche Angehörige
einer wohlhabenden Familie beigesetzt waren. Der Erhaltungszustand der Funde läßt vermuten, daß die Grabkammern im Innenraum einer Kirche angelegt wurden. Sicherlich sind die 1911 ent-
deckten Fundamente nicht Bestandteil einer frühmittelalterlichen
Kirche. Der überlieferte Befundplan zeigt zwei Grabkammern unmittelbar vor der Südwand, die dritte ist parallel zur Nordwand,
jedoch über einen Meter von ihr entfernt entdeckt worden. Möglicherweise zeichnet diese Bestattung den Verlauf der Nordwand
des frühmittelalterlichen Kirchenschiffes nach.

Literatur:
OAB Rottenburg (²1900) S. 140. – R. Christlein, Merowingerzeitliche Grabfunde
unter der Pfarrkirche St. Dionys zu Dettingen, Kreis Tübingen. Der Sülchgau 17,
1973, S. 69–74. – Ders. in: Fundber. aus Baden-Württemberg 1, 1974,
S. 573–596. – Kdm Schwarzwaldkreis (1897) S. 282. – KRB Tübingen 2 (1972)
126–129. – F. Paradeis, Alte Begräbnisstätten in Dettingen, OA. Rottenburg aus
fränkisch-alemannischer Zeit. Reutlinger Geschichtsblätter 22/23, 1911/12,
S. 83–85. – Ders., Fundber. aus Schwaben 20, 1912, S. 57–59. – D. Planck, Die
römischen Steindenkmäler von Dettingen. Der Sülchgau 17, 1973, S. 79–80. – O.
Wetzel, Die Pfarrei Dettingen bei Rottenburg a. N. Sülchgauer Altertumsverein
1964, S. 57–65.

Erhard Schmidt

Die Wurmlinger Kapelle St. Remigius

Die St.-Remigius-Kapelle, hoch über Wurmlingen auf einem Ausläufer des Spitzberges (Abb. 106) gelegen und durch einen tiefen
Sattel von diesem getrennt, ist ein schlichter Rechteckbau des
späten 17. Jahrhunderts. So unscheibar sich der Kirchenbau heute
präsentiert, so reich ist seine Geschichte.
1213 erstmals urkundlich belegt, war St. Remigius bis zum Ende
des 18. Jahrhunderts die Pfarrkirche von Wurmlingen. Ihr waren
die Kapelle St. Briccius in Wurmlingen, die Ammerhofkapelle
zwischen Tübingen und Unterjesingen, St. Ägidius, und die Ka-

Abb. 106   Die Wurmlinger Kapelle, Ansicht von Nordosten

pelle zu Unserer lieben Frau am Holderbusch in Hirschau zugeordnet. Damit umfaßte der Pfarrsprengel im Mittelalter den gesamten westlichen Spitzberg mit seinem Vorland.

Im Zusammenhang mit Restaurierungsarbeiten wurden 1962/63 Grabungen in der Wurmlinger Kapelle durchgeführt. Es ließen sich drei ältere Bauphasen nachweisen (Abb. 107). Der früheste Kirchenbau war offenbar nur im Fundament der südlichen Schiffswand nachweisbar. Im Osten, wenig vor einem tiefliegenden hochromanischen Bauteil, bog das Fundament nach innen ab, worin der Ausgräber den Ansatz einer halbkreisförmigen Apsis sah (Abb. 108). Dem folgend, läßt sich der Grundriß einer langge-

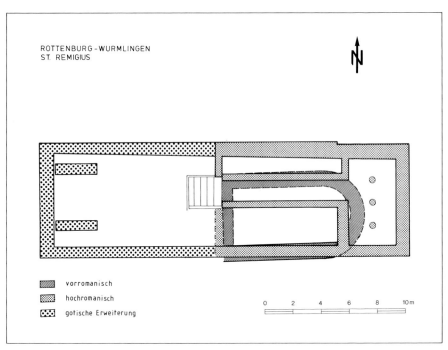

N

vorromanisch
hochromanisch
gotische Erweiterung

0   2   4   6   8   10 m

Abb. 107   Die Wurmlinger Kapelle, Grabungsplan

streckten, schmalen Kirche rekonstruieren, deren halbkreisförmiger Chor absatzlos an das Schiff anschloß. Die geringen Befunde erlauben keine exakte Datierung. Möglicherweise geht die Kirche auf die Zeit der Christianisierung zurück, wie das Patrozinium und der ausgedehnte Pfarrsprengel belegen könnten, aufgegeben wurde der älteste nachgewiesene Steinbau zu Beginn des 12. Jahrhunderts.

Zu diesem Zeitpunkt erfolgte der Bau einer etwas breiteren und nach Osten vorgeschobenen Kirche. Auch bei diesem Bau setzte sich der Chor als Rechteck im Grundriß nicht vom Kirchenschiff ab. Doch weist die Kirche eine Besonderheit auf, die ihre Bedeutung im Hochmittelalter unterstreicht. Unter dem Rechteckchor wurde eine heute noch erhaltene Krypta (Abb. 109) mit querrechteckigem Grundriß errichtet. Kreuzgratgewölbe ruhen in der Mittelachse auf drei Säulen, die in Würfelkapitellen enden. Von der Krypta führen zwei übereinanderliegende Gänge, der eine über dem Bodenniveau der Krypta, der andere erheblich darunter, geradlinig nach Westen. Aufgrund der stilistischen Formen der Kapitelle kann die Errichtung dieses Kirchenbaues in das beginnende 12. Jahrhundert datiert werden.

In gotischer Zeit wurde die St.-Remigius-Kirche umgebaut und erweitert. Das Kirchenschiff wurde auf den Umfang der heutigen Kapelle nach Westen verlängert, der Zugang der Krypta von Westen geschlossen und dafür eine Türe in die Ostwand gebrochen. Innerhalb der Kirche wurden vor der Westwand zwei parallele

Abb. 108   die Wurmlinger Kapelle, Ansatz der Apsis der Bau-Phase I, von Südwesten

Abb. 109 Die Krypta der Wurmlinger Kapelle

Mauerzüge angetroffen, die der Ausgräber als Fundierung eines innen liegenden Westturmes interpretieren möchte.

Im Spätmittelalter verlor die Kirche an Bedeutung, die abhängigen Kapellen wurden teilweise zu eigenen Pfarreien erhoben, und die Wurmlinger besuchten mehr und mehr die Kapelle St. Briccius im Dorf. Als schließlich St. Remigius am 17. März 1644 durch Brand zerstört wurde, dauerte es über 40 Jahre, bis ein Neubau erfolgte. Er wurde im gleichen Grundriß unter Wiederverwendung einzelner Mauerpartien aufgebaut und 1686 geweiht. 1775 wurde St. Briccius offizielle Pfarrkirche und St. Remigius sank auf den Rang einer Kapelle herab.

Literatur:
Das Königreich Württemberg II (1905) S. 450. – Kdm Schwarzwaldkreis (1897)
S. 287–289. – KRB Tübingen 2 (1972) S. 832 ff. – A. Rieth, Neue Untersuchungen
zur Baugeschichte der Wurmlinger Kapelle, in: Der Spitzberg bei Tübingen (hrsg.
von der Landesstelle für Naturschutz und Landschaftspflege Baden-Württemberg;
1966) S. 28–66. – E. Stuhlinger, Die Wurmlinger Kapelle (1949).

Erhard Schmidt

Der römische Gutshof von Bierlingen (Gemeinde Starzach)

Zufahrt: Von Rottenburg auf der Straße über Bad Niedernau, Schwalldorf, Frommenhausen nach Wachendorf. Von Wachendorf aus 1 km auf der Straße in Richtung
Bierlingen, dann Abzweigung nach links Richtung Bad Imnau nehmen. Nach 1 km
wiederum nach links auf kleine Seitenstraße nach Kremensee und Trillfingen abbiegen. Diese führt nach 700 m direkt durch das Gelände des Gutshofes.

Die Villa rustica liegt etwa 2,7 km südlich der Ortschaft Bierlingen
und 0,6 km südlich des Schloßgutes Neuhaus in der Flur »Neuhauser Großholz«, am leicht abfallenden Südhang einer lößbedeckten
Kuppe.
Der Gutshof wurde 1865 beim Roden des Waldes »Großholz«
entdeckt. Unter der Leitung von Hans-Carl Freiherr von Ow-
Wachendorf begann man noch im selben Jahr mit den Ausgrabungen, die 1869 ihren Abschluß fanden. Dabei wurden neben der
Hofmauer, deren gesamter Verlauf nachgewiesen werden konnte,
mit dem Haupt- sowie zwei Nebengebäuden drei Steinbauten freigelegt, ohne daß damit jedoch der gesamte Baubestand der Hofanlage erfaßt wurde.
Die 1,1 m breite Hofmauer umschloß ein rechteckiges Areal von
155 × 138 m, das im östlichen Bereich in seiner gesamten Nord-
Süd-Ausdehnung von der heutigen Straße Trillfingen–Bierlingen
durchschnitten wird. Mit einer Innenfläche von 2,1 ha, die der
Ausdehnung eines Kohortenkastells entspricht, gehört die Anlage
zu der mittleren Größenklasse der Villen in Baden-Württemberg.
Das im oberen Bereich des Hofes mit Front nach S errichtete
Hauptgebäude (Abb. 110) – seine Lage ist heute durch eine Baum-

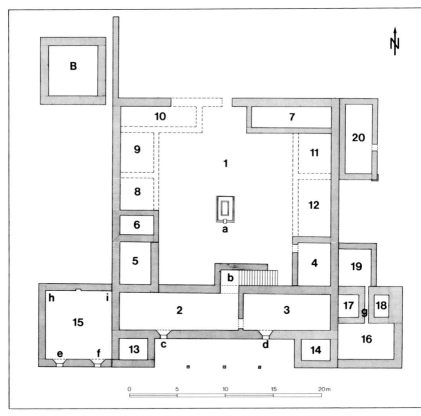

Abb. 110 Römischer Gutshof von Starzach-Bierlingen, Flur »Neuhauser Groß-holz«. Grundriß des Hauptgebäudes und des Nebengebäudes B. (nach D. Planck)

gruppe gekennzeichnet – weist in seiner Bausubstanz zwei Perio-den auf. Die ältere Periode umfaßt die Räume 1 bis 14. Durch einen an der Nordfront gelegenen Eingang gelangt man in einen offenen Hofraum, in dessen Mitte sich ein rechteckiges, wohl für die Auf-nahme von Regenwasser bestimmtes Becken befand. Der Hof war an allen vier Seiten von Räumen umgeben, wobei lediglich die Frontpartie unterkellert war. Zugang zu diesen beiden Kellerräu-men (2,3), deren Bodenniveau z. Z. der Ausgrabung noch 2 m unter der damaligen Oberfläche lag und die durch Lichtschächte (c, d) mäßig erhellt worden waren, gewährte eine vom Hofraum hinabführende Außentreppe (b). Betont wurde die Frontseite durch zwei risalitartig vorspringende, schmale Eckräume (13, 14). Sie dürften sich über die gesamte Tiefe der Kellerräume erstreckt haben. Unklar ist die Bedeutung dreier, zwischen den Risaliten aufgedeckter, rechteckiger Fundamente. Aufgrund ihrer geringen Abmessungen können sie nicht Pfeilerfundamente einer Pfeilerhalle sein, wie wir sie uns in Anlehnung an andere Wohngebäude von Villen, als einen, die beiden Eckrisalite verbindenden Trakt über den Kellerräumen vorzustellen haben. Sie sind eher mit einer kleinen Einfriedung in Verbindung zu bringen.

Zu einem jüngeren Zeitpunkt wurde das Wohngebäude durch An- und Umbauten (15–20) vergrößert. Seine Hauptfront war nun von zwei mächtigen, über die West- und Ost-Seite herausragende Eckrisalite eingerahmt. Während der westliche Anbau vollständig unterkellert war – in diesem ebenfalls mit Lichtschächten (e, f) versehenen Keller fanden sich in den Ecken (bei h, i) verbrannte Vorräte –, könnte der östliche, dem sich nach N zu ein weiterer Raum anschloß, aufgrund seines z. T. sehr enggegliederten Grundrisses mit einer Fußbodenheizung ausgestattet gewesen sein.

Bei den beiden Nebengebäuden (Abb. 31: B, C), die unmittelbar an der Nordwestecke des Hauptgebäudes bzw. leicht versetzt unterhalb desselben lagen, konnte außer den Umfassungsmauern keine Inneneinteilung beobachtet werden, so daß diese, sollte sie überhaupt bestanden haben, in Holzbauweise errichtet gewesen sein müßte. Bei diesen beiden Bauten handelt es sich vermutlich um Wirtschaftsgebäude, ohne daß sich deren Zweckbestimmung näher definieren ließe.

In einer Entfernung von 120 m wurden südwestlich der Villa die Reste eines weiteren Gebäudes, vermutlich einer Schmiede beobachtet. Diese hatte man wegen der großen Brandgefahr außerhalb der Hofanlage errichtet.

Der nur 12 km von der römischen Hauptstadt der Region, dem römischen Rottenburg, entfernt liegende Gutshof wurde um 100 n. Chr. angelegt. Ob den Steinbauten dabei zunächst Holzbauten vorrangegangen waren, läßt sich nicht schlüssig beantworten

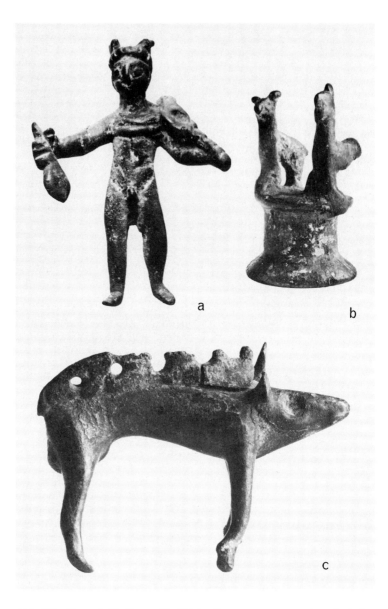

Abb. 111   Starzach-Bierlingen. Drei kleine Bronzestatuetten aus dem römischen
Gutshof

(s. S. 188). Unter den bei den Grabungen geborgenen Funden, die sich sämtlich in Privatbesitz befinden, sind besonders drei kleine Bronzestatuetten hervorzuheben (Abb. 111), deren Stil einen stark keltischen Einschlag aufweist. Wie weiterhin eine Anzahl eiserner Handwerksgeräte für Holzbearbeitung nahelegt, lebten die Bewohner des Hofes wohl nicht nur allein von der Landwirtschaft, sondern ebenso auch von handwerklichen Erzeugnissen. Die Villa hatte bis ins 3. Jahrhundert n. Chr. bestanden, bis sie dann um 233 oder 260 n. Chr. von den Alamannen zerstört und aufgegeben wurde.

Literatur:
E. v. Kallee, Römische Niederlassung bei Wachendorf. Württ. Vierteljahreshefte f. Landesgesch. 10, 1887, S. 77 ff. –Paret, Die Römer (^{3}1932) S. 3, 31 ff., 96, 116, 121. – D. Planck, Die Villa rustica von Bierlingen-Neuhaus, Lkr. Horb a. N. Fundber. Baden-Württemberg 1, 1974, S. 501 ff. – Ders. in: Filtzinger, Die Römer in Bad-Württ. (1975) S. 240 f.

Jörg Heiligmann

Die Ausgrabung in der Pfarrkirche St. Peter und Paul in Wachendorf (Gemeinde Starzach)

Eine notwendige Vergrößerung der Wachendorfer Pfarrkirche (Abb. 112) erforderte 1977 den Abbruch des in das 12. Jahrhundert zurückreichenden romanischen Kirchenschiffes. Zuvor konnten jedoch archäologische Untersuchungen durchgeführt werden. Die ältesten Befunde belegen eine Besiedlung in frühmittelalterlicher Zeit. Im Chor der Kirche konnten Pfostengruben und eine Feuerstelle als Nachweis einer ebenerdigen Holzbebauung entdeckt werden, das zugehörige Fundmaterial datiert diese wohl profane Bebauung in das 7. Jahrhundert.
Der zeitlich darauffolgende Befund, ein kleiner Kirchenbau, wurde im Westteil des Kirchenschiffes freigelegt (Abb. 113). Die Saalkirche mit kleinem, etwas eingezogenem Rechteckchor und Resten einer Altarschrankenfundierung war offensichtlich nicht als massi-

Abb. 112   Die Pfarrkirche Peter und Paul in Starzach-Wachendorf vor ihrer Erweiterung, von Nordosten

ver Steinbau ausgeführt. Auf den schmalen, unvermörtelten Stein-
setzungen der Umfassungsmauern konnten als Aufbau lediglich
Fachwerkwände gestanden haben. Nach Aufgabe dieser vorroma-
nischen Kirche wurde das Areal als Friedhof genutzt. Mehrere
Bestattungen zerstören die Streifenfundamente. Es ließ sich kein
Kirchenbau finden, der dem Friedhof zeitlich entspräche. Die folgende Bauphase, wiederum durch Pfostengruben dokumentiert,
stört sowohl die Fundierung der ältesten Kirche, als auch einige
Gräber des Friedhofs. Eine Interpretation des Gebäudes kann nicht
mit absoluter Sicherheit vorgenommen werden, doch ist nicht

auszuschließen, daß es sich um die Reste einer Holzkirche handelt. Nach der Brandzerstörung dieses Gebäudes erfolgte nunmehr eine profane, herrschaftliche Neubebauung, nun als Massivbau. Das 1,8 m breite, vermörtelte Bruchsteinfundament eines querrechtekkigen Gebäudes durchschneidet die älteren Befunde. Es umfaßt einen Innenraum von 5,5 × 7,5 m. Die Abmessung und Fundamentstärke weisen auf einen wehrhaften Bau, der nur auf Initiative des Ortsadels entstanden sein konnte. Sicherlich ist hier der Sitz der 1125 urkundlich faßbaren Herren von Wachendorf zu lokalisieren.

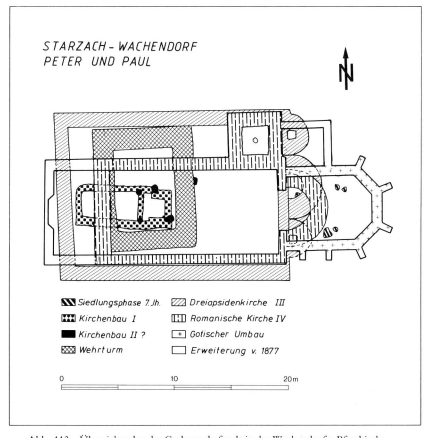

Abb. 113   Übersichtsplan der Grabungsbefunde in der Wachendorfer Pfarrkirche

Der allgemeinen Tendenz des Hochadels folgend, verlegten die Herren von Wachendorf im ausgehenden 11. oder frühen 12. Jahrhundert ihren Sitz auf eine Höhenburg und widmeten das Areal ihres Wohnturmes der Kirche, ein Vorgang, der häufiger zu beobachten ist. Anstelle der Wehranlage wurde ein aufwendig gestalteter Kirchenbau in Angriff genommen. Der Grundriß, eine dreischiffige Basilika mit Hauptapsis und zwei kleineren Nebenapsiden, ist im Hochmittelalter hinlänglich bekannt, doch findet er in der Regel nur bei bedeutenden Kirchen Anwendung, kaum bei herrschaftlichen Eigenkirchen. Es spricht jedoch einiges dafür, daß dieser Kirchenbau niemals vollendet wurde. Denn noch im 12. Jahrhundert, nach Aussage der Bauformen spätestens um die Mitte des Jahrhunderts, wurde eine erheblich kleinere Kirche erbaut, zu der das 1977 abgebrochene Kirchenschiff und der noch erhaltene Kirchturm gehörten. Den Ostabschluß fand die romanische Kirche in einer eingezogenen halbkreisförmigen Apsis, die in gotischer Zeit durch einen Polygonalchor ersetzt wurde.

Literatur:
OAB Horb (1865) S. 255–257. – Das Königreich Württemberg II (1905) S. 203. – Kdm Schwarzwaldkreis (1897) S. 153f. – KRB Tübingen 3 (1974) S. 634f.; S. 658. – E. Schelkle, Burg und Herrschaft Wachendorf. Sülchgauer Altertumsverein 1957, S. 30–36.

Erhard Schmidt

Tübingen

Vor- und Frühgeschichte

Die Anfänge der Besiedlung des durch die Täler von Neckar, Steinlach, Ammer und Goldersbach geprägten Raumes liegen im dunkeln. Knochenfunde eiszeitlicher Tiere wie Mammut, Nashorn, Ren, Edelhirsch und Wildpferd, die im Stadtgebiet (Käsenbachtal, Mühlstraße) zutage kamen, lassen darauf schließen, daß die Landschaft um Tübingen von eiszeitlichen Menschengruppen begangen wurde.

Vereinzelte mesolithische Silexgeräte, die auf dem Spitzberg an der ins Neckartal abfallenden Sonnenhalde nordöstlich der Ödenburg gefunden wurden, weisen auf einen Rastplatz mittelsteinzeitlicher Jäger und Sammler hin.

Ein Siedlungsplatz der jungsteinzeitlichen sog. bandkeramischen Kultur ist östlich vom Hofgut Ammern in der Flur »Wasserfalläkker« nachgewiesen. Einzelfunde, die nicht mit festen Siedlungsplätzen in Verbindung gebracht werden können, stammen u. a. vom Spitzberg, aus Kiesschottern im Mündungsbereich der Steinlach und von der Flur »Öhler« über dem Käsenbachtal (Abb. 114: 2–4).

Als Einzelfund anzusprechen ist auch ein frühbronzezeitliches Randleistenbeil mit parallel zur Schneide verlaufender Rillenverzierung (Typ Buchau Variante A nach B. U. Abels), das unterhalb des Stauwerks aus dem Neckar gebaggert wurde (Abb. 114:1). Fragmente von mittelbronzezeitlichen Knöchelbändern (Stufe Bronzezeit C) wurden in der Hallstattstraße im Bereich des Grabhügelfeldes gefunden. Ob es sich um Einzelfunde handelt, oder ob ein nicht erkannter Grabfund vorliegt, läßt sich nicht mehr klären.

Aus der Zeit der Urnenfelderkultur (Stufe Hallstatt A 2) stammt ein Brandgrab, das 1936 in der Ebertstraße aufgedeckt wurde. In einer Urne, die mit einer Steinplatte abgedeckt war, wurde der Leichenbrand gesammelt. Zu den Beigaben, die in der Urne lagen, gehörten eine kleine Schüssel, ein Henkeltopf, ein Bronzering und eine Bronzenadel.

Eine urnenfelderzeitliche Siedlung lag auf dem »Burgholz«, wo im Zusammenhang mit dem Neubau der B 28 Scherben gefunden wurden. Der im Gelände gut sichtbare Wall mit vorgelagerten Graben, der die Bergzunge nach Osten zu abriegelt, dürfte jedoch nicht urnenfelderzeitlich, sondern frühmittelalterlich sein (s. S. 245 ff.).

Aus der Zeit der Hallstattkultur (8.–6. Jh.) kennen wir mehrere Grabhügel und Grabhügelgruppen: In Flur »Neubruch« und Wald »Hägnach« etwa 2,2 km nördlich von Lustnau am südöstlichen Rand des Kirnberg, 3 km nördlich von Lustnau; südlich des Neckars im »Salzgarten« und im Wald »Schindhau«. Ein Grabhügel-

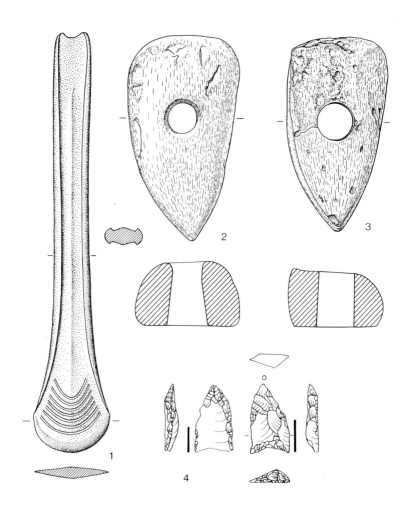

Abb. 114 Jungsteinzeitliche und bronzezeitliche Funde von Tübingen. – 1 Rand-leistenbeil, Bronze (nach G. Kraft), 2 Steinbeil aus dem Mündungsbereich der Steinlach, 3 Steinbeil vom Spitzberg, 4 Pfeilspitze aus Hornstein, – 1 verschollen, 2 WLM Stuttgart, 3 Inst. f. Vor- und Frühgesch. d. Universität Tübingen, 4 Privatbesitz. 1–3 M = 1 : 2, 4 M = 1 : 1

feld, das heute vollständig überbaut ist, liegt im »Geigerle« am südöstlichen Ausläufer des Steinenberges. Die Hallstattstraße weist mit ihrem Namen auf die kulturelle Zugehörigkeit dieser Nekropole hin. Es handelt sich um Brandbestattungen in kleinen Hügeln von 6 bis 9 m Durchmesser, die von Steinkreisen umzogen waren. Mindestens 9 Hügel konnten nachgewiesen werden. Die Beigaben, Gefäße mit Stempel- und Ritzverzierung im späten Alb-Salem-Stil, Bandohrringe und ein mit konzentrischen Kreisen verziertes Gürtelblech (Abb. 115) datieren das Gräberfeld in die späthallstatt-

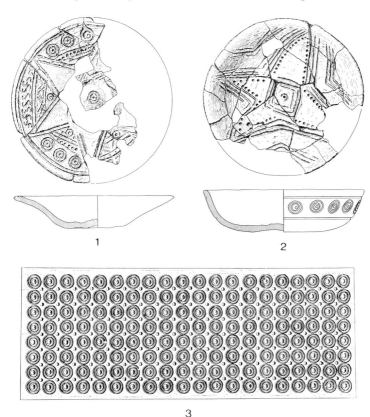

Abb. 115 Tübingen. Grabhügelfeld in der Hallstattstraße. 1,2 Hügel, 1, Keramik; 3 Hügel, 3, Gürtelblech, Bronze. – Inst. f. Vor- und Frühgesch. d. Universität Tübingen. M = 1 : 3

zeitliche Stufe Hallstatt D 1. Die größte Grabhügelgruppe lag auf der Waldhäuser Höhe, etwa 1,5 km südöstlich von Waldhausen. Im vorigen Jahrhundert wurden noch 45 Hügel gezählt, heute sind nur noch 6 Hügel zu sehen (Abb. 116). 1834/35, 1897, 1901 und 1953 fanden Grabungen statt. Erwähnt werden u. a. Wagenbestandteile, die zu mindestens 2 Wagengräbern gehören, Tonnenarmbänder aus Bronze, der Griff eines Eisendolches mit Messingtauschierung, 14 geperlte, zum Ohr- oder Kopfschmuck gehörende Goldringe, Reste von Eisenschwertern und Keramikbeigaben. Eine gegossene Frühlatènefibel aus Bronze dürfte von einer Nachbestattung stammen. Der größte Teil der Funde ist verschollen. Die Siedlungen, zu denen die Grabhügelgruppen gehören, sind in der Regel nicht bekannt und dürften auf den heute waldbedeckten Höhen gelegen

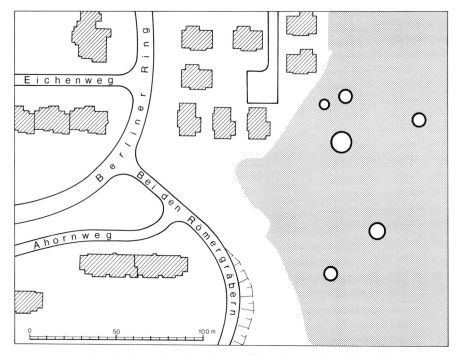

Abb. 116   Tübingen. Plan des hallstattzeitlichen Gräberfeldes auf der Waldhäuser Höhe

haben, lediglich die Hügel im »Salzgarten« und »Schindhau« können mit der Höhensiedlung im »Burgholz« in Verbindung gebracht werden.

Aus der Latènezeit stammt die schon erwähnte Fibel von der Waldhäuser Höhe, in Derendingen wurde 1914 ein Grab der Stufe Latène B mit Knotenring aus Bronze und Pinzette aufgedeckt, und im Stadtgebiet von Tübingen fand sich ohne nähere Fundortangaben eine keltische Goldmünze.

Eine unbedeutende Rolle spielte der Tübinger Raum in römischer Zeit. Siedlungsspuren stammen vom Bereich der Zankersiedlung an der Westseite des Weilerbaches. Sie dürften von einer weiter nördlich gelegenen Stelle abgeschwemmt worden sein. Bei der Erweiterung der Neuen Aula der Universität wurden römische Funde angetroffen, die wohl vom Käsenbach verlagert worden waren. Durch das Stadtgebiet zieht die von Sumelocenna (Rottenburg) über Wurmlingen und Unterjesingen herführende Straße, deren Straßenkörper bei Baumaßnahmen in der Herrenberger-, Rümelin- und Hölderlinstraße mehrfach angeschnitten wurde. Bei Lustnau dürfte die Straße das Neckartal durchquert haben, um dann bei Kirchentellinsfurt wieder auf der linken Talseite in Richtung Grinario (Köngen) zu ziehen.

Aus der Zeit des 3. bis 5. Jahrhunderts n. Chr. sind bislang keine Funde bekannt geworden. Erst im 7. Jahrhundert beginnen die Quellen reicher zu fließen. Wichtige Zeutnisse für die frühmittelalterliche Besiedlungsgeschichte sind die Friedhöfe, während die Siedlungen in den wenigsten Fällen mit archäologischen Mitteln nachgewiesen werden können. Am Nordhang des Galgenberges fanden sich Gräber aus der zweiten Hälfte des 7. Jahrhunderts, die zu der Siedlung »Wennfeld« gehört haben. Am südöstlichen Rand von Lustnau liegt ein Friedhof mit Bestattungen aus derselben Zeit. Drei Friedhöfe sind von Derendingen bekannt. Sie gehörten zu kleinen Weilern, aus denen sich die spätere Ortschaft Derendingen gebildet hat. Ein Friedhof mit etwa 20 Gräbern aus der zweiten Hälfte des 7. Jahrhunderts lag am südlichen Ortsausgang in der Flur »Hasenäcker«, ein weiterer im Bereich von Marienstraße und Danziger Straße. Zwei besonders reich ausgestattete, adelsähnliche

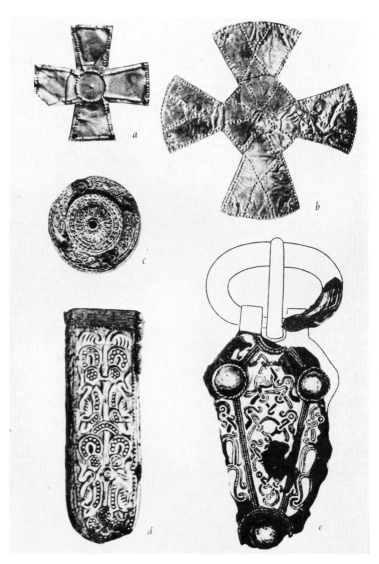

Abb. 117 Funde aus merowingerzeitlichen Friedhöfen in Derendingen. Friedhof in der Bernhalde: a, b Goldblattkreuze, d silberne Preßblechriemenzunge, e Gürtelschnalle, Eisen tauschiert. – Friedhof Marienstraße–Danziger Straße: c Goldblechscheibenfibel. WLM Stuttgart. M nicht ganz 1 : 1 (nach KRB Tübingen 1, 1967, Abb. 23)

Gräber stammen aus einem Friedhof in der »Bernhalde« an der Nordspitze des Rammert (Abb. 117). Die beiden punzverzierten Goldblattkreuze können als Zeugnisse der Christianisierung gesehen werden.

Im engeren Stadtgebiet von Tübingen wurden unmittelbar westlich des Stiftskirchenportals Gräber aus der ersten Hälfte des 7. Jahrhunderts angetroffen, die zu einem Friedhof gehören, der sich weiter nach Westen in die Münzgasse und Kronenstraße erstreckt hat. Dieser Friedhof gehörte zu einer kleinen Siedlung, die archäologisch bislang nicht nachgewiesen werden konnte, deren Lage aber nördlich der Stiftskirche angenommen wird.

Literatur:
KRB Tübingen 1 (1967) S. 157 ff.; 3 (1974) S. 9 ff. – E. Hennig, Tübingens Vorzeit und Vorgeschichte (1957). – E. Keefer, Hallstattzeitliche Grabhügel in Tübingen, Flur »Geigerle«. Fundber. Baden-Württemberg 3, 1977, S. 204 ff. – H. Reim, Zur frühgeschichtlichen Besiedlung des Tübinger Raumes. Tübinger Blätter 65, 1978, S. 90 ff.

Hartmann Reim

Die Geschichte der Stadt

Auch wenn auf dem Gebiet der alten Stadtmarkung Tübingen einige vorgeschichtliche und auch römische Funde gemacht worden sind, so wird man doch davon ausgehen dürfen, daß der Ort bis zum Ende der Römerzeit zweifellos kein Zentrum gewesen ist. Der Name Tübingen mit der typischen Endung -ingen konnte ebenfalls nicht eindeutig geklärt werden, aber er führt in die Zeit der Landnahme der Alamannen, und aus der ersten Hälfte des 7. Jahrhunderts wurde auch ein alamannischer Friedhof auf dem Bergrücken westlich der Stiftskirche in der Münzgasse mehrfach angeschnitten. Ein Herrenhof dürfte an der Stelle des späteren Fronhofs (im Bereich der alten Universitätsgebäude) vermutet werden; eine dazugehörige dörfliche Siedlung konnte bisher nicht eindeutig lokalisiert werden, während man wohl den ersten Kirchenbau etwa an der Stelle der heutigen Stiftskirche suchen muß.

Tübingen tritt verhältnismäßig spät ins Licht der Geschichte. Erstmals wird die Burg anläßlich einer Belagerung durch König Heinrich IV. im Jahre 1078 erwähnt, und die bald sich nach Tübingen nennende Grafenfamilie erringt zu Beginn der Stauferzeit mit dem Erwerb der Pfalzgrafenwürde in Schwaben große Bedeutung.

In der ersten Hälfte des 12. Jahrhunderts ist in Tübingen auch mit einem Marktleben zu rechnen, da um 1150 »Tübinger Pfennige« aus dem im Schwarzwald gewonnenen Silber erwähnt werden, und eine Münze setzt einen Markt voraus, wo sie in den Verkehr gebracht werden konnten.

Trotz der sehr dürftigen Quellenlage dürfen wir davon ausgehen, daß der Aufstieg vom Markt zur Stadt relativ schnell erfolgt ist. Das läßt sich an den beiden aufeinanderfolgenden romanischen Kirchenanlagen an der Stelle der Stiftskirche ablesen, und es zeigt sich auch in einer ersten, den ursprünglichen Kern wesentlich vergrößernden Stadterweiterung mit der planmäßigen Anlage des Marktplatzes. Mehr zufällig wird dann 1231 Tübingen einmal als

Abb. 118   Tübingen gegen Mitternacht liegend. Aus dem Kieserschen Forstlagerbuch, Bebenhäuser Forst von 1683

240

Abb. 119 Die Neue Aula in Tübingen. Lithographie von C. Baumann, um 1850

»civitas« bezeichnet, um 1243 Tübinger Meß erwähnt, das bald in einem weiteren Umkreis als vorbildliche Maßeinheit anerkannt wird, und seit der Mitte des 13. Jahrhunderts sind Rat und Gericht nachzuweisen. Zugleich siedeln sich hier zwei Bettelordensklöster, die Augustinereremiten und die Franziskaner an, und die Stadt erhält ein Spital und zusätzlich ein Aussätzigenhaus. Noch im 13. Jahrhundert ist dann eine nach Norden bis zur Ammer führende Stadterweiterung, die heutige Unterstadt, erfolgt, womit Tübingen die bis ins 19. Jahrhundert gültige Ausdehnung erfuhr. Das Spätmittelalter ist als eine Zeit der wirtschaftlichen Blüte von Tübingen anzusehen, während die Familie der Pfalzgrafen mehr und mehr verarmte und schließlich 1342 Burg und Stadt an die Grafen von Württemberg verkaufte; Tübingen ist seitdem württembergisch geblieben. Seine Bedeutung wurde erheblich gesteigert, als Graf Eberhard im Bart hier die Universität gründete, die

1477 ihre Pforten öffnete. Das 15. Jahrhundert hat aber auch im Stadtbild seine unauslöschlichen Spuren hinterlassen, wobei nur an den Neubau der Stiftskirche und die Erbauung des Rathauses erinnert zu werden braucht (Abb. 118).

Das Gewicht der Tübinger Führungsschichten wurde in der unruhigen Zeit während der Regierung Herzog Ulrichs deutlich, als hier am 8. Juli 1514 der Tübinger Vertrag zustande kam, der die Streitigkeiten zwischen dem Herzog und den Landständen für Jahrhunderte regelte.

Herzog Ulrich wurde zwar 1519 durch den Schwäbischen Bund aus dem Lande vertrieben, konnte aber 1534 zurückkehren. Gleich danach begann er in Württemberg die Reformation einzuführen, so daß auch die Universität nun zu einem Zentrum ev. Theologie

Abb. 120   Tübingen. Das Rathaus mit Marktbrunnen vor der Restaurierung 1875

Abb. 121 Tübingen. Blick auf Neckarfront, Stiftskirche und Schloß

wurde, wofür im 1536 gegründeten Evangelischen Stift ein Mittelpunkt geschaffen wurde, der für die Geistesgeschichte des Landes von großer Bedeutung war. Neben der Universität entstand übrigens noch eine weitere Hochschule, das in den Jahren 1588 bis 1593 erbaute Collegium Illustre, das zunächst als Beamten- und Adelsakademie gedacht war, bald aber nur noch dem Adel diente. Die Anfänge einer grundlegenden Veränderung des Stadtbildes liegen im 19. Jahrhundert. Sie sind sowohl durch die Vergrößerung der Universität (neue Fakultäten) und die Gründung eines eigenen Universitätsviertels an der Wilhelmstraße (Abb. 119) wie auch durch die Errichtung der Kliniken an den Hängen des Ammertals ebenso gekennzeichnet wie durch das langsame Wachstum der Stadt selbst, die um 1830 die mittelalterlichen Mauern niederlegte und begann, sich nach Westen, Süden und Nordosten auszudehnen (Abb. 120). Weitere Faktoren waren der Anschluß an das Eisenbahnnetz und die Errichtung einer Garnison.

Einen wesentlichen Zuwachs erfuhr Tübingen 1934 durch die Eingemeindung von Derendingen und Lustnau sowie des Weilers Waldhausen und die Schließung der Baulücken zwischen dem damaligen Stadtgebiet und den neuen Stadtteilen.

Tübingen hat den Zweiten Weltkrieg weitgehend unbeschädigt überstanden und wurde nicht zuletzt dadurch Sitz des kleinen Landes Württemberg-Hohenzollern in den Jahren 1945 bis 1952 (Abb. 121). Die stürmische Bauentwicklung der Nachkriegszeit kann hier nicht mehr weiter verfolgt werden. Das Stadtgebiet wurde durch die Eingliederung der benachbarten Orte Bühl, Hagelloch, Hirschau, Kilchberg, Pfrondorf, Unterjesingen und Weilheim im Jahre 1971 sowie von Bebenhausen im Jahre 1974 wesentlich vergrößert.

Literatur:
KRB Tübingen Bd. 3, 1974, 9 ff., 283 ff. (ausführliche Quellen- und Literaturangaben). – J. Sydow, Geschichte der Stadt Tübingen I: Von den Anfängen bis zum Übergang an Württemberg 1342. Tübingen 1974.

Jürgen Sydow

Das Burgholz an der Reutlinger Steige

Das 2,5 km im ostsüdöstlich von Tübingen, unmittelbar an der Schnellstraße nach Reutlingen gelegene Burgholz stellt geologisch eine Rückfallkuppe aus Stubensandstein dar, die mit den östlich gelegenen, lößbedeckten Liasflächen der Härten verbunden ist. Der nach drei Seiten teilweise steil abfallende, eine natürliche Schutzlage bildende Sporn wird durch einen ca. 150 m langen Abschnittswall vom leicht ansteigenden Hinterland abgeriegelt. Die so befestigte Innenfläche mißt etwa 2 ha. Das Burgholz, das als römisches Schanzwerk galt, wurde im Zuge der archäologischen Landesaufnahme 1896 von Major J. Steiner vermessen. In den dreißiger und vierziger Jahren behandelte P. Goessler mehrfach diese Anlage, die er als hallstattzeitlichen Ringwall ansprach, der im 12. Jahrhundert aber wiederverwendet worden sein soll. Dabei hätte der Wall die zangenförmige Toranlage erhalten, und der davorliegende Graben wäre zugeschüttet worden. Funde und Befunde, die diese Annahme stützen könnten, standen Goessler nicht zur Verfügung. Bauarbeiten entlang der Nordnordostkante, 70 m innerhalb der Befestigung, lieferten 1970 Funde, die neben dem Neolithikum die Späturnenfelder- und Hallstattzeit belegen, jedoch für die Datierung der Anlage wenig aussagen. Beim Anschneiden des Walles konnten Steinkonstruktionen nicht beobachtet werden, es muß sich daher um eine reine Erde- oder Holz–Erde-Konstruktion gehandelt haben. Eine Steinhäufung auf der Wallkrone und der Außenböschung, etwa 10 m südlich des Tores, ist singulär und in ihrer Funktion unklar. Im Spätherbst 1982 wurde die Anlage erneut vermessen (Abb. 122). Der nördliche Teil des Walles, der an seiner breitesten Stelle 14 m mißt und eine vom Wallfuß berechnete Höhe von 1,5 m besitzt, läuft etwa 12 m vor der Nordostkante des Hanges aus. Trotz der modernen Störung hat es den Anschein, als würde der Wall auch ursprünglich vor der ehem. Hangkante enden. Leicht nach innen geschwungen verläuft der Wall, der noch Spuren einer Berme zeigt, in südsüdwestlicher Richtung, um dann nach 63 m im stumpfen Winkel umzubiegen und eine lange Torwange zu bilden. Die südliche Wallhälfte, die

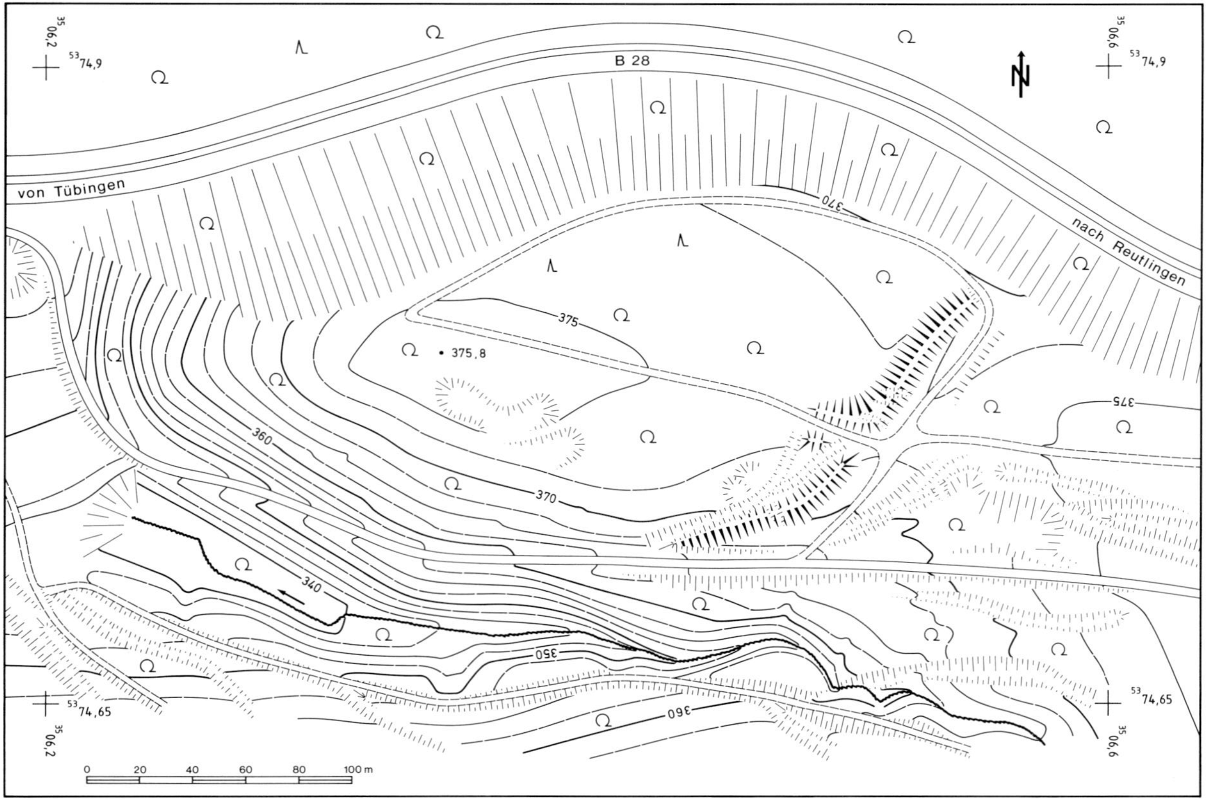

Abb. 122   Tübingen. Befestigungsanlage »Burgholz«

sich nach einer 4 m breiten Torgasse fortsetzt, ist gegenüber der nördlichen Wallhälfte leicht nach Osten versetzt. Der Wall ist ca. 12 m breit und an seiner höchsten Stelle noch 2,5 m erhalten. 25 m südlich des Tores schwenkt der Wall nach Südwesten ab und bricht, parallel zur Hangkante verlaufend, nach 50 m ab. Besonders im unteren Bereich sind Wall und Gelände durch die Alte Reutlinger Steige und einen an der Innenkante des Walles entlangführenden Hohlweg völlig verändert. Dieser Hohlweg mündet in den durch das Tor ziehenden Weg, wobei die südliche Torwange stark in Mitleidenschaft gezogen ist. Beide Torwangen verlaufen nahezu parallel. Der ehemals vorhandene Graben ist im nördlichen Teil als schwach ausgeprägte Mulde zu erkennen. Eine leichte Kante, die sich im östlichen Vorgelände abzeichnet, könnte der äußere Grabenrand sein. Von weiteren angeblichen Wall-Grabensystemen ist nichts zu sehen. Vielmehr handelt es sich um Wege, die auf die Härten führten und auch die östlich gelegene Lehmgrube miteinbezogen. Auch durch das südliche, sehr tief eingeschnittene Tal ziehen mehrere Hohlwege. Der Name »Landkutschers Kapf« des unmittelbar südlich des Burgholzes gelegenen Bergsporns unterstreicht die Bedeutung eines vielbefahrenen Aufganges vom Neckartal her. In diesem Zusammenhang wird man auch die Befestigung gerade an dieser Stelle sehen dürfen. Das Vorhandensein zweier unterschiedlicher Tortypen – Zangentor und Zugang entlang eines Steilhanges – ist in sich unstimmig und wird für die Mehrphasigkeit dieser Wallanlage sprechen.

Literatur:
P. Goessler, Das Burgholz an der Reutlinger Steige bei Tübingen. Zeitschr. f. Württ. Landesgesch. 8, 1944–48, S. 1 ff. – J. Biel, Die vorgeschichtlichen Höhensiedlungen in Südwürttemberg-Hohenzollern. Ungedr. Diss. Tübingen (1972).

Claus Oeftiger

247

Pfalzgraf Rudolf von Tübingen gründete im südlichen Schönbuch unweit des Zusammenflusses von See- und Goldersbach 1187 ein Kloster, das er den Prämonstratensern übergab. 1190 übernahmen Zisterzienser aus Schönau bei Heidelberg die Stiftung. Bereits 1188 ist in Bebenhausen eine Kirche bezeugt. Ab 1192 wird die Klosterkirche St. Maria genannt. Die ursprünglich flachgedeckte Pfeilerbasilika mit Querhaus und auf die Kreuzarme geöffneten kleinen Kapellennischen sowie mit fast quadratischem Chor wurde 1227 geweiht. Gegenüber dem ehem. Erscheinungsbild bietet sich der Bau mit Gewölben (1466 Langhaus und nördliches Querhaus, 1522 südliches Querhaus und Chor) und um sechs Joche verkürzt (seit 1566). Charakterisiert wird er von außen durch den in Form eines Vierungsturmes gestalteten Dachreiter, den 1407/09 der baukundige Laienbruder Georg von Salem unter Abt Peter von Gomaringen errichtete. Der Innenraum wird durch das 1335/40 unter Abt Konrad von Lustnau in die Chorostwand eingebrochene riesige Maßwerkfenster bestimmt. Von der alten Ausmalung bestehen nur mehr Spuren (z. B. thronender Salvator und Schutzmantelmadonna an der Chornordwand). Gut zu erkennen ist das oft restaurierte Votivbild des Vierungsturmerbauers Abt Peter von Gomaringen. Die reiche manieristische Kanzel am nördlichen Vierungspfeiler stammt aus der Zeit nach 1560. An den nördlichen Querhausarm angebaut war die Grabkapelle des Abtes Konrad von Lustnau (errichtet um 1350, später abgebrochen). Die südlichen Querhauskapellen wichen der Anlage der »Neuen Sakristei«. Die Klausurgebäude folgen in Lage und Aufteilung der Räume dem Typus der Zisterzienseranlagen (Filiation Ebersbach, Schönau). Südlich der Kirche, um den Kreuzgarten gelegen, reihen sich im Ostflügel im Norden beginnend mit der alten Sakristei, dem Kapitelsaal mit der Kapelle St. Johannes Baptist, dem Parlatorium, dem Durchgang zur Infirmerie und der Fraterie. Über dieser Raumfolge, die sich in der Gestalt des 13. Jahrhunderts erhalten hat, findet sich im Obergeschoß das Dormitorium der Mönche, ursprünglich gemäß der Ordensregel ein durchgehender ungeteilter Raum, in den 1513/16 die Einzelzellen der Mönche längs eines breiten Mittelganges eingebaut wurden. Der Südflügel besteht aus der Wärmestube (abgegangen), dem Mönchsrefektorium und der Küche. Das Refektorium, ein zweischiffiger hoher Raum mit oktogonalen Pfeilern ohne Kapitelle und einem aus sternförmig um die Pfeiler angeordneten Dreieckskappen gebildeten Gewölbe, wurde 1335 auf älterem Fundament errichtet. Der an die Küche anschließende Westflügel bietet sich als Um- bzw. Neubau des beginnenden 16. Jahrhunderts im Bereich des früheren Laienbruderflügels, der durch die für Zisterzienserklöster übliche Klostergasse von der Mönchsklausur getrennt war. Nach dem zahlenmäßigen Rückgang der Laienbrüder richtete man nach 1471 das Winterrefektorium mit flachgewölbter Holzdecke für die Mönche ein. Von den Malereien des 1513 fertig ausgestalteten Raumes bietet sich die Darstellung des Auszuges der Zisterzienser-Ritter aus Calatrava (ein Ereignis in Spanien 1158) als getreu dem Original renoviertes Bild. Das Laienrefektorium, das an das der Mönche anschließt, nimmt als Nachbau 1530 bewußt die Gliederung der Fraterie des Ostflügels auf. Allein die Malereien dieses Raumes zeigen seit der Renovierung 1960 einen Zustand ohne Übermalung. Über diesen Räumen des Westflügels lag entsprechend dem Mönchstrakt im Osten das Dormitorium der Laienbrüder, in gleicher Weise in Einzelzellen untergliedert.

Der bestehende Kreuzgang ist ein Nachfolgebau des romanischen, von dem nur mehr die Balkenauflagen an der Außenwand des südlichen Kirchenschiffes erhalten sind. Ende des 15. Jahrhunderts (1475 Nord-, 1481 Ost-, 1496 Süd- und um 1500 Westflügel) errichtet, prägt er, zusammen mit der vor dem Mönchsrefektorium gelegenen Brunnenkapelle mit ihrem schönen Gewölbe, den Innenhof der Klausur (Abb. 123).

Östlich der Klausurgebäude schließt sich der von Abt Johann von Friedingen 1532 als Gästehaus errichtete »Neue Bau« an, der zusammen mit der Infirmerie das Bauschema des Kreuzgartens mit Umfassung wiederholt. Beide Gebäude erfuhren gleich dem südwestlich davon gelegenen Abtshaus im 19. Jahrhundert grundlegende Umgestaltungen.

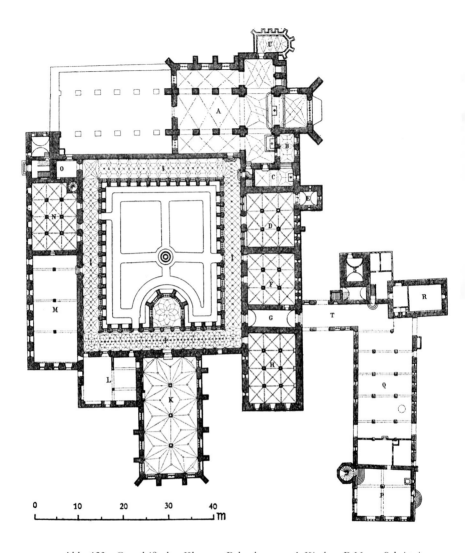

Abb. 123 Grundriß des Klosters Bebenhausen: A Kirche, B Neue Sakristei, C Alte Sakristei, D Kapitelsaal, E Johanneskapelle, F Parlatorium, G Durchgang zur Klause, H Fraterie, I Kreuzgang, K Sommerrefektorium, L Klosterküche, M Winterrefektorium, N Laienrefektorium, O Vorraum, Kirchenportal der Laien-brüder, P Speisesaal, Q Halle (beide im Erdgeschoß des Herrenhauses), R Kloake, S Kalefaktorium, T Verbindungsgang, U Grabkapelle des Abts Konrad v. Lustnau (abgebrochen)

250

Abb. 124 Das Kloster Bebenhausen

Die Klosteranlage war seit dem 13. Jahrhundert von Mauern um-
fangen, von denen die innere teilweise noch mit Wehrgang in der
Bausubstanz des 15. und 16. Jahrhunderts erhalten ist. Von den
Türmen steht der Torbau, »Schreibturm« genannt, mit einer großen Kreuzigungsgruppe aus dem zweiten Viertel des 15. Jahrhunderts, und der wegen seines Daches aus grün glasierten Ziegeln
»Grüner Turm« genannte Rundturm. Auch der äußere Mauergür-
tel steht zwischen den Bauten des neuen Ortes teils bis zur Höhe des
Wehrganges.
Der gute Erhaltungszustand der Anlage begründet sich in der
laufenden Nutzung des Klosters, das, nachdem es bereits 1534 bis
1547 während der Reformationszeit aufgehoben war, 1650 in eine
ev. Klosterschule umgewandelt wurde (Abb. 124). Nach deren
Auflösung 1807 diente der Bau größtenteils den Königen von
Württemberg als Jagdschloß mit der Folge mehrerer Umbauten im
19. Jahrhundert (z. B. der »Grüne Saal«). Nach der Revolution
1918 wurde das Kloster Wohnsitz der früheren königlichen Fami-

lie. 1946 bis 1952 tagte hier der Landtag des Bundeslandes Württemberg-Hohenzollern im ehem. Winterrefektorium. Seither dient das Kloster als Sitz verschiedener Behörden und als Außenstelle des Landesmuseums.

Literatur:
Eduard Paulus: Die Cisterzienser-Abtei Bebenhausen (1886). – H. P. Eydoux: Das Cisterzienserkloster Bebenhausen (1950). – Alfred Leucht: Bebenhausen Vergangenheit und Gegenwart (1977); hier auch weitere Literatur.

Johannes Wilhelm

Der Grabhügel der Hallstattkultur bei Kilchberg
(Stadt Tübingen)

Zufahrt: Von der Neckartalstraße Tübingen–Rottenburg zweigt am Ortsbeginn von Kilchberg eine Straße nach S in das am östlichen Ortsrand gelegene Neubaugebiet ab. Die zweite Seitenstraße führt nach O zur Silcherstraße, an der der Hügel liegt.

Der Grabhügel liegt in ebenem Gelände auf einer Niederterrasse des Neckars und wurde nach der im Jahre 1968 erfolgten Ausgrabung in das dortige Neubaugebiet einbezogen. Vor der Untersuchung war er nur als sehr flache Kuppe von 40 cm Höhe und 30 m Durchmesser zu erkennen. Bei der Grabung zeigte sich, daß die alte Oberfläche etwa 1 m unter der heutigen liegt, das Gelände im Laufe der Zeit also stark, vor allem wohl durch Abschwemmungen vom Rammert, dem südlich gelegenen Höhenzug, aufgehöht wurde. Diese Überschüttung durch Schwemmlehm muß schon vor der landwirtschaftlichen Nutzung des Geländes erfolgt sein, da sonst der den Hügel umgebende Steinkranz von den Bauern beseitigt worden wäre. Durch spätere Beackerung wurde die Hügelkuppe stark verschleift, wobei anscheinend mindestens eine Nachbestattung zerstört wurde, wie ein außerhalb des einstigen Hügelfußes zutage gekommener Halsreif aus Bronze nahelegt. Auf der alten Oberfläche zeigten sich im Zentrum des Hügels geringe Reste

Abb. 125 Tübingen-Kilchberg. Grabstele

einer hölzernen Grabkammer und Bruchstücke von fünf Tongefäßen – Reste einer Brandbestattung der älteren Hallstattkultur
(Grab 1). Dieses Grab war stark gestört durch eine Körperbestattung (Grab 2) der jüngeren Hallstattkultur, deren Grabgrube etwa
25 cm tief in den anstehenden Boden eingriff und die ältere Bestattung anschnitt. Die Grube von Grab 2 war 3,4 m lang, 2 m breit
und von einer Packung aus Sandsteinen bedeckt. Der oder die Tote
(das beigegebene Messer spricht für einen Mann, der anthropologi-
sche Befund für eine Frau) lag mit dem Schäden nach Südosten, mit
den Füßen nach Südwesten. An Beigaben fanden sich ein dolcharti-
ges Messer in Eisenscheide, ein kleiner goldener Ring, eine Bronze-
fibel und geringe Eisenreste. In der die Grabgrube bedeckenden
Packung lagen sorgfältig und bewußt auf Kopf und Oberkörper
des Toten verlegt, die oberen Teile von zwei Stelen aus Sandstein
(Stele A und B). Eine dritte, vollständige Stele (Stele C) lag außerhalb des Hügelfußes auf der alten Oberfläche. Die beiden Stelen-
bruchstücke aus der Steinpackung von Grab 2 müssen älter als jene
sein. Vielleicht standen sie einst auf dem Hügel über Grab 1, wurden dann bei Anlage von Grab 2 zerschlagen und ihre Köpfe in
jener Steinpackung verlegt. Die vollständige Stele C gehört wohl
zu dem während der jüngeren Hallstattkultur angelegten Grab 2
und ist vom Hügel herabgerollt oder –gestoßen worden, bevor die
Aufschwemmung des Geländes erfolgte. Um den Hügelfuß zieht
sich ein 13 m im Durchmesser haltender Kranz von senkrecht
gestellten Platten aus Stubensandstein von etwa 70 cm Höhe. Auf
der Außenseite von zwei aneinanderstoßenden Platten sind drei
konzentrische Kreise eingearbeitet. Da sie genau in einer über den
Schädel von Grab 2 gezogenen Verlängerung der Skelettachse liegen, dürften sie mit diesem Grab in Zusammenhang zu bringen
sein. Einige Reste lassen vermuten, daß der Hügel einst vollständig
mit Sandsteinbrocken und -platten bedeckt war, die sich jedoch nur
dort erhalten hatten, wo sie der Pflugtiefe entzogen waren.
Am westlichen Hügelfuß zeigte sich eine Scherbenstreuung von
mindestens 30 Tongefäßen, die von dem Steinkranz durchschnitten wurde, vielleicht Reste eines Totenmahles oder einer Opfer-
handlung.

Abb. 126 Tübingen-Kilchberg. Der rekonstruierte Grabhügel

Die Stelen (Abb. 126): A. Vierkantiger, nach oben sich leicht verjüngender Block aus Stubensandstein mit der Darstellung eines menschlichen Gesichts: Auge, dreieckige Nase, Mundspalte, darunter die Wiedergabe des Kinnes oder eines Bartes. Höhe noch 48 cm. – B. Platte aus Stubensandstein. Die geschwungene Verjüngung nach oben scheint natürlich zu sein. Das Gesicht ist auf das Wesentlichste, die Darstellung der Augen, beschränkt. Über der Bruchstelle drei ineinandergeschachtelte Dreiecke. Höhe noch 48 cm. – C. Block aus Stubensandstein. Die Schräge zum Hals ist künstlich abgearbeitet. Der plattenförmige Kopf trägt auf beiden Seiten geometrische Muster anthropomorphen Gepräges. Höhe 115 cm (Abb. 125).
Nach der Grabung wurde der Steinkranz gesichert und der Hügel wieder aufgeschüttet (Abb. 126). Auf seiner Spitze steht ein Abguß der Stele C, in der umgebenden Grünanlage wurden solche der Stelen A und B aufgestellt.

Literatur:
A. Beck, Der hallstattzeitliche Grabhügel von Tübingen-Kilchberg. Fundberichte aus Baden-Württemberg 1, 1974, S. 251 ff. – Bittel, Kelten (1981) S. 492 ff.

Siegwalt Schiek

Kilchberg (Stadt Tübingen)

Kilchberg liegt etwa 6 km südwestlich von Tübingen im Neckartal, auf halbem Weg nach Rottenburg. Der alte Ortskern hat, da er abseits der Landstraße liegt, keinen Durchgangsverkehr. Das Dorf gehört seit der Gebietsreform 1972 zur Stadt Tübingen. Schloß und Kirche liegen im nördlichen Randbereich des Ortes, das Schloß ganz nach Norden vorgeschoben, die Kirche noch in den Ortsrand eingebunden (Abb. 127). Die leichte Erhöhung des Kirchengrundstücks hat zu der Annahme geführt, dies könnte vielleicht namengebend gewesen sein: Kirch-Berg. Eine andere Version nimmt eine früher auf der Höhe des Rammert gelegene Kapelle (Wald »Kirchle«) dafür in Anspruch. Da der Kirchhof ursprünglich von einer hohen Mauer umgeben, also wahrscheinlich befestigt war, kommt auch die Deutung Kirch-Burg in Frage. Alte Schreibweisen des Namens sind: Kirchperc (1240), Kilperch (1292), Kilberg (1368).

Die Kirche von Kilchberg

Baubeschreibung: Die Kirche in ihrer heutigen Gestalt ist das Ergebnis mehrerer Umbauten. Den Kern bildet das einfache, rechteckige Schiff (Außenabmessungen 6,7 × 12,2 m) (Abb. 128). Im Osten angefügt ist der gleich breite und ebenso tiefe, also annähernd quadratische Chor. Der ebenfalls quadratische Turm (5,3 m) flankiert das Schiff im Süden, seine östliche Mauerflucht steht in Höhe des Chorbogens. An der Nordseite, die gleiche Flucht einhaltend, ist ein Anbau (8,2 × 5,0 m) als Erweiterung des Schiffes angefügt. Im Winkel zwischen diesem Anbau und dem Chor steht die Sakristei. Schiff und Chor sind mit einem durchlaufenden Satteldach gedeckt, der nördliche Anbau hat ebenfalls ein Satteldach (Giebel nach Norden), der Turm ein Zeltdach. Der Chor, gegenüber dem Schiff um einige Stufen erhöht, ist mit einem Kreuzrippengewölbe versehen, während das Schiff eine flache verputzte Decke hat. Die mit einem breiten Bogen zum Schiff geöffnete Turmkapelle ist ebenfalls mit einem Kreuzrippengewölbe geschlossen. Die Kirche

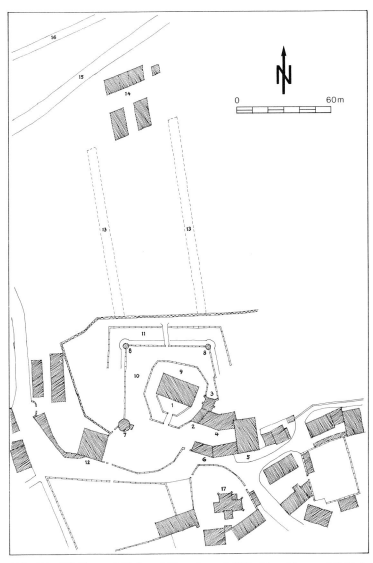

Abb. 127   Kilchberg. Schloß und Umgebung 1:1500. Umzeichnung 1 Schloß.
2 Turm, 3 Kapelle, 4 Hinteres Schloß, 5 Scheuer, 6 Waschhaus und Remisenbau,
7 Runder Turm, 8 Ecktürmchen der äußeren Befestigung, 9 Innerer Graben,
10 Wall, 11 Äußerer Graben, 12 Verwaltung, 13 Kastanienalleen, 14 Neues
Schloß, 15 Straße Tübingen–Rottenburg, 16 Eisenbahnlinie Tübingen–Rottenburg, 17 Kirche

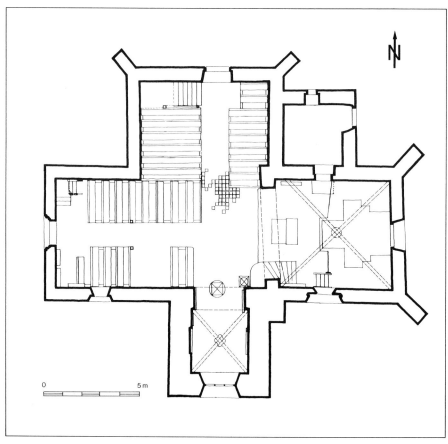

Abb. 128 Kilchberg. Kirche, Grundriß. Im Norden der gotische Anbau, im Osten der Rechteckchor, dazwischen die Sakristei. Im Süden die Turmkapelle mit den Epitaphien der Familie von Ehingen

hat zwei Eingänge, einen im Westgiebel und einen im nördlichen Anbau.

Baugeschichte: Das rechteckige Schiff und der Turm (zumindest dessen unteres Geschoß) gehören dem ältesten Bestand an. Der Zugang zum Schiff befand sich ursprünglich in der Nordwand unmittelbar neben dem späteren Anbau. Die Schwelle liegt ca.

Abb. 129 Kilchberg. Kirche, Epitaphien in der Turmkapelle

40 cm tiefer als der jetzige Fußboden, wie bei Anlage einer Außendrainage festgestellt wurde. Die Stellung des flankierenden Turms auf der S-Seite ist eigentlich nicht die Regel; es kann deshalb durchaus sein, daß es auf der Nordseite zur Zeit dieses ersten faßbaren Baues dazu eine Entsprechung gab. Außerdem muß das rechteckige Kirchenschiff einen Chor- oder Apsisabschluß im Osten gehabt haben. Dies könnte aber nur durch eine Grabung festgestellt werden. Der jetzige Chor dürfte als zweiter Bauabschnitt ausgeführt worden sein, der Nordanbau als dritter. Dessen Errichtung steht wahrscheinlich im Zusammenhang mit dem Einbau der Kapelle im Turm, die nach einer Urkunde des Bistums Konstanz (4. 9. 1528) zur Zeit Rudolf II. von Ehingen entstand. Damals ist auch der westliche Eingang angelegt worden. Ein weiterer Umbau des nördlichen Gebäudeteils fand unter der Familie Leutrum von Ertingen im 18. Jahrhundert statt.

Urkundliche Nennungen einer Pfarrei oder Kirche in Kilchberg sind aus den Jahren 1275, 1420 und 1421 bekannt. Im Jahr 1559 führte Georg II. von Ehingen die Reformation ein.

In der Turmkapelle befinden sich hochwertige Grabdenkmäler von Angehörigen der Familie von Ehingen (Abb. 129). Sie sind z. T. von den gleichen Bildhauern geschaffen worden, die auch an den Grablegen in der Tübinger Stiftskirche gearbeitet haben.

Das Schloß von Kilchberg

Baubeschreibung: Zum Schloß (Abb. 130) gehören mehrere Gebäude: das Wohnhaus, das Hintere Schloß, dazwischen der Turm mit angebauter Kapelle, Scheunen, Remisen, das Verwaltergebäude und, nach Norden abgesetzt, das Neue Schloß mit zwei Scheunen. Das Hauptgebäude ist von einer weitgehend erhaltenen zweifachen Befestigungsanlage umgeben. Es ist ein einfacher Bau mit rechteckigem Grundriß (25,0 m × 14,0 m). Die Traufhöhe des dreigeschossigen Hauses beträgt 11,5 m, die Firsthöhe etwa 22,5 m. Getrennt durch den Graben, jedoch verbunden durch einen zweigeschossigen brückenartigen Übergang, steht östlich davon der Turm. Seinen Grundriß bildet ein verschobenes Rechteck. Die

Abb. 130   Kilchberg. Schloß, Ansicht von Nordosten. Rechts Hauptgebäude, in
der Mitte Kapelle, dahinter Turm, links Hinteres Schloß und Scheuer

bekrönende Altane wurde im 18. Jahrhundert aufgesetzt, bis dahin
war dort eine Plattform mit Zinnen.
An die nördliche Schmalseite ist die gotische Kapelle, an die östliche Langseite das Hintere Schloß angebaut. Dieses schließt zusammen mit dem gegenüberliegenden Waschhaus und Remisenbau
sowie einer großen Scheune den Wirtschaftshof ein. Alle diese
Gebäude sind aus Bruchsteinmauerwerk errichtet, sie haben ziegel-
gedeckte Steildächer. Am Waschhaus kragt auf der Straßenseite ein
halbrunder, mit Schießscharten versehener Erker aus.
Baugeschichte: Das heutige Schloß ist wahrscheinlich aus einer Burg
hervorgegangen, die im 12. Jahrhundert innerhalb einer achtecki-
gen Ringmauer errichtet wurde. Eine vergleichbare Anlage gibt es
beispielsweise in Egisheim im Elsaß. Möglicherweise steht ihre
Errichtung in Zusammenhang mit dem Bau der ersten Vorgänger-
burg des heutigen Tübinger Schlosses: die Herren von Kilchberg

waren von Anfang an Ministerialen der Tübinger Grafen, ihre Burg ein Außenposten im Neckartal, mit Sichtverbindung bis Rottenburg einerseits und bis Tübingen andererseits. Im 15. Jahrhundert sind dann die äußeren Befestigungsanlagen, der Turm und kurz darauf das Hintere Schloß hinzugekommen. Um 1500 folgten unter der Familie Ehingen der Umbau des Hauptgebäudes zum Schloß, im wesentlichen in den heutigen Ausmaßen, sowie die Errichtung der Kapelle. Nach und nach kamen weitere Gebäude hinzu, der südliche Hof wurde erweitert. Das sog. Neue Schloß an der Straße Tübingen–Rottenburg verdankt seine heutige Gestalt der Überbauung von zwei mit Zwischenraum nebeneinanderstehenden Gartenhäusern, denen man ein gemeinsames zweites Geschoß mit Walmdach aufsetzte.

Besitzverhältnisse: 1240 und 1244 Heinricus de Kirchperc (Zeuge in Urkunden der Tübinger Pfalzgrafen) / 1261–1438 Lescher von Kilchberg (meist als Zeugen in Urkunden der Tübinger Pfalzgrafen) / 1437–1608 Herren von Ehingen (nach einer Urkunde von 1411 waren Rudolf und Wolf von Ehingen Stiefsöhne des letzten Vertreters der Familie Lescher, Konrad) / 1608–1721 Freiherren von Closen / 1721–1779 Freiherren Leutrum von Ertingen / seit 1779 Freiherren von Tessin.

Lothar Merkelbach

Abkürzungen im Literaturverzeichnis

Archäologische Ausgrabungen 1981: Archäologische Ausgrabungen in Baden-Württemberg (Hrsg. D. Planck; 1982)
Bittel, Kelten (1934): Kurt Bittel, Die Kelten in Württemberg. Römisch-germanische Forschungen 8. Berlin 1934
Bittel, Kelten (1981): Die Kelten in Baden-Württemberg (Hrsg. K. Bittel, W. Kimmig, S. Schiek; 1981)
Filtzinger, Die Römer in Bad.-Württ.: Die Römer in Baden-Württemberg (Hrsg. Ph. Filtzinger, D. Planck, B. Cämmerer; 1976)
FMRD II, 3 (1964): Die Fundmünzen der römischen Zeit in Deutschland. Abteilung II Baden-Württemberg. 3 Südwürttemberg-Hohenzollern (Bearbeiter K. Christ; 1964)
Fundber. Baden-Württemberg: Fundberichte aus Baden-Württemberg
Fundber. Schwaben: Fundberichte aus Schwaben, Neue Folge
Haug-Sixt (1914): F. Haug, E. Sixt: Die römischen Inschriften und Bildwerke Württembergs (1914)
Kdm Schwarzwaldkreis: Die Kunst- und Altertumsdenkmale im Königreich Württemberg. Schwarzwaldkreis (1897)
Kimmig, Der Kirchberg: W. Kimmig, Der Kirchberg bei Reusten. Eine Höhensiedlung aus vorgeschichtlicher Zeit (1966)
KRB Tübingen: Der Landkreis Tübingen. Amtliche Kreisbeschreibung, Band 1–3 (1967–1974)
LDA-BW: Landesdenkmalamt Baden-Württemberg
Nachrichtenblatt der Denkmalpflege: Denkmalpflege in Baden-Württemberg. Nachrichtenblatt des Landesdenkmalamtes
RiW 3 (1932): O. Paret, Die Siedlungen des römischen Württemberg Band 3 (Hrsg. F. Hertlein, O. Paret, P. Goessler; 1932)
Stoll, Gäu (1933): H. Stoll, Urgeschichte des Oberen Gäus (1933)

Bildnachweis

Luftbild Albrecht Brugger, Stuttgart: 2 (2/5181), 81 (2/46355 C) 121 (2/43886 C) freigegeben vom Regierungs-Präsidium Nordwürttemberg, Stuttgart
Foto W. Faiss, Rottenburg: 1, 94, 95
Joachim Feist, Pliezhausen: 124
M. Grohe, Kirchentellinsfurt: 104 (42/1735) freigegeben vom Regierungs-Präsidium Tübingen
Hauptstaatsarchiv Stuttgart: 56 (Aufnahme aus dem Bestand B 33 Bü 44)
Stadtarchiv Herrenberg: 64
Universitätsstadt Tübingen, Fotoarchiv Kulturamt: 118–120
Foto Vetter, Bondorf: 59

Die nicht nachgewiesenen Fotos und Zeichnungen wurden vom Landesdenkmalamt Baden-Württemberg zur Verfügung gestellt.

Ortsregister

Altingen 31, 56, 62
»Altstadt«, Wehranlage
202 ff.
Ammerbach → Altingen,
Entringen, Pfäffin-
gen, Poltringen, Reu-
sten

Bad Niedernau 17, 91,
103
Baisingen, Fürstengrab-
hügel 17, 68, 69,
206 ff.
Bebenhausen, Kloster
23, 67, 72, 73, 248 ff.
Bieringen, Wehranlage
84, 110
Bierlingen, röm. Guts-
hof 88, 225 ff.
Bildechingen 60, 73
Bondorf, röm. Gutshof
72, 79 ff., 88, 92 f.,
100, 132 ff.

Deckenpfronn 30
Derendingen 101
Dettingen, Kirche St.
Dionys 101 f., 218 ff.
Dußlingen, Grabhügel
17, 69, 82, 135 ff.

Entringen 17, 45, 96 ff.,
116 ff.
Ergenzingen 55

Felldorf, Burgstall 109 f.

Gäufelden → Nebringen,
Tailfingen
Gültstein 30, 84

Hailfingen 31, 47, 48,
49, 84 f., 98 f., 100
Haslach 27, 30
Hemmendorf 100
Herrenberg 30
Geschichte 140 ff.
Stiftskirche 144 ff.

264

Herrenberg → Gültstein,
Haslach, Kayh
Hirrlingen, Schloß
148 ff.
Hirschau 35
Horb → Bildechingen

Immenhausen 103

Kayh 30

Kiebingen 56
Kilchberg 45
Grabhügel 67, 252 ff.
Kirche 256 ff.
Schloß 260 ff.

Lustnau 100

Nagold → Vollmaringen
Nebringen 30, 31, 72, 73
Nehren, Grabhügel-
gruppe, 60, 175 ff.
Nellingsheim 41, 73
Neustetten → Nellings-
heim, Remmings-
heim, Wolfenhausen

Oberjettingen, Viereck-
schanze 73, 150 ff.
Obernau 79, 100

Pfäffingen 41, 43, 45,
47, 52, 72, 101
Poltringen, Wasser-
schloß 45, 121 ff.

Remmingsheim 55,
178 ff.
Reusten 43, 45, 48, 49,
52 f., 53, 55, 65, 84
Kirchberg 56 ff.,
125 ff.
Burg Kirchberg
129 ff.
Rotenburg 16, 47, 56,
73, 79, 83 f., 87, 88,
181 ff.
»Altstadt« 202 ff.

röm. Bad 188 f.
röm. Wasserleitung
190 ff.
Wallfahrtskirche
Weggental 204 ff.
Rottenburg → auch Bai-
singen, Bieringen,
Dettingen, Ecken-
weiler, Ergenzingen,
Hailfingen, Kiebin-
gen, Schwalldorf,
Sülchen, Weiler

Schwalldorf 60
Stockach, Grübhügel
67, 138 f.
Sülchen 91, 103, 199 ff.

Tailfingen 31, 56, 72
Tübingen 17, 19, 62, 63,
69, 103, 110, 111,
232 ff.
Burgholz 245 ff.
Geschichte 239 ff.
Vor- und Frühge-
schichte 232 ff.
Tübingen → auch Beben-
hausen, Derendin-
gen, Kilchberg, Lust-
nau, Unterjesingen

Unterjesingen 41, 45,
79, 103 f.
Unterjettingen 54
Vollmaringen, ehem.
Schloß 41, 84, 174

Wachendorf, St. Peter
und Paul 45, 110,
228 ff.
Weil im Schönbuch 56
Weiler
Napoleonskopf 36,
210 ff.
Rotenburg 22, 216 ff.
Wolfenhausen 84, 178 ff.
Wurmlingen, Kapelle
87, 100, 101, 220 ff.
Weitingen, Urnburg 112 f.